O Espiritismo e as Igrejas Reformadas

Solicite nosso catálogo completo, com mais de 350 títulos, onde você encontra as melhores opções do bom livro espírita: literatura infantojuvenil, contos, obras biográficas e de autoajuda, mensagens espirituais, romances, estudos doutrinários, obras básicas de Allan Kardec, e mais os esclarecedores cursos e estudos para aplicação no centro espírita – iniciação, mediunidade, reuniões mediúnicas, oratória, desobsessão, fluidos e passes.

E caso não encontre os nossos livros na livraria de sua preferência, solicite o endereço de nosso distribuidor mais próximo de você.

Edição e distribuição

EDITORA EME
Caixa Postal 1820 – CEP 13360-000 – Capivari-SP
Telefones: (19) 3491-7000 | 3491-5449
Vivo (19) 99983-2575 📞 | Claro (19) 99317-2800 | Tim (19) 98335-4094
vendas@editoraeme.com.br – www.editoraeme.com.br

JAYME ANDRADE

O ESPIRITISMO e as IGREJAS REFORMADAS

Capivari-SP
– 2017 –

© 1983 Jayme Andrade

Os direitos autorais desta obra foram cedidos pelo autor para a Editora EME, o que propicia a venda dos livros com preços mais acessíveis e a manutenção de campanhas com preços especiais a Clubes do Livro de todo o Brasil.

A Editora EME mantém, ainda, o Centro Espírita "Mensagem de Esperança" e patrocina, junto com a Prefeitura Municipal e outras empresas, a Central de Educação e Atendimento da Criança (Casa da Criança), em Capivari-SP.

11ª reimpressão – abril/2017 – de 18.501 a 19.500 exemplares

CAPA | Marco Melo
DIAGRAMAÇÃO | Marco Melo e Victor Benatti
REVISÃO | Editora EME

Ficha catalográfica

Andrade, Jayme
    O espiritismo e as igrejas reformadas / Jayme Andrade – 11ª reimp. abr. 2017 – Capivari, SP : Editora EME.
    280 p.

    1ª edição : jan. 1983
    ISBN 978-85-7353-037-7

1. Literatura brasileira – Espiritismo.
2. Espiritismo – Estudos bíblicos e espíritas.

CDD 133.9

SUMÁRIO

		Prefácio	7
I	–	Introdução	13
II	–	A opinião	15
III	–	A infalibilidade da Bíblia	25
IV	–	A Divindade de Jesus	55
V	–	As penas eternas	73
VI	–	A Salvação	97
VII	–	Comunicabilidade entre vivos e mortos	149
VIII	–	A reencarnação	177
IX	–	Breve história do espiritismo	233
X	–	Metapsíquica e parapsicologia	257
XI	–	Conclusões	271
		Livros recomendados	278

PREFÁCIO

Aureliano Alves Netto

SENTENCIAVA, COM MUITA ARGÚCIA, o filósofo inglês Francis Bacon: "Há livros que devem ser saboreados, outros devorados, e poucos mastigados e digeridos."

O livro que vais ler, estimado leitor, classifica-se entre esses últimos, que são raros. É uma iguaria saborosa e nutriente que, embora bem digerível, deve ser deglutida após demorada mastigação, para maior regalo do paladar.

O mestre-cuca muniu-se duma farta provisão de ingredientes da melhor qualidade e procedência, misturou-os *quantum satis*, temperou-os com condimentos adequados, fê-los passar pela cocção em fogo brando e... pronto: surgiu o prato opíparo e aromático, bem no ponto de ser servido a glutões e temperantes.

Deixando de lado a metáfora, podemos assegurar que *O espiritismo e as igrejas reformadas* é uma obra que, no gênero, nada deixa a desejar. Após sua leitura, a gente tem vontade de declamar o célebre verso de Camões: "Cessa tudo quanto a antiga musa canta".

Efetivamente, "Outro valor mais alto se alevanta", ante as

obras conhecidas que cuidam da mesma problemática. Entre elas, salienta-se *Uma análise crítica da Bíblia*, C.G.S. Shalders – estudo minucioso dos livros escriturísticos, através de seus principais capítulos e versículos. Da lavra do mesmo autor, temos *A religião e o bom-senso* (Shalders foi praticante do protestantismo durante mais de meio século). Outro protestante ex-professo, Romeu do Amaral Camargo, com 22 anos de experiência religiosa, que exerceu o diaconato na 1ª Igreja Presbisteriana Independente da Capital de São Paulo, publicou *De cá e de lá* (Vozes da Terra e do Além). De eminentes escritores estrangeiros, que também perlustraram os caminhos do protestantismo, possuímos em nossa minibiblioteca: *Religião em litígio entre este mundo e o outro* (Rev. Robert Dale Owen); *Ensinos espiritualistas* (Rev. Willian Atainton Moses); *O espiritismo e a igreja* (Rev. Haraldur Nielson). E Cairbar Schutel, abalizado escritor espírita, publicou *Espiritismo e protestantismo*. Com o mesmo título, Benedito A. da Fonseca, cuja filiação religiosa ignoramos, deu a lume uma "obra de muito valor", na opinião de Schutel.

O espiritismo e as igrejas reformadas é, na verdade, uma obra extraordinária, porque bem estruturada e produzida com pleno conhecimento de causa. Seu autor, Jayme Andrade, foi criado no seio da igreja evangélica, estudou em escolas protestantes, frequentou assiduamente, os cultos da religião que professava. Pesquisou, comparou, analisou e dá-nos conta das judiciosas conclusões a que pôde chegar.

Todo o livro gravita em torno do *leitmotiv* das dissidências entre católicos e protestantes: a Bíblia. Razão por que o autor trata dessa circunstância com especial interesse, no mais extenso dos capítulos: "A infalibilidade da Bíblia".

A esse respeito, ocorre-nos trazer à baila alguns subsídios para o devido enfoque da questão.

No seu livro *Bible blunders* (*Erros palpáveis da Bíblia*), afirma o Rev. G. Maurice Elliot: "A Bíblia erroneamente compreendida é o pior inimigo da humanidade (...) Nenhum livro é infalível. Nenhuma igreja é infalível. Nós temos sido erroneamente ensinados. Deus é verdade. Amar a Deus é amar a verdade, amar a busca da verdade, amar a luta pela verdade. Não há outro meio."

Carlos Imbassahy, delucidando dúvidas de um dos seus leitores, escreveu: "Assentar qualquer prova no Velho Testamento ou assentar no vazio é a mesma coisa. Até hoje não conseguimos saber onde se acham as fontes exatas em que se foi ele inspirar. Ainda se o conteúdo fosse de granito!... Mas... Há ali umas coisas incríveis, outras fantásticas, outras escabrosas, outras terríveis... Há umas matanças, umas iniquidades, uma parcialidade que não se explica. E Deus metido no meio daquilo. Os textos estão sujeitos ainda, a interpretações variadas. Cada qual opina de um jeito. O mais interessante é que um dos interpretadores dá o seu modo de ver como absoluto, irrefragavelmente certo, sem perceber, na maioria das vezes, que aquilo que ele supõe a expressão da verdade, está em flagrante oposição ao que a Bíblia diz. Não vê que é ele quem diz, e não a Bíblia; não cuida que o versículo passa a ser dele, e não bíblico. E não percebe que nos falham os elementos para o reconhecermos como "porta-voz" do Divino Espírito Santo; e se já a Bíblia nos é duvidosa, por não sabermos os esteios em que se estabiliza, muito mais duvidosa nos é a palavra dele, cuja iluminação não sabemos de onde veio." (Coluna *Na hora da consulta*, in *Mundo Espírita*, de Curitiba – 28-09-46).

Por seu turno, assim se expressa o teólogo K. Tonning, em *Le protestantisme contemporain*: "A Bíblia não pode ser o princípio único do conhecimento religioso; impede-o sua própria natureza: nenhum dos seus textos o prova; muitos se contradizem."

Em *Uma análise crítica da Bíblia*, C.G.S. Shalders observa: "Desde o berço é incutida a ideia de que a Bíblia é a Palavra de Deus, e a Palavra de Deus não erra; é pecado sequer entreter dúvida a esse respeito. Entretanto é essa aceitação errônea que tem trazido a confusão, é o que explica a multiplicidade de seitas entre os protestantes, cada seita interpretando a Bíblia segundo o seu ponto de vista e julgando-se a única depositária da verdade."

Apesar de tudo isso, confessa Tomaz de Aquino: "Sou homem de um só livro (a Bíblia)."

Como o livro fala frequentemente em protestantismo, vale recordar:

A dieta de 1529, como se vê, opunha-se a determinadas decisões assentadas na assembleia anterior, reunida na mesma localidade alemã, em 1526. (Cf. *História do protestantismo*, de Jean Boisset).

Mas o protestantismo, como doutrina religiosa cismática ou divergente do catolicismo, surgiu oficialmente em 31 de outubro de 1517, por ocasião da propalada afixação das 95 teses contra as indulgências, de Martinho Lutero, na porta da igreja do Castelo de Wittenberg. (Gottfried Fitzer, em seu livro *O que Lutero realmente disse,* contesta essa versão. Afirma que se trata de uma lenda histórica, inventada pelas igrejas protestantes. As aludidas teses, segundo Fitzer, foram enviadas ao arcebispo Albrecht von Hohenzollern, de Madgeburgo. Uma respeitosa carta teria acompanhado o manuscrito).

Muito curiosa a tese nº 27, assim redigida: "É pura doutrina de homens a pregação que diz: Tão logo na caixa o dinheiro ressoa, a lama do purgatório para o céu já voa". Uma blasfêmia, em boa conceituação teológica.

A definição da fé luterana foi sendo feita paulatinamente, culminando na Confissão de Augsburgo, que é um dos primeiros textos fundamentais da Reforma (1530). (Cf. Lutero – *Biblioteca de história* – Editora Três).

Martinho Lutero figura na história como um dos seus vultos mais controvertidos e excêntricos. Era um psicopata, no entender de Hartmann Griscar. Uma alma atormentada – dizia Lucien Febvre. Para Vicente Themudo Lessa, foi o paladino da liberdade de consciência. Para Luiz Antônio do Rosário, "um personagem marcante, a cujo poder de sedução escaparam sequer alguns de seus adversários". Para Ricardo Feliu, um dos personagens mais enigmáticos e incompreensíveis da história universal.

Preferimos subscrever as sensatas palavras de Hermínio C. Miranda: "Espíritos como Lutero renascem investidos de uma autoridade e de um apoio que os tornam praticamente invulneráveis, enquanto se mantiverem fiéis aos seus princípios e, nisto, Lutero foi inflexível. Sua missão: devolver à sua pureza original os ensinamentos do mestre de Nazaré, abrindo caminho para a liberdade religiosa, base de todas as demais, porque, sendo o homem criatura de Deus, tem de, antes de tudo, harmonizar-se com o Pai." (*As marcas do Cristo* – Vol. II).

Concordamos ainda com Hermínio, quando certifica: "João Huss é o precursor de Lutero, assim como Lutero abriu caminho para Kardec. Sem Lutero no século XVI, certamente não teríamos Kardec no século XIX, pronto para receber a mensagem que os espíritos vieram confiar às suas mãos seguras e competentes." (ibd. pág. 283).

Pena é que a doutrina luterana, ao invés de pugnar pela sua unidade estrutural e pela depuração de seus enganos ou desacertos, ramificou-se desordenadamente no tempo e no espaço. Só nos Estados Unidos, proliferam nada menos de 46 seitas protestantes diferenciadas entre si, ao que informa o Dr. César Ruiz Izquierdo, em *Ecumenismo* (Burgos, 1948).

O que vimos de dizer apenas contém em essência um pouquinho do que, com proficiência e minúcia, Jayme Andrade expõe em seu admirável livro. Tão somente ligeiras considerações, não propriamente acerca, mas à margem de *O espiritismo e as igrejas reformadas*.

Deixamos de referir-nos especificamente a temas importantes focalizados no livro, todos convergentes para o tema central, tais como "a reencarnação de Jesus", "as penas eternas", "a reencarnação" e "metapsíquica e parapsicologia", porque, para tal, teríamos de fazer um *tour de force*, incompatível com o nosso entibiamento mental. Ademais, não queremos roubar ao leitor o delicioso sabor da novidade, do inesperado.

Afinal, mais não é preciso dizer: – o livro é muito bom. E estamos conversados.

I

INTRODUÇÃO

PARA ENSEJAR AOS leitores uma ideia das razões que levaram à elaboração do presente trabalho, esclareço que fui criado no seio da igreja evangélica e que dela – bem como dos educandários protestantes que frequentei – sempre recebi as mais salutares influências, as quais, pelo menos sob dois aspectos, foram de grande importância na minha formação: A identificação com os ensinos da Escritura e os rígidos princípios morais que me foram incutidos na mente desde a primeira infância.

Por isso desejo iniciar com uma homenagem a meu saudoso pai Manuel de Souza Andrade, por longos anos abnegado presbítero da "Igreja Congregacional", inicialmente em Caruaru e depois no Recife. A maior parte da sua vida foi dedicada à pregação do Evangelho. Pregava principalmente pelo exemplo. Suas orações fervorosas e os maviosos cânticos da igreja ainda ressoam em meus ouvidos como um suave lenitivo para os naturais percalços de cada dia.

Por vários anos frequentei os cultos evangélicos, sem encontrar a solução que buscava para os problemas de ordem espiritual. Comecei a ler obras espíritas e nelas encontrei a resposta adequada aos meus íntimos anseios. Quanto mais lia, mais se robusteciam minhas convicções. Quanto mais suplicava a Deus que me orientasse no rumo da verdade, mais me pareciam claros e lógicos os ensinamentos do espiritismo.

Alguns dos antigos irmãos não pouparam esforços no sentido de reconduzir ao aprisco a ovelha transviada. Só que não havia diálogo possível, pois jamais encontrei algum com paciência bastante para examinar com isenção minhas razões.

Essa incompreensão é que talvez tenha feito germinar a ideia de uma exposição tendente a situar os princípios doutrinários do espiritismo em face dos ensinamentos do Cristo e em confronto com as concepções religiosas do cristianismo ortodoxo.

O resultado foi este modesto trabalho, que ofereço com muito amor e gratidão aos bondosos irmãos evangélicos, que tanto me sensibilizam com o seu comovente empenho no sentido de obterem a salvação da minha alma. Rogando ao nosso mestre Jesus que os abençoe e ilumine a todos, humildemente espero que aqueles que não vierem a aceitar minhas conclusões, ao menos se mostrem compreensivos com o meu modo de pensar.

Observe-se que a expressão "igrejas reformadas" tem aqui a abrangência de todas as que resultaram da Reforma, e não apenas as dos ramos "zuingliano" e "calvinista", que assim ficaram conhecidas para se distinguirem das "luteranas".

II

A OPINIÃO

1 – Conceito de opinião

TODOS SABEM QUE opinião é um juízo que se formula sobre determinado assunto, e que pode ser ou não verdadeiro. Tanto emitimos um juízo quando dizemos "o azul é uma cor", como quando dizemos "o azul é a mais bela das cores". Mas esses conceitos diferem, porque o primeiro exprime uma verdade aceita por todos, enquanto o segundo exprime uma opinião, que pode até ser correta, mas que seguramente não é reconhecida por todos.

Então, a opinião consiste em admitir como verdadeiro um juízo, mas sem excluir a alternativa de se estar em erro. Um juízo pessoal pode ser compartilhado por muita gente, até pela quase unanimidade das pessoas, mas se houver indivíduos que o contestem, desde que seja objeto de controvérsia, por muito que o consideremos verdadeiro, ele reflete apenas uma opinião. Ainda que o adotemos com a mais profunda das convicções, se não tem acolhida universal não pode ser reputado infalível e, consequentemente, não passa mesmo de simples opinião.

16 | JAYME ANDRADE

É interessante analisar como se chega a adotar um ponto de vista específico sobre determinado assunto. Como se forma uma opinião? Segundo o eminente jurista patrício Darcy Azambuja.

> A imensa maioria das nossas ideias, atitudes, afirmações e negativas, quase todas elas, não são o resultado do raciocínio, e sim do nosso temperamento, do nosso caráter, da nossa educação, das nossas crenças. Essas forças mais ou menos subconscientes modelam o que aprendemos, vemos e ouvimos, e quase sempre o que consideramos resultado do nosso pensamento não passa de manifestações dos nossos sentimentos, tendências, desejos e aspirações.
>
> Além disso, recebemos e aceitamos opiniões feitas que nos vêm do meio social, dos livros que lemos, das pessoas do círculo em que vivemos, e aderimos a essas ideias feitas como se as tivéssemos feito. Nem poderia ser de outro modo, porque não podemos absolutamente por falta de tempo e de conhecimentos adequados, raciocinar e concluir sobre todos os assuntos que nos interessam.
>
> Assim, fora do setor limitadíssimo da especialidade em que cada um se aperfeiçoou, aceitamos as opiniões dos outros, procuramos e fazemos a nossa, e com razão, a opinião das pessoas competentes. Um médico, um engenheiro, um advogado, um comerciante, pode ter opiniões próprias, pessoais, sobre os assuntos da sua profissão; em tudo o mais aceita a opinião dos outros especialistas. Não é pelos meus conhecimentos, ou pela minha experiência, que me vacino contra o tifo e a varíola, é porque aceito como verdadeiras as opiniões dos médicos. **Não é pelo estudo de teologia e história das religiões que os católicos são católicos e os protestantes são protestantes – é por tradição, educação, inclinação.** (*Teoria geral do estado*, 5ª ed., págs. 285/287). (Grifos nossos).

Segundo Lamarck, "tirante os fatos, tudo o mais não passa de opinião; para o homem, somente serão verdades positivas os fatos que ele puder observar" (Sérgio Vale, em *Silva Mello e os seus mistérios* 2ª ed., pg. 193). Os fatos são fatos, são evidentes por si mesmos. Um fato não evidente deixa de ser um fato para assumir a feição de uma teoria, ou de uma hipótese. E estas, enquanto não comprovadas em última análise não passam também de simples opiniões.

Muitos receiam externar uma opinião que colida com as dos outros, principalmente quando se trata de uma ideia pouco conhecida e que, por isso mesmo e por contrariar a opinião geral, pode ser objeto de motejos. Não é raro que, ainda quando convencidos do acerto de seus pontos de vista, alguns simulem acompanhar a opinião geral, ante o receio de passarem por inexperientes ou tolos.

Por outro lado, quem tem uma opinião que lhe parece a correta, ou porque seja a dominante no meio social, ou por satisfazer seus íntimos anseios, naturalmente não acolhe de bom grado uma concepção diferente, que possa perturbar a estrutura de suas convicções. Por isso reage instintivamente a qualquer ideia nova que lhe possa perturbar o equilíbrio interior. Isto é natural, pois é preciso muita coragem para repudiar velhos conceitos, o que implica em confessar que até então se laborava em erro. Poucos se lembram de que errar é próprio da natureza humana e que os nossos conceitos passam por sucessivas modificações decorrentes do entrechoque de opiniões, dos fatos e da própria vida.

O certo é que novas verdades vão sendo assimiladas à medida em que os homens se emancipam dos seus erros e preconceitos. E o que são preconceitos? Evidentemente são ideias formadas na mente "a priori", com exclusão de quaisquer argumentos em contrário. Por comodidade, adota-se o conceito como "opinião firmada", sem qualquer interesse em conhecer melhor o assunto. Todos temos preconceitos e são estes que geram prevenção contra quaisquer ideias que contrariem o nosso modo de pensar, ou de algum modo possam quebrar a rotina mental a que estamos habituados.

Se os próprios conceitos religiosos em última análise não passam de opiniões, a própria definição da palavra mostra o quanto devemos ser tolerantes em relação às opiniões alheias. E é de tolerância, sobretudo, que se mostram carentes todos quantos se encastelam nos seus próprios juízos, não admitindo possam ter alguma razão os que interpretam os fatos de maneira diversa. O que revela essa atitude? Limitação espiritual, falta de maturidade psicológica, escassa iluminação interior. Ser tolerante é aprender a respeitar as ideias, crenças e sentimentos das outras pessoas, sem que se seja obrigado a delas compartilhar. Exemplo de tolerância nos deu Voltaire, ao dizer: "Não concordo com o que dizeis, mas defenderei até a morte o vosso direito de dizê-lo".

Portanto, encarecemos aos prezados leitores que se dispam de preconceitos e se revistam de tolerância ao examinar nossas razões, lembrando que o impacto de novas ideias enriquece o espírito, pois, afinal, o que seria do mundo sem ideias novas, se são elas que servem de veículo ao progresso? É claro que se o pensamento de uma época permanecesse para sempre o mesmo, não haveria jamais progresso algum. Por isso pedimos que mantenham a mente receptiva e encarem mesmo a possibilidade de reavaliar os seus velhos conceitos, tendo em vista que, como disse Renan, "mudar de ideias é evoluir".

O que pretendemos com este modesto trabalho não é converter os adeptos de outros ramos confessionais aos nossos pontos de vista; o objetivo precípuo é levá-los a compreender e analisar os nossos argumentos, para, através dessa análise, chegarmos todos, o quanto possível, ao conhecimento da verdade. Não temos a pretensão de ser dono da verdade e nem reconhecemos a quaisquer grupos ou seitas o privilégio de monopolizá-la. A verdade absoluta é Deus, Autor e Criador, de tudo quanto existe e aqui neste mundo não passamos de aprendizes trôpegos e vacilantes, ainda em fase muito rudimentar do nosso aprendizado, porém confiantes em que um dia atingiremos o alvo, porque o nosso mestre prometeu: "Conhecereis a verdade e a verdade vos libertará" (João 8:32).

2 – A nossa opinião

Como os nossos irmãos evangélicos, nós cremos que existe um Poder Supremo dirigindo os destinos da humanidade. Esse Poder Supremo a que chamamos Deus faz sentir sua influência sobre os homens e sobre todos os acontecimentos humanos, pois afinal, como disse o apóstolo, "n'Ele vivemos e nos movemos e existimos" (Atos 17:28). Cremos também que de tempos em tempos Ele envia seus missionários para impulsionarem o progresso dos espíritos que vem formando desde as mais remotas eras. E que dois desses missionários foram Moisés e Jesus, como se acha claramente expresso na Escritura Sagrada. Por Moisés ele outorgou os "Dez Mandamentos", fazendo descer à humanidade a noção da justiça. Por Jesus ministrou ensinamentos de paz e fraternidade, trazendo para os homens a noção do amor.

Também acreditamos que as revelações tenham sido ministradas em consonância com o estágio de desenvolvimento intelectual e moral dos homens, pois o Evangelho afirma que o alimento deve ser proporcional à possibilidade de assimilação (Hebreus 5:13/14) e o próprio Cristo adequou os seus ensinamentos à capacidade de percepção dos ouvintes (Marcos 4:33). Todavia, não concordamos com os irmãos quando pretendem que a Revelação se esgotou na pessoa de Jesus; 1° – porque ele mesmo afirmou que não dissera tudo; e 2° – porque, se a Revelação é dada na medida do conhecimento alcançado, temos de convir em que a espécie humana ainda está longe de atingir o ápice da sua evolução e, consequentemente, fará jus a novas luzes compatíveis com cada novo estágio de progresso, pois se ainda nem sequer foram assimilados os ensinamentos do mestre!...

Então ocorre-nos uma indagação: Se a humanidade progride ininterruptamente, se o Cristo veio trazer novos ensinamentos aos homens do seu tempo, ensinamentos esses condizentes com o adiantamento intelectual e moral da sua época, por que não admitir que outras revelações sejam ministradas do Alto em outros estágios de desenvolvimento da inteligência humana?

Por isso, quando Jesus disse: "Tenho ainda muitas coisas a dizer-vos, mas vós não as podeis suportar agora" (João 16:12), ele na mesma ocasião prometeu enviar "o Espírito de Verdade, que testificará de mim e vos guiará em toda a verdade; ele vos ensinará todas as coisas e vos fará lembrar de tudo quanto vos tenho dito" (João 14:26 e 16:13).

Pretendemos encarecer a benévola atenção dos irmãos para o movimento espiritual desencadeado no mundo em meados do século passado e que, em nossa opinião, constituiu o cumprimento da promessa do Cristo. Seus ensinamentos, logo nos primeiros anos do cristianismo e principalmente após a conversão de Constantino, foram sufocados por uma avalanche de dogmas e de práticas exteriores, de crendices e superstições assimiladas do paganismo. Tais influências terminaram por apagar a manifestação do espírito outorgada no Pentecostes e persistiram num crescendo durante toda a Idade Média e até nos dias atuais, comunicando-se também à igreja reformada, com desfiguração integral da doutrina pregada por Jesus.

E em que constitui realmente essa doutrina? Qual a essência dos ensinamentos do mestre? Ele veio exclusivamente trazer à humanidade a lição do amor, apresentar-nos Deus como um Pai misericordioso, que quer a salvação de todos os Seus filhos, veio ensinar o novo mandamento: "Amai os vossos inimigos, fazei bem aos que vos perseguem, não julgueis para não serdes julgados, fazei aos homens o que quereis que eles vos façam". Eis a lição que ele deixou e que em nenhuma parte do mundo e em nenhum período da história os que se dizem "cristãos" aprenderam a praticar.

A lição foi desprezada e em nome desse Cristo de braços esten-

O ESPIRITISMO E AS IGREJAS REFORMADAS | 21

didos e coração aberto cometeram-se em todos os tempos as maiores atrocidades, desde as Cruzadas para arrancar a "terra santa" das mãos dos "infiéis", até as lutas fratricidas dos nossos dias entre os cristãos irlandeses. Passaram-se os ominosos tempos da Inquisição e o que ainda hoje se vê por toda parte é a incompreensão, a intolerância, o egoísmo, a luta pelo poder e pela posse dos bens materiais, até mesmo por parte dos que se apregoam "salvos", com cadeira cativa assegurada no céu.

Pergunta-se: Foi esta a regra de conduta que o mestre legou ao mundo? Consulte cada um a sua consciência e responda como se estivesse diante do tribunal do Cristo. Quando ele afirmou: "O Espírito de Verdade testificará de mim e **vos fará lembrar** de tudo quanto vos ensinei", é que sabia que os seus ensinamentos seriam logo esquecidos, e que se tornaria necessário enviar novos missionários para fazê-los lembrar aos homens.

Há mais de um século a Nova Revelação vem procurando lembrar aos homens a doutrina de amor pregada por Jesus. Trabalhando com humildade, sem rituais ou práticas exteriores, seus adeptos se esforçam por levar a cada coração a mensagem de perdão e de misericórdia, conscientes de que só através da reforma íntima de cada ser se obterá a transformação de toda a humanidade.

Que a doutrina dos espíritos constitui a Terceira Revelação é o que, com a graça de Deus, nos dispomos a demonstrar. Terceira Revelação complementar das duas anteriores, pois se a primeira trouxe a noção da justiça e a segunda a do amor, esta veio trazer aos homens a noção do dever.

Repetimos que não pretendemos monopolizar a verdade, cremos até que esta seja apenas mais uma etapa a ser percorrida pelo homem no caminho da redenção e que – a seu tempo e quando a espiritualidade superior o julgar oportuno – outras revelações poderão ser ministradas, até que o ser humano se liberte de suas imperfeições e se integre no foco de luz e graça, que é o nosso infinito Pai Celestial.

Nos capítulos seguintes examinaremos alguns dos pontos doutrinários em que divergimos dos irmãos evangélicos, como a "inerrância" da Bíblia, a divindade de Jesus, as penas eternas, a salvação, a comunicabilidade entre os dois mundos e a pluralidade das existências no plano físico. Em seguida daremos um esboço da história do espiritismo, bem como das conquistas científicas que estão comprovando todos os seus postulados.

A BÍBLIA

O Velho Testamento, em séculos composto,
contém a tradição e a saga dos hebreus:
Seus juízes e reis, seus heróis e profetas,
"olho por olho" é a Lei, Jeová zeloso é o Deus.

Mas eis que vem Jesus e, afastando a cortina
da opressão, faz brilhar excelsa claridade;
surge, em manhã radiosa o Novo Testamento
com mensagens de paz, perdão, fraternidade.

Cristo veio mostrar que a morte não existe,
que a vida continua, e o galardão consiste
em receber cada um segundo o que fizer.

Cada qual examine bem o ensinamento,
veja, à luz do Evangelho, o seu comportamento
e... diga que é cristão, depois, se assim quiser.

A INFALIBILIDADE DA BÍBLIA

A BÍBLIA PARA OS PROTESTANTES é a única regra de fé e prática, ela é a "palavra de Deus", cada um dos seus textos foi divinamente inspirado e dela nada pode ser retirado, nem a ela acrescido. Vale transcrever aqui o judicioso comentário do escritor Rubem Alves:

> "Parte-se de um "a priori" dogmático: A Bíblia foi escrita por inspiração de Deus. Mas, mais do que isto. Não basta dizer "foi", porque então entraríamos no campo das mediações históricas. Como garantir que o texto não foi corrompido? E com isto a autoridade se dissolve pela dúvida. O texto foi preservado puro em todos os séculos, de sorte que o texto que temos hoje diante de nós contém, na sua totalidade, as próprias palavras de Deus. A Bíblia é, assim, a voz de Deus". (*Protestantismo e repressão*, ed. Ática).

Nós não temos da Bíblia a mesma noção que os nossos irmãos evangélicos. Respeitamo-la como um repositório de ensinamentos divinamente inspirados e, sobretudo, como acervo documentário da história do povo hebreu. Duas mensagens importantes nela se inserem, visando a impulsionar os homens pela senda do progresso: Uma no Antigo Testamento, consistente no código de moral ministrado por Moisés com as "Tábuas da Lei". Outra no Novo Testamento, dada por Jesus, com a noção da imortalidade da alma e das recompensas e punições após a morte, segundo as obras, boas ou más, do ser humano em sua existência terrena.

Essas mensagens são consideradas "revelações" e o são, com efeito, no sentido de constituírem ensinamentos novos para o povo a que eram dirigidas; mas, se compulsarmos a história, veremos que não foram ensinos dados em primeira mão, pois outros povos mais antigos, já os haviam recebido. Assim é que os *Dez Mandamentos* foram adaptados dos livros Védicos, muito anteriores à Bíblia, nos quais se achavam classificados como "pecados do corpo" (bater, matar, roubar, violar mulheres) "pecados da palavra" (ser falso, mentir, injuriar) e "pecados da vontade" (desejar o mal, cobiçar o bem alheio, não ter dó dos outros). (Theodore Robinson, em *Introduction à l'histoire des religions*, cit. por Mário Cavalcanti de Mello em *Da Bíblia aos nossos dias*, ed. 1972). A noção da imortalidade da alma já existia em diversas civilizações anteriores à israelita.

Moisés certamente foi um homem de grande cultura para a sua época, versado nos segredos da ciência egípcia, por ter sido criado e educado pela família real (Atos 7:22). Isto não invalida o ensino dado ao povo hebreu, nem lhe tira o caráter de "revelação", apenas sugere moderação aos que pretendem ser a Bíblia a única revelação ministrada por Deus aos homens.

Da mesma forma, a lei de amor pregada por Jesus já havia sido objeto de pregação pelo filósofo hindu Krishna e era crença comum entre os povos da Antiguidade oriental. Mas as revelações daquele egrégio filósofo foram abafadas pelo brahmanismo, exatamente como as de Jesus vieram a ser abafadas pelos que se proclamam seus seguidores.

O ponto que desejamos salientar é que, se a Bíblia trouxe revelações divinas ao homem, outras revelações têm sido ministradas por Deus a outros povos. Vários livros religiosos da Antiguidade, cada um a seu tempo e atendendo às circunstâncias da sua época, contribuíram para a elevação moral dos povos. A própria ciência pode ser considerada um instrumento de revelações, sendo os grandes inventores missionários inspirados no sentido de incentivarem o progresso intelectual. E o que são os grandes artistas, senão mensageiros incumbidos do aprimoramento da sensibilidade do espírito humano?

Deus é o Criador de todos os homens, e sendo um Pai amoroso, qual o retrata Jesus, não iria privilegiar um pequeno grupo de bárbaros, relegando ao abandono todo o resto da humanidade por Ele criada. Os hebreus se consideram "o povo eleito de Deus", e os irmãos evangélicos acreditam piamente nessa história, por haver inúmeras referências a isso na Escritura... E como não haveria, se os escritores da Bíblia foram todos judeus?

É interessante observar que todo o Velho Testamento retrata uma evidente preparação para o advento do Messias. Mas quando enfim desce à Terra aquele que, segundo os nossos irmãos, é a encarnação do próprio Deus, os israelitas o rejeitam e o crucificam... E dois mil anos depois, quando a figura do Cristo se projeta na história como o maior de todos os profetas enviados por Deus à humanidade, aquele que veio traçar novos rumos à grande civilização ocidental que se intitula "cristã", nem assim o "povo eleito" reconhece ou se penitencia do mais clamoroso dos seus erros, continuando apegado à velha concepção farisaica, alheio à pessoa do Nazareno e não mais esperando um Messias personalizado, mas atribuindo à própria comunidade a tarefa messiânica, de conduzir a humanidade aos pés de Jeová, na plenitude dos tempos...

Sendo um povo de grande inteligência e sagacidade, é natural que os israelitas dos tempos hodiernos usassem seu inegável prestígio bíblico junto às opulentas comunidades cristãs, principalmente as protestantes, para desencadear o movimento sionista, que teve por desfecho a "doação" que lhes fizeram as Nações Unidas, em 1948, de vastos territórios mantidos sob protetorado, mas cujos possuidores, legítimos ou não, eram os povos palestinos.

Parece-nos questionável a pretensão a territórios cuja posse fora perdida há mais de três mil anos, além de terem sido adquiridos por direito de conquista, mediante o arrasamento das cidades e a eliminação de praticamente todos os habitantes. Mas o que a Bíblia deixa bem claro é que todas aquelas impiedosas conquistas foram efetuadas por ordem direta e sob a imediata proteção do próprio "Deus de Israel". Leiam-se as seguintes eloquentes passagens:

Lev. 20:26

"E ser-me-eis **santos**, porque eu, o Senhor, sou santo, e **vos separei** dos povos para serdes meus."

Deut. 7:2

"Quando o teu Deus te tiver dado gentes mais poderosas do que tu **totalmente as destruirás**, não farás acordo com elas e nem terás piedade delas."

Deut. 7:6

"Porque **povo santo** és ao Senhor teu Deus, que **te escolheu** para que fosses o seu povo próprio, de todos os povos que existem sobre a Terra."

Não se veja em nossas palavras nenhum laivo de antissemitismo; o que apenas fazemos é expor fatos, para ilustrar duas importantes conclusões: A primeira é que, para insuflar um povo bárbaro, de índole indomável, os seus próceres tinham de incutir-lhe na mente precisamente isto: – que eram "o povo santo de Deus", portanto bem superiores aos novos idólatras cujas terras deviam conquistar, e que era o próprio Jeová quem ordenava o arrasamento das cidades e o extermínio total dos seus habitantes.

A segunda conclusão é que o grande apóstolo São Paulo, que recebeu de Jesus a missão de levar a mensagem do Evangelho aos gentios, trouxe, como resquício da sua condição de judeu e fariseu, o mesmo sentimento de privilégio, através da insólita doutrina da "predestinação": os "salvos" foram eleitos desde a eternidade para a salvação (Efésios 1:4), todos os demais são "ímpios", estão condenados à perdição eterna...

Os astrônomos calculam que, só em nossa galáxia, existem mais de um bilhão de mundos, inúmeros deles provavelmente em condições semelhantes às do nosso e consequentemente com boas probabilidades de serem habitados. O nosso Sistema Solar inteiro não passa de um ponto insignificante perdido na vastidão do imenso cosmo. E o habitante deste minúsculo planeta, moralmente tão atrasado que quase tudo o que faz é para prejudicar o próximo, incha de arrogância para dizer-se o centro do Universo e de vaidade para se proclamar o expoente máximo da Criação! Ora, com o extraordinário avanço da ciência nestes últimos tempos, já é tempo de pormos um paradeiro em tão pretensiosas divagações, pois é evidente que o Supremo Criador não teria por que escolher tão desprezível "grão de poeira" para nele instalar uma humanidade eleita; e nem dela selecionar uma horda de bárbaros como seu "povo santo"... Nem tampouco predestinar uns tantos privilegiados para a salvação eterna, condenando todos os demais a sofrimentos intermináveis...

Jesus pregou a humildade (Marcos 9:35) e ensinou que todos os homens são irmãos (Mat. 5:45 e 23:8). Ora, a convicção cristalizada no inconsciente coletivo em milênios de autodoutrinação, de ser uma nação privilegiada pelo Todo-Poderoso como "povo eleito", não pode gerar sentimentos de humildade, só de arrogância e orgulho, justificando todos os excessos. De igual modo, a ideia de uma predestinação oriunda da concepção judaica-cristã perfilhada pelo apóstolo Paulo, não pode induzir na mente de ninguém o ideal de solidariedade humana que o nosso mestre pregou, e sim sentimentos de egoísmo e orgulho, talvez até um certo desprezo pelos considerados "ímpios". E o que admira é que – estando já escolhidos de antemão aqueles que deverão ser salvos – ainda se deem ao trabalho de pregar o Evangelho aos incrédulos...

Mas falávamos da Bíblia e da sua infalibilidade. Voltemos a este assunto. Quem examinar com isenção o texto bíblico, observará que aquele Jeová do Antigo Testamento nada tem de comum com o Deus apresentado por Jesus no Novo. E não estamos incorrendo em nenhuma impiedade, sabemos que o nosso Pai Celestial é o mesmo de todos os tempos – sempre misericordioso para com todos os homens. Sabemos que por inspiração Sua foram outorgados os Dez Mandamentos, e que de vez em quando ministrava mensagens de alto conteúdo moral, como vemos em Lev. 19:1,15,18 e 34; Deut. 6:8, 8:6, 15:11, 16:19 etc. Mas essas e várias outras passagens eram como fugazes lampejos que a Divina Misericórdia lançava à consciência do povo como sementes de verdades que deveriam germinar em tempo próprio.

Tudo faz crer que o protetor imediato da nação judaica era uma entidade mais ou menos identificada com a índole guerreira de raça. Cada homem, cada povo, tem o guia espiritual que merece, é dizer, compatível com o seu grau de evolução moral. Podia ser, talvez, um dos antepassados, com autoridade para impor seu domínio sobre os homens. Tais entidades, por atrasadas que sejam, não ficam ao desamparo da espiritualidade superior, mas é claro que esta não pode impor ensinamentos que os assistidos não estejam ainda em condições de assimilar. A evolução tem que vir naturalmente, sempre respeitado o livre-arbítrio de cada ser.

O mesmo ocorre ainda hoje, com os "pretos velhos" e "orixás" que orientam os cultos africanos. Quando se dedicam ao bem, trabalhando em favor dos que sofrem, recebem assistência e orientação de espíritos elevados. Se preferem a prática do mal, tornam-se vítimas de entidades malévolas e ficam entregues à própria sorte até que caindo em si, percebam a voz da consciência, e arrependidos, se voltem para Deus.

O exame do Velho Testamento nos leva a duas alternativas: Ou era o próprio legislador quem, com o propósito de infundir respeito, atribuía à Divindade todos aqueles rompantes de ferocidade de que o Antigo Testamento está repleto, ou Deus se fazia representar ante o povo por uma deidade tribal, talvez até mais de uma, como se infere de Gên. 3:22: "Eis que o homem é como **um de nós**, sabendo o bem e o mal." E a prova de se tratar de espírito ainda um tanto materializado é que habitava no tabernáculo (2ª Sam. 7:6), ou "de tenda em tenda" (1ª Crôn. 17:5) e "se comprazia com o cheiro dos animais imolados em holocausto" (Números 29:36). Para os gnósticos do 2º Século, segundo o teólogo Walker.

> O Deus do Antigo Testamento, criador do mundo visível, não pode ser o Deus Supremo revelado por Cristo, mas sim um demiurgo inferior. (*História da Igreja Cristã*, 2ª edição, pg. 80).

Do que não resta dúvida é que o Jeová do Pentateuco foi forjado pelos homens à imagem e semelhança destes, com todos os seus defeitos e idiossincrasias. Senão, vejamos: Concluída a criação, foi examinar se estava tudo perfeito (Gên. 1:31), como se o Supremo Criador pudesse fazer alguma coisa imperfeita. No entanto, logo se arrependeu, quando viu que a maldade se multiplicara na Terra (Gên. 6:6), como se a presciência e a onisciência não fossem qualidades inerentes a Deus. Aliás, em matéria de arrependimento, Ele nada ficava a dever a qualquer mortal: Arrependeu-se da Criação (Gên. 6:6), bem como do mal que prometera fazer ao povo (Êxodo 32:14), arrependeu-se de haver feito rei a Saul (1º Sam. 15:11 e 35), arrependeu-se por haver dizimado com peste 70 mil do seu povo

(2ª Sam. 24:16). Também se arrependeu em Amós 7:3, bem como do mal que prometera fazer a Nínive (Jonas 3:10). Na verdade, apesar de "não ser homem para que minta, nem, filho do homem para que se arrependa" (Num. 23:19 e 1ª Sam. 15:29), Jeová se arrependeu tantas vezes que chegou a se declarar "cansado de se arrepender", como se lê em Jer. 15:6. Ora, sendo Deus a infinita perfeição, é claro que não poderia jamais se arrepender de nada que houvesse feito. Então, como é que querem que tudo quanto se encontra na Bíblia tenha sido escrito diretamente por Deus?

Mas ainda há mais. O Deus que amamos e adoramos não pode estar sujeito às paixões humanas. Não se concebe um Deus de infinita perfeição tomado de rancor, pronto a descarregar sobre Suas criaturas a Sua tremenda ira. E no entanto, embora Ele se diga "misericordioso e piedoso, tardio em se irar e grande em beneficência e verdade" (Ex. 34:6), contam-se para mais de 60 acessos de cólera entre os livros Êxodo e 2ª Reis. O Jeová do Velho Testamento, que deu ao Seu povo eleito o mandamento "Não matarás", mandava exterminar os inimigos (e até os amigos...) com incrível ferocidade. Assim, a despeito de que "Deus é a verdade e n'Ele não há injustiça, justo e reto é "(Deut. 32:4), apesar de ser um Deus que "faz justiça ao órfão e à viúva e ama o estrangeiro" (Deuter. 10:18), vejamos como se exercitava na prática esse amor:

> Quando chegares a uma cidade a combatê-la, apregoar-lhe-ás a paz; se não fizer paz, a todo varão que nela houver passarás ao fio da espada, salvo as mulheres, as crianças e os animais. (Deut. 20:10, 13 e 14). Mas isso valia para as cidades distantes. Para as próximas, nenhuma coisa que tem fôlego deixarás com vida. (Deut. 20:16).

E com relação ao seu próprio povo:

> Cada um tome a sua espada e mate cada um a seu irmão, cada um

O ESPIRITISMO E AS IGREJAS REFORMADAS | 33

a seu amigo, cada um a seu vizinho. (Ex. 32:27) E mataram uns 3 mil dos israelitas que haviam adorado o bezerro de ouro.

Mas Moisés não matou o seu irmão Arão, que fora o fabricante do ídolo, (Ex. 32:28 e 35).

Se teu irmão, teu filho, tua mulher ou teu amigo te convidar para servir outros deuses, certamente o matarás. (Deut. 13:6/9).
Se o povo de uma cidade incitar os moradores a servir outros deuses, destruirás ao fio da espada tudo quanto nela houver, até os animais. (Deut. 13:12/15).

Jeová disse ao povo: "Perfeito serás como o Senhor teu Deus" (Deuter. 18:13). Eis como o povo eleito procurava imitar essa "perfeição": Moisés, que "era o mais manso de todos os homens que havia sobre a terra" (Num. 12:3), desce do Sinai com as "Tábuas da Lei", onde constava o mandamento "não matarás" e logo, para passar da teoria à prática, manda matar 3 mil dos seus compatriotas e ainda por cima pede a bênção de Deus para os assassinos (Ex. 32:28/29). Josué conquistou todas as cidades da prometida "Canaã" "destruindo totalmente a toda alma que nelas havia", (Jos. 10:35), "destruindo tudo o que tinha fôlego como ordenara o Senhor Deus" (Jos. 10:40), o que afinal não é de admirar, uma vez que "Jeová é homem de guerra" (Ex. 15:3). Das muitas cidades conquistadas, "nada restou que tivesse fôlego" (Jos. 11:14) "porque do Senhor vinha que os seus corações se endurecessem para saírem ao encontro de Israel na guerra, para destruí-los totalmente, para se não ter piedade deles, mas para destruir a todos, como o Senhor mandou a Moisés" (Jos. 11:20). "Como ordenara Jeová a Moisés, assim Moisés ordenou a Josué e assim Josué o fez" (Jos. 11:15). "Josué os destruiu totalmente, tomou toda a terra e a deu em herança aos filhos de Israel." (Jos. 11:21 e 23). É de estranhar que os israelitas estejam agora tentando recuperar essa "herança"?

Jefté, juiz em Israel, oferece ao Senhor em holocausto a sua própria filha (Juízes 11:31) e em seguida mata 42 mil efraimitas (também judeus) (Juízes 12:6). Os israelitas matam 25 mil da tribo de Benjamim (Juízes 20:35), passando ao fio da espada até os animais (Juízes 20:48) e depois dizimam a tribo "Gilead", poupando apenas 400 virgens para os que haviam sobrado dos benjamitas (Juízes 21:12 e 14). Samuel era vidente de Deus (1ª Sam. 9:19), mas mandou que o rei destruísse totalmente os amalequitas "matando desde o homem até a mulher, desde os meninos até os de mama, desde os bois até as ovelhas e desde os camelos até os jumentos" (1ª Sam. 15:3). Mas Saul poupou os animais e por isso foi castigado (1ª Sam. 15:26), enquanto Samuel "despedaçou o rei amalequita diante do Senhor" (1ª Sam. 15:33). Os amalequitas, pagãos, eram mais humanos, porquanto tomaram a cidade de Davi "e a ninguém mataram, só levaram cativos" (1ª Sam. 30:2), mas Davi "os perseguiu e matou a todos os amalequitas, porque essa fora a ordem do Senhor" (1ª Sam. 15:3), "só tendo escapado 400 mancebos que fugiram" (1ª Sam. 30:17).

Mas há outras tropelias a relatar: Porque o irmão de Moisés, Arão, fabricara um bezerro de ouro para ser adorado pelos judeus, Jeová **pede permissão** a Moisés para destruir o povo (Ex. 32:10), porém este o **repreende** (Ex. 32:12) e Ele se arrepende (Ex. 32:14). Deus manda Davi recensear o povo (2ª Sam. 24:1) e como este obedece e logo em seguida se mostra arrependido (por quê?), Jeová manda uma peste que dizima 70 mil israelitas (2ª Sam. 24:15), mas depois **se arrepende** e o próprio Davi lhe verbera a injustiça: "Se fui eu que pequei, por que castigas estes inocentes?" (2ª Sam. 24:17). Esse mesmo Jeová deu ainda instruções inusitadas como as contidas em Deut. 23:13 e 25:11 e 12 e mandou que o profeta Ezequiel comesse pão cozido sobre fezes humanas (Ezeq. 4:12). Voltamos a perguntar: Foi mesmo Deus quem praticou todas essas sandices? Terá sido Ele mesmo quem inspirou tudo quanto se acha escrito na Bíblia?

Não nos alongaremos mais nesta análise do Antigo Testamento,

O ESPIRITISMO E AS IGREJAS REFORMADAS | 35

porque o que aí se encontra permite formar uma ideia sobre o problema da "inerrância" da Bíblia, ou seja, do princípio dogmático de que tudo quanto nela se contém foi escrito sob a direta inspiração do próprio Deus, e, portanto, tem que estar tudo certo, não pode haver nada errado. O leitor que desejar fazer um estudo mais aprofundado sobre as incongruências e incorreções contidas nesse livro poderá encontrar valiosos subsídios na importante obra do escritor Mário Cavalcanti de Mello, intitulada *Da Bíblia aos nossos dias*, ed. FEP, Curitiba, onde ele disseca magistralmente o Velho Testamento. Eis algumas da interessantes indagações do referido autor, aliás em alguns casos transcrevendo perguntas formuladas por Domênico Zapata, professor de Teologia na Universidade de Salamanca, no século XVII:

1 – Como pôde Deus criar a luz antes do Sol? – (Gên. 1:3 e 14). Como separou Ele a luz das trevas (Gên. 1:4), se estas nada mais são do que a privação da luz? Como fez o dia antes que o Sol fosse criado?

2 – Como afirmar que do Éden saía um rio que se dividia em outros quatro, um dos quais, o Ciom, que corria no país de Cuse (Etiópia) (Gênesis 2:13) só podia ser o Nilo, cuja nascente distava mais de mil léguas da nascente do Eufrates?

3 – Por que a proibição de comer o fruto da "árvore da ciência do bem e do mal" (Gên. 2:17), se é fato que, dando a razão ao homem, Deus só podia encorajá-lo a instruir-se? Acaso preferia Ele ser servido por um tolo?

4 – Por que se atribuiu à serpente o papel de Satã (Apoc. 12:9), se a Bíblia apenas diz que "a serpente era o mais astuto dos animais" (Gên. 3:1)? Que língua falava essa serpente, e como andava ela antes da maldição de que passaria arrastar-se sobre o ventre e comer pó? (Gên. 3:14). E como explicar a desobediência da serpente, se nunca se ouviu falar de cobra que comesse pó? E como explicar que tantas mulheres possam hoje dar à luz sem dor e tantos homens comam o seu pão sem precisarem suar o rosto? (Gên. 3:16/19).

5 – Como pode ser punido com tanto rigor um ente primitivo como

Adão, que não sabia discernir entre o bem e o mal? (e a prova disso se encontra no verso 22: "Eis que o homem é como um de nós, sabendo o bem e o mal"). Caim cometeu um fratricídio e não mereceu uma pena tão severa; a despeito da maldição: "Fugitivo e vagabundo serás na Terra" (Gên. 4:12), foi para Node, onde constituiu família e até construiu uma cidade (Gên. 4:17) e "seus descendentes foram mestres em várias artes". (Gênesis 4:20/22).

6 – Os teólogos pretendem que a morte entrou no mundo em consequência do pecado de Adão (pelo menos é este o ensino de Santo Irineu no 1º Século, confirmado por Santo Agostinho). Pergunta-se: Como estaria hoje a população da Terra se a humanidade só fizesse nascer? E por que a punição teve de se estender aos animais, que nada tiveram a ver com o pecado de Adão?

7 – Como puderam encerrar "casais de todos os animais da Terra" (Gên. 6:19) numa arca de 300 côvados (198m) de comprimento por 50 de largura e 30 de altura (Gên. 6:15)? Como conseguiram apanhar todos esses animais e reunir tantos e tão variados alimentos e de que modo se houveram as 8 pessoas a bordo (Gên. 17:13) para alimentar todos eles (e limpar todos os dejetos) durante mais de um ano? Note-se que o dilúvio começou a 17 do 2º mês (Gên. 17:11) e os que nela haviam entrado sete dias antes (Gên. 17:10) só saíram da arca a 27 do 2º mês (do ano seguinte, é óbvio) (Gên. 8:14).

8 – Se Deus é justo e se foi Ele próprio que endureceu o coração do Faraó para que não permitisse a saída dos israelitas (Ex. 11:10), por que teria de matar todos os primogênitos do Egito, inclusive muitos milhares de inocentes crianças e até os primogênitos de todos os animais? (Ex. 12:29).

9 – Como teriam os magos egípcios transformado a água do Nilo em sangue (Ex. 7:22), se Moisés já o fizera antes? (Ex. 7:20) E como puderam perseguir os israelitas com o seu exército desfalcado de todos os primogênitos (Ex. 12:29) e empregando a sua cavalaria (Ex. 14:23), se na 5ª praga haviam sido mortos todos os cavalos? (Ex. 9:6).

O ESPIRITISMO E AS IGREJAS REFORMADAS | 37

10 – Se o mar tragou todo o exército do Faraó, este inclusive (Ex. 14:28), não é de estranhar que com a decifração dos hieróglifos, que permite hoje conhecer toda a história do antigo Egito, não se tenha encontrado uma só referência a tão espantosa calamidade?

11 – Como entender que os autores do Antigo Testamento, tão precisos ao citar pelos nomes dezenas de pequenos reis das cidades vencidas, como Adonizedeque (Jos. 10:1), Hoão, Pirã, Zafia, Debir, (Jos. 10:3), Horão (Jos. 10:33), Jabim, Jobab (Jos. 11:1), Seom (Jos. 12:2), Igue (Jos 12:4), Jeeb (Juízes 7:25), Salmuna e Zeba (Juízes 8:5), Agag (1ª Samuel 15:8), Aquís (1ª Samuel 21:10) etc., não tenham mencionado o nome do Faraó que reinava ao tempo da fuga dos israelitas, o qual é citado tantas vezes nos primeiros 14 capítulos do livro de Êxodo?

12 – Como puderam o Sol e a Lua ficar parados no meio do céu por ordem de Josué? (Jos. 10:13) e por que necessitou ele desse milagre para vencer os amorreus, se estes já estavam destroçados pelas pedras que "caíram do céu"?

13 – Por que a lei judaica não menciona em lugar algum as penas e recompensas após a morte? E por que nem Moisés nem os outros profetas falaram na imortalidade da alma, se isso já era conhecido dos antigos caldeus, dos persas, dos egípcios e dos gregos?

14 – Como entender que fossem eleitos e protegidos por Deus assassinos como Eude, que apunhalou à traição o rei Eglom (Juízes 3:21), Davi, que fez morrer Urias para tomar-lhe a mulher (2ª Sam. 11:15) e Salomão, que tendo 700 mulheres e 300 concubinas (1ª Reis 11:3), mandou matar seu irmão Adonias só por que este lhe pedira uma? (1ª. Reis 2:21 e 25).

15 – Como se explica que os israelitas, que "eram como dois pequenos rebanhos de cabras", (1ª. Reis 20:27), tenham podido ferir num só dia 100 mil sírios (1ª. Reis 20:29), e ainda por cima tenha o muro da cidade caído sobre os 27 mil restantes? (1ª Reis 20:30).

16 – Como admitir que o Deus que afirmou: – "Os pais não morrerão pelos filhos e nem os filhos pelos pais, mas cada qual morrerá pelo seu

pecado" (Deut. 24:16), se tenha enfurecido tanto contra o ex-rei Saul, a ponto de assolar o povo com uma fome de três anos (2ª. Sam. 21:1), só se aplacando quando Davi mandou matar sete netos daquele seu antecessor? (2ª. Sam. 21:8/9).

A história de todos os povos está repleta de lendas, crendices, mitos, alegorias e superstições. Por que a dos judeus teria que ser diferente? Quando o historiador pertence a outra comunidade, ou se encontra afastado dos acontecimentos no tempo e no espaço, ainda se pode esperar alguma imparcialidade. Mas se quem narra a história é um dos próprios interessados, é natural que procure exagerar os feitos dos compatriotas, sejam contemporâneos ou antepassados, e subestimar os dos seus adversários. Isso ocorre até nos tempos atuais, em que os eventos ficam registrados na imprensa, em livros, nos filmes, nas fitas de vídeo etc. Mesmo fatos contemporâneos, amplamente divulgados e documentados por todos os meios de registro disponíveis, se prestam a interpretações diferentes, ao sabor das conveniências de cada grupo. A paternidade do avião, inventado já no início deste século, não é atribuída pelos norte-americanos aos irmãos Wright, com evidente indiferença aos méritos do nosso patrício Santos Dumont? Imagine-se o que não ocorria nos tempos primevos, quando os acontecimentos eram transmitidos por tradição oral, e só muito depois vinham a ser registrados por escrito...

A saga dos israelitas está referta de fábulas e exageros, e não é atribuindo a paternidade do registro a Deus que se pode dar cunho de veracidade a uma série de fantasias. A história da criação do mundo há 6 mil anos, tal como descrita no Gênesis, a ciência já provou que não passa de lenda, ou, no máximo de uma alegoria. A formação do homem do pó da terra e da mulher de uma costela de Adão eram concepções aceitáveis, talvez, até a Idade Média, mas hoje a Antropologia e a Paleontologia já demonstraram que a espécie humana tem pelo menos 40 mil anos de existência na Terra. Certo que essa lenda, – aliás oriunda da vetusta Índia – tem o seu valor simbólico, por explicar de forma velada o surgimento da raça adâmica em nosso mundo, como tem o seu valor a fábula da Arca de Noé, refletindo a reminiscência de inundações que assolaram várias regiões do globo em tempos primitivos, e transmitidas de geração a geração através da tradição oral.

A história da mula de Balaão que falou (Num. 22:23/25), é evidente que nos tempos atuais só pode ser aceita como lenda, a menos que tenha ocorrido um fenômeno de "voz direta" do anjo que fizera empacar o animal. Assim também a passagem dos israelitas a seco pelo Mar Vermelho (Ex. 14:22), bem como a "parada" do Sol e da Lua no meio do céu por ordem de Josué (Jos. 10:13), o retrocesso de 10 graus na sombra do Sol por ordem de Isaías (2ª. Reis 20:11), a transformação da mulher de Ló em estátua de sal (Gen. 19:26) e a matança dos amorreus por pedras atiradas do céu por Deus (Jos. 10:11). De igual modo, as proezas do fabuloso Sansão dão o que pensar: como poderia ele, por mais forte que fosse, fender um leão de alto a baixo (Juízes 14:6) e como teria conseguido apanhar 300 raposas vivas e atar-lhes as caudas para incendiar a seara dos filisteus? (Juízes 15:4). E como poderia Eliseu depois de morto ter ressuscitado um homem? (2ª. Reis 13:21)

Não haverá evidente exagero em afirmar que os israelitas num só dia mataram 100 mil sírios? (1ª. Reis 20:29). A nosso ver, cem mil homens não morrem num só dia, nem com as mais devastadoras armas modernas. Com as bombas nucleares existe a possibilidade, mas até o momento não nos consta tenha de fato ocorrido. As lançadas sobre Hiroshima e Nagasaki em 6 e 9-8-45 não chegaram a exterminar tanta gente, pelo menos não no primeiro dia. E note-se que não foram arremessadas contra exércitos aguerridos, mas contra populações civis. Se com os recursos altamente sofisticados da tecnologia atual a empresa não é fácil, imagine-se o que não seria nos tempos em que as armas mais letais eram espadas e lanças, e os veículos mais velozes eram carros puxados por cavalos e camelos...

Pela mesma razão não nos parece muito verossímil que o "Anjo do Senhor" tenha numa só noite exterminado 185 mil assírios (2ª. Reis 19:35), nem que 120 mil "midianitas" tenham sido mortos pelos 300 de Gedeão (Juízes 8:10), nem que os judeus tenham eliminado em um só dia 120 mil da tribo de Judá, "todos homens poderosos, por terem abandonado o Senhor Deus de seus pais" (2ª. Crôn. 28:6), e ainda levado cativas 200 mil mulheres e crianças do seu povo irmão" (2ª. Crôn. 28:8).

E o que dizer dos "500 mil homens escolhidos que caíram feridos de Israel"? (2ª. Crôn. 13:17). E o que dizer do 1 milhão (1 milhão!) de etíopes, que "foram destroçados **sem restar nem um sequer**"? (2ª. Crôn. 14:9 e 13). Será que a Etiópia já dispunha naquele tempo de 1 milhão de habitantes?[1]

Vejamos agora, de passagem, como eram os padrões de moralidade dos homens que Jeová colocou como paredros do seu "povo santo". Ainda aqui tomamos por empréstimo os argumentos do nosso confrade Mário Cavalcanti de Mello em sua obra já citada *Da Bíblia aos nossos dias*:

1 – Noé, ainda sob o efeito da carraspana que tomara, amaldiçoou seu filho Cam só porque este o vira despido e fora avisar seus irmãos. (Gen. 9:21 e 25). Mas a maldição parece que não surtiu muito efeito, pois a descendência de Cam tornou-se nação poderosa, sendo o seu neto Ninrod um "valente caçador diante do Senhor" (Gen. 10:9).

2 – Abraão engana o Faraó fazendo passar sua mulher Sara por irmã e o Faraó o leva para sua casa e o recompensa abundantemente e por

---

1 Temos 2 Bíblias trad. Almeida, ambas edits. pela Soc. Bíbl. do Brasil, com redação diversa do versículo 13. A de 1966 diz como está acima. A de 1969 (ed. revista e corrigida) reza: "Caíram tantos etíopes que já não havia neles vigor algum"... Veja-se como vão aos poucos alterando o texto!

causa dessa felonia o Deus justo de Israel fere com grande pragas o Faraó inocente e sua casa (Gen. 12:10/20). Em Gerar repetiu a patranha com Abimeleque (Gen. 20:2) e o rei só teve a sua vida salva por intercessão do próprio Abraão (Gen. 20:17), que de lá se retirou com vários presentes e mil moedas de prata (20:14 e 16). Só não entendemos é que graça encontrou Abimeleque numa mulher de 90 anos (Gen. 17:17) e ainda por cima grávida! E por causa da mulher o velho patriarca, tão bonzinho, expulsou sua escrava Hagar para o deserto, provida apenas de pão e um odre d'água, que logo secou (Gen. 21:14/15). A mesma farsa tentou o seu filho Isaac com o mesmo Abimeleque, fazendo passar por sua irmã a sua mulher Rebeca (Gen. 26:7).

3 – Jacó enganou duas vezes o seu irmão Esaú (Gênesis 27:36) e por duas vezes enganou também o seu sogro Labão (Gen. 30:27/42 e 31:8). Raquel alugou o marido Jacó por uma noite à sua irmã Lia em troca das mandrágoras colhidas pelo filho desta (Gen. 30:15). E os filhos de Jacó assassinam traiçoeiramente a todos os homens de Siquém (Gen. 34:25) e saqueiam completamente a cidade. Em seguida vendem o seu próprio irmão José por 20 moedas (Gen. 37:28).

4 – Deus manda destruir os midianitas (Num. 31:2) e os israelitas matam todos os homens, porém levam cativas as mulheres, as crianças e todos os animais (Num. 31:9), depois de queimarem todas as cidades e acampamentos (31:10). Mas Moisés, que "era o mais manso dos homens existentes na Terra" (Num. 12:3) e também "o maior dos profetas de Israel" (Deut. 34:10) se enfureceu com os oficiais do exército e ordenou que matassem "todos os varões entre os meninos" e "todas as mulheres de qualquer idade, poupando somente as virgens" para a diversão da soldadesca (Num. 31:17-18). E só com esse "ato de misericórdia" foram salvos 32 mil! (Num. 31:35).

5 – O rei Davi jurara a Saul que não eliminaria a sua descendência (1ª. Sam. 24:21/22), mas alguns anos depois, "para aplacar a ira de Deus contra Saul e sua casa sanguinária" (2ª. Sam. 21:1), entregou aos gi-

beonitas (que não eram israelitas, mas amorreus) (2ª. Sam. 21:2), sete descendentes de Saul, para serem enforcados (2ª. Sam. 21:6 e 9).

6 – Elias era profeta de Deus e cometeu várias atrocidades; matou 400 profetas de Baal (1ª. Reis 18:22 e 40) e depois 100 soldados enviados pelo rei Acazias (2ª. Reis 1:10 e 12), e mesmo assim foi arrebatado ao céu num carro de fogo (2ª. Reis 2:11). E o seu sucessor Eliseu, só porque uns rapazinhos caçoavam dele, com a irreverência própria da juventude, amaldiçoou-os em nome de Deus, saindo do bosque duas ursas que despedaçaram 42 meninos. (2ª. Reis 2:23/24).

Repetimos que jamais nos passaria pela ideia o intuito de amesquinhar o papel da Bíblia como regra de fé da Cristandade, e nem seriam pigmeus como nós que ousariam tão inexequível tarefa. Sabemos e proclamamos que ela é o fanal de todos os povos cristãos, e que os preciosos ensinamentos morais nela contidos brilharam e continuarão a brilhar por muitos séculos concorrendo para dissipar as trevas da ignorância dos homens sempre que eles estiverem à altura de os assimilar.

Aquilo que unicamente contestamos é a tese da "inerrância", a ideia de que ela encerra toda a verdade e de que tudo quanto contém é a palavra saída dos lábios do próprio Deus. O que afirmamos é que a Bíblia foi escrita por homens e por isso mesmo está referta de falhas resultantes da imperfeição humana. Pretender que ali esteja a verdade como um bloco monolítico, é semear confusão na mente de homens que já aprenderam, ou pelo menos deviam ter aprendido, a raciocinar.

Entendemos que neste mundo ninguém pode chegar à verdade absoluta, nem atingir o conhecimento total, mesmo porque a mera pretensão de possuí-los gera a intolerância. De fato, como afirma o escritor Rubem Alves no seu magnífico livro que todo protestante deve não apenas ler, mas estudar a fundo:

Quem quer que afirme a verdade de forma absoluta, sem a suspensão da dúvida, está destinado ao dogmatismo e à intolerância. Onde quer que a verdade seja afirmada como posse, proíbe-se o exercício livre da razão, no chamado "livre-exame". Todo aquele que possui a verdade, está condenado a ser um inquisidor. (*Protestantismo e repressão*, ed. Ática, 1979).

Vejamos ainda algumas incongruências e incorreções encontradas no que os nossos irmãos denominam "A Palavra de Deus":

João afirmou: "Deus nunca foi visto por ninguém" (João 1:18) e "ninguém jamais viu a Deus" (1ª. João 4:12), o que foi confirmado por Paulo: "(aquele) a quem nenhum homem viu nem pode ver" (1ª. Timóteo 6:16) e pelo próprio Jesus: "não que algum homem tenha visto o Pai" (João 6:46). Mas lemos no Antigo Testamento que Deus disse: "Eu apareci a Abraão, Isaac e Jacó" (Ex. 6:3) e que Moisés, Arão, Nadib e Abiú e mais 70 anciãos viram Deus (Ex. 24: 9-11). "Falava Deus a Moisés face a face, como qualquer homem fala ao seu amigo" (Ex. 33:11) e contudo o advertiu: "Não poderás ver a minha face, porque homem nenhum verá a minha face e viverá" (Ex. 33:20) e em seguida abriu uma concessão: "Ver-me-ás pelas costas, mas a minha face não se verá" (Ex. 33:23). E no entanto o próprio Deus afirmou: "Eu falo com Moisés boca a boca e ele vê a forma do Senhor" (Num. 12:8) e mais: "Cara a cara o Senhor falou conosco no monte, no meio do fogo" (Deut. 5:4) e "(Moisés), a quem o Senhor conhecera cara a cara" (Deut. 34:10). Finalmente, "Deus por duas vezes apareceu a Salomão" (1ª. Reis 11:9).

Afinal alguém viu ou não viu Deus? Não é preciso que respondam a esta indagação, pois temos por verdade que Deus jamais foi visto por ninguém, e que as aparentes discrepâncias podem ser atribuídas, ou à intenção de enfatizar a experiência para valorizar o ensino, ou ao fato de terem visto espíritos de luz (anjos) julgando tratar-se do próprio Deus, como de resto se observa em várias outras passagens. Porém, o que aí está serve para ilustrar que, se há divergência entre os autores bíblicos sobre coisas até certo ponto irrelevantes, por que não haveria também relativamente a outras mais importantes? E isso basta, ao nosso ver, para elidir a tese de que o próprio Deus teria ditado diretamente tudo quanto foi escrito.

Deus proibiu fazer imagens de escultura (Ex. 20:4), mas Ele mesmo ordenou a Moisés que fizesse uma serpente de bronze (Num. 21:8), Ele determinou ao povo: "Perfeito serás como o Senhor teu Deus" (Deut. 18:13), mas essa perfeição era de tal ordem que "se deleitará em destruir-vos e consumir-vos" (Deut. 28:63) e se assim o prometeu, melhor o fez: matou 50.070 homens de Bete-Semes só por terem olhado para o interior da Arca (1ª. Sam. 6:19) e exterminou de praga nada menos que 14.700, só porque murmuraram (Num. 16:49).

Em diversas passagens divinamente inspiradas se diz que "os filhos não pagarão pelos pecados de seus pais" (Deut. 24:16, Jer. 31:29-30, Ezeq. 18:20), o que é uma noção de elementar justiça, imanente à consciência de qualquer pessoa de bom-senso. Em nenhum ordenamento jurídico do mundo se prescreve que a pena passará da pessoa do criminoso. Mas então, por que os nossos primeiros pais tiveram o seu pecado transmitido, por uma estranha hereditariedade, a todos os seus descendentes? (Rom. 5:10).

Note-se também que há passagens em franca contradição com as acima citadas, e são aquelas onde Deus diz que "visitará a iniquidade dos pais nos filhos até a terceira e quarta geração" (Ex. 34:7; Num. 14:18; Deut. 5:9), mas nestas é fácil observar que a tradução foi ajeitada para acomodar o sentido às ideias vigentes, pois no texto original de São Jerônimo, ou seja, a *Vulgata Latina*, em vez de "**até** a 3ª e 4ª geração", lê-se "**na** 3ª e 4ª geração", como menciona Paulo Finotti em seu livro *Ressurreição* (Editora Edigraf, 1972). Aí tem lógica, pois é evidente que na terceira e quarta geração o espírito pode já ter voltado para resgatar suas faltas.

Deus proíbe um profeta de comer e beber (1ª Reis 13:17) e logo outro profeta o induz a comer, dizendo ser "ordem de um anjo" e ele o faz (1ª Reis 13:19) e aquele que o induzira lhe diz que morrerá "por haver desobedecido à ordem do Senhor" (1ª Reis 13:22) e ele segue o seu caminho e logo um leão o mata (1ª Reis 13:24). Mais adiante um "aprendiz de profeta" pede a outro que o esmurre (1ª Reis 20:35) e como o outro recusasse obedecer a tão esdrúxula ordem, vaticinou que um leão o mataria "por ter desobedecido à ordem do Senhor" (1ª Reis 20:36). Pois não é que um leão matou também a este?

A despeito da expressa proibição: "Em ti não se achará quem faça passar pelo fogo seu filho ou sua filha" (Deut. 18:10), os judeus de vez em quando queimavam seus filhos em sacrifício (2ª. Reis 17:17) e até alguns reis cometeram esse crime hediondo, como Manassés (2ª Reis 21:6) e Acaz (2ª Crôn. 28:3), e até mesmo o grande libertador Jefté, que foi juiz em Israel por 6 anos, "foi cheio do espírito e ofereceu a sua filha em holocausto a Deus" (Juízes 11:29 e 39). Alguns textos permitem supor que os sacrifícios humanos tinham o beneplácito de Jeová, uma vez que "o homem consagrado a Deus não poderá ser resgatado, será morto" (Lev. 27:29). Perguntamos: Tudo isso foi escrito sob a direta inspiração de Deus?

Jeú, rei de Israel por 28 anos, matou 2 reis israelitas, Acazias e Jorão (2ª. Reis 9:24-33), bem como toda a linhagem do ex-rei Acab, inclusive os seus 70 filhos (2ª. Reis 10:7) e mais 42 irmãos de Acazias (2ª. Reis 10:14), além de inúmeros adoradores de Baal (2ª. Reis 10:25) e apesar de tão zeloso "não se apartou dos pecados do ex-rei Joroboão e nem destruiu os bezerros de ouro" (2ª. Reis 10:29). Pois foi a esse rei idólatra e sanguinário que Jeová afirmou: "Bem obraste em fazer o que é reto aos meus olhos"... (2ª. Reis 10:30).

Deus promete a Josias (rei de Judá por 31 anos), que seria levado em paz à sepultura (2ª. Reis 22-20), e embora "nem antes nem depois houvesse rei que (como ele) se convertesse ao Senhor de todo o seu coração" (2ª. Reis 23:25), o exemplar Josias foi morto em combate contra o rei do Egito (2ª. Reis 23:29).

Vejamos o livro de Eclesiastes e meditemos se teria sido o próprio Deus quem ditou lições de puro materialismo, como "Nenhuma vantagem têm os homens sobre os animais" (Ecl. 3:9), "Tenho por mais felizes os que já morreram" (4:2) e "mais feliz ainda é aquele que não nasceu" (4:3) e "tudo sucede igualmente a todos, aos justos e ao ímpio, ao puro como ao impuro" (9:2), tudo em conflito com outras sentenças como: "Eu sei com certeza que quem guardar o mandamento jamais experimentará algum mal" (8:5). "Ao homem que é bom diante dele, Deus dá sabedoria, conhecimento e alegria" (2:26) e "Deus há de trazer a juízo toda obra, seja boa, seja má" (12:14).

Como conciliar: "Os vivos sabem que hão de morrer, mas os mortos não sabem coisa alguma" (Ecl.9:5) com o que se contém na parábola do rico e Lázaro (Lucas 16:23) e com a cena em que Moisés e Elias conversam com Jesus no alto do Tabor? (Lucas 9:30).

Jesus ensinou a amar até os inimigos (Mat. 5:44), bem como a perdoar indefinidamente as ofensas (Mat. 18:22) e Paulo, mesmo roborando esse ensino (Rom. 2:14), não perdoou ao latoeiro e até pediu castigo para ele (2ª. Tim. 4:14); e ao ser ferido na boca, bradou ao sumo sacerdote: "Deus te ferirá, parede branqueada!" (Atos 23:3). Não é nosso intuito empanar o valor de Paulo como o mais destacado dos apóstolos, mas apenas ilustrar que nem os maiores santos são infalíveis, como, de resto, ele próprio humildemente o reconheceu em Rom. 7:15.

É interessante notar que várias das predições atribuídas ao Cristo não se realizaram, como: "Não acabareis de percorrer as cidades de Israel, sem que venha o Filho do Homem" (Mat. 10:23), "Alguns dos que aqui estão não verão a morte até que vejam o Filho do Homem no seu reino" (Mat. 16:28, Marcos 9:1, Lucas 9:27) e "Não passará esta geração até que todas estas coisas aconteçam" (Mat. 24:34). Ora, pode-se admitir que Jesus tenha predito coisas que não se realizariam? Evidentemente que não! Então a explicação mais lógica é atribuir tais passagens e interpolações introduzidas no texto, talvez para evitar que os fiéis decaíssem de seus deveres piedosos, permanecendo vigilantes na expectativa da parúsia. A esse respeito, vejamos o que diz o teólogo anglicano W. Walker:

> Como os primeiros discípulos em geral, ele (o apóstolo Paulo) julgava próxima a vinda do Cristo; em suas primeiras cartas, é evidente que ele cria que tal acontecimento se daria durante a sua própria vida (1ª. Tess. 4:13-18). Depois percebeu que provavelmente morreria antes da vinda do Senhor (Filip. 1:23-24 e 2ª. Tim. 4:6 a 8, *História da Igreja Cristã*, 2ª ed. pág. 51).

Os que acompanhavam Saulo ao ensejo da sua conversão "ouviram a voz sem ver ninguém" (Atos 9:7) ou "viram a luz sem ouvir a voz"? (Atos 22:9). Qual a versão correta?

Pode-se afirmar que foi o próprio Deus quem falou por Paulo, considerando vergonhoso (em outra versão "indecente") a mulher falar na igreja? (1ª Cor. 14:35). E no entanto havia profetizas (11:5), e pelo menos essas teriam que falar na igreja...

Foi Deus quem proibiu inscrever viúvas com menos de 60 anos, "porque quando se tornam levianas contra Cristo, querem casar-se..."? (1ª Tim. 5:11). Que mal pode haver em que as viúvas queiram casar-se?

Como conciliar: "Se dissermos que não temos pecado, não existe verdade em nós" (1ª João 1:8) e "Quem é nascido de Deus não peca" (1ª João 3:9 e 5:18)?

Embora o Novo Testamento revele uma nova mentalidade, observa-se que ainda persiste em algumas passagens o ranço da intolerância, tão peculiar ao Velho. Por exemplo: "Horrenda coisa é cair nas mãos do Deus vivo" (Hebr. 10:31). Eis aí uma expressão que agride frontalmente toda a pregação do mestre. Ele ensinou que Deus é Pai (Mat. 23:9), que ama a humanidade (João 3:16), que é misericordioso e compassivo (Lucas 6:36) e benigno até para com os ingratos e maus (Lucas 6:35). Onipresente, Deus está em todos os recantos do Universo, no âmago de todas as coisas, no imo de todos os seres, na consciência de todas as criaturas dotadas de razão, pois, como disse o apóstolo: "Nele vivemos e nos movemos e existimos" (Atos 17:28). Logo, pelo simples fato de existirmos, já estamos, logicamente, em Suas mãos, e são elas, evidentemente, que dirigem nossos destinos. Então, como pode alguém "cair nas mãos de Deus"? E como pode tal fato constituir uma "coisa horrenda"?

Preferiríamos deixar sem comentários os **milagres** realizados por Jesus. Os espíritas não cremos em milagre no sentido de derrogação das leis naturais; estas foram estabelecidas por Deus como leis eternas e imutáveis, e não seria ele quem as infringiria somente para demonstrar a sua onipotência. Assim, entendemos que Jesus não usou meios "sobrenaturais", e sim formas de energia ainda desconhecidas dos homens. Nem provam tais feitos a divindade do mestre, pois seus discípulos também os praticaram. Mas dois desses "milagres" merecem ligeira referência:

O evangelista Lucas (13:6-9) relata a parábola de uma figueira que há 3 anos não frutificava, e que deveria ser cortada se dentro de mais um ano não desse frutos. Em Mateus (21:18) e Marcos (11:13-20) essa parábola se transformou em fato real: Jesus estava com fome, não encontrou figos e amaldiçoou a figueira, que secou. Esse "milagre" se configura absurdo, porque: 1º – o pobre vegetal não tinha culpa alguma, eis que o próprio evangelista (Marcos 11:13) afirma que "não era tempo de figos"; 2º – Foi o único "milagre" de maldição e castigo, o que não condiz absolutamente com o caráter bondoso do mestre.

Também o "milagre" relatado em Mateus 17:27, por sinal o úni-

O ESPIRITISMO E AS IGREJAS REFORMADAS | 49

co que Jesus teria realizado em benefício próprio, teve origem, segundo o teólogo Karl Hermann Schelkle:

... em histórias de fadas que falam de uma joia na boca de peixes; aparece na história do anel de Polícrates (Heródoto 3, 40-42) e entre os rabinos em histórias de judeus que, como recompensa da virtude, acham pérolas preciosas dentro de peixes comprados (*Teologia do N. Testamento*, ed. Loyola, 1978).

Ainda sobre os "milagres": Como se explica que as menores curas de Jesus sejam relatadas minuciosamente nos 3 primeiros Evangelhos, enquanto que o seu mais portentoso milagre, a ressurreição de Lázaro, só veio a constar do 4º. (João 11), que apareceu 60 anos após a sua morte?

Para finalizar nossas breves considerações acerca da "inerrância" da Bíblia, seja-nos lícito transcrever a opinião de alguns teólogos e escritores ilustres:

Há profunda divisão entre os estudiosos no que concerne à exatidão de muitos incidentes narrados nos Evangelhos. Nos seus traços, porém, o caráter e ensino de Jesus tornam-se visíveis nas páginas dos Evangelhos. (W. Walker, *História da Igreja Cristã*, 2ª ed., pg. 35).

Segundo A. Sabatier, decano da Faculdade de Teologia Protestante de Paris, os manuscritos originais dos Evangelhos desapareceram sem deixar nenhum vestígio certo na história. Foram, provavelmente, destruídos por ocasião da proscrição geral dos livros cristãos ordenada pelo imperador Deocleciano (edito imperial de 303). Os escritos sagrados que escaparam à destruição não são, por conseguinte, senão cópias (F. Lichtenbergen, em *Enciclopédia das ciências religiosas*, cit. por Léon Denis em *Cristianismo e espiritismo*, 6ª ed., FEB, pg. 270).

Apesar de todos os seus esforços, o que a crítica pôde cientificamente estabelecer de mais antigo foram os textos dos séculos IV e

V. Não se pôde remontar mais longe senão por conjecturas, sempre sujeitas à discussão (...) Orígenes já se queixava amargamente do estado dos manuscritos do seu tempo. Irineu refere que populações inteiras acreditavam em Jesus sem a intervenção do papel e da tinta. Não se escreveu imediatamente porque era esperada a volta do Cristo. (...) Celso, desde o século II, no *Discurso verdadeiro*, lançava aos cristãos a acusação de retocarem constantemente os Evangelhos e eliminarem no dia seguinte o que haviam escrito na véspera. (Léon Denis em *Cristianismo e espiritismo*, 6ª ed. FEB, pg. 271.)

A experiência prova à saciedade que é difícil copiar-se uma porção de extensão considerável sem cometer um ou dois lapsos, no mínimo. Quando se trata de escritos como os do Novo Testamento, copiados e recopiados milhares de vezes, a margem de erros de copistas aumenta de tal modo que é surpreendente não seja a cifra muito maior do que o é. (F. F. Bruce, em *Merece confiança o Novo Testamento?*, trad. da Junta Edit. Cristã, ed. 1965).

A fim de pôr termo às divergências existentes entre os vários manuscritos que circulavam por cópias nas primitivas comunidades cristãs, resolveu o papa Dámaso, em 384, incumbir Jerônimo de redigir uma tradução latina do Novo Testamento. O tradutor teve que enfrentar consideráveis dificuldades, pois, como declara no prefácio dirigido ao papa, "existiam tantos exemplares dos Evangelhos quantas eram as cópias." E concluía: "Depois de haver comparado um certo número de exemplares gregos, mas dos antigos, que se não afastam muito da versão itálica, de tal modo os combinamos que, **corrigindo somente o que nos parecia alterar o sentido,** conservamos o resto como estava. (Léon Denis em *Cristianismo e espiritismo*, 6ª ed. FEB, págs. 31/32).

Depois da proclamação da divindade do Cristo, no século IV, e depois da introdução, no sistema eclesiástico, do dogma da Trindade, no século VI, muitas passagens do Novo Testamento foram modificadas, a fim de que exprimissem as novas doutrinas. Em sua obra *As Bíblias e os iniciadores religiosos*, diz Leblois, pastor em Estrasburgo: Vimos na Biblioteca Nacional, na de Santa Genoveva, na do Mosteiro de Saint Gall, manuscritos em que o dogma da Trindade está apenas acrescentado à margem. Mais tarde foi intercalado no texto, onde ainda se encontra. (ibd.)

Numerosos Concílios têm discutido a Bíblia, modificado os textos, proclamado novos dogmas, afastando-se cada vez mais dos preceitos do Cristo (...) Léon Denis afirma que "a tradução de Jerônimo foi considerada boa de 386 a 1586, tendo mesmo sido aprovada pelo Concílio de Trento em 1546. Em 1590 Sixto V achou-a insuficiente e errônea, ordenando uma nova revisão. A edição daí resultante, e que trazia seu nome, foi a seu turno modificada por Clemente VIII, sendo afinal a edição que serviu de base às traduções existentes em diferentes línguas. (Paulo Finotti, em *Ressurreição*, ed. Edigraf).

Como se vê, a Escritura Sagrada, encerrando, sem dúvida, preciosos ensinamentos para o progresso moral da humanidade, não se reveste dessa "inerrância" que lhe querem atribuir nossos irmãos evangélicos. Mesmo nos Estados Unidos, onde ainda conta com raízes profundas, a ideia vai perdendo terreno à medida em que o povo se esclarece. Veja-se o que diz um conceituado órgão da imprensa norte-americana:

O pastor Adrian Rogers, que presidiu a *Southern Baptist Convention* de 1979 a 1980, é campeão intransigente da "inerrância" da Bíblia, no sentido de que "cada palavra foi inspirada por Deus e seus livros permanecem como originariamente escritos, livres de erro em cada detalhe.

Mas vários professores de seminários batistas têm criticado essa teoria, admitindo que, por exemplo, Adão e Eva sejam apenas símbolos. (*Time Magazine* de 2-7-79).

Seu sucessor, o Rev. Bailey Smith, foi reeleito em junho de 1981, mas enfrentou forte oposição por ser partidário da "inerrância". Esta ainda é a ideia do povo, mas não necessariamente a dos professores dos seminários, muitos dos quais interpretam a Bíblia menos rigidamente. (*Time Magazine* de 22-6-81).

JESUS

Fulge através da história o meigo Nazareno
com mensagens de paz, compreensão e amor.
Mas séculos se escoam e o pobre ser terreno
ainda não entendeu o ensino do Senhor.

Pululam religiões, seitas, ritos e cultos,
cada qual pretendendo a posse da verdade...
Em nome de Jesus trocam-se ódios e insultos,
campeia a intolerância, em vez da caridade...

E a humanidade segue, apática, descrente,
às lições do Evangelho alheia, indiferente...
Por que o mestre pregou? Terá pregado em vão?

Não, pois do que ele ensinou o sentido profundo
é que a justiça e a paz hão de reinar no mundo
quando existir amor em cada coração!

IV

A Divindade de Jesus

1 – A Divindade e a Lógica

Iniciaremos com uma breve digressão sobre astronomia, assunto decerto já bem conhecido dos leitores, mas que servirá para lembrar-lhes a exata posição no Cosmos, do homem e do minúsculo planeta que ele habita. Cingimo-nos, nesta parte, a um interessante trabalho divulgado pela extinta revista *Life* há mais de 20 anos[2], alguns conceitos, portanto, poderão já ter sido modificados.

Como a Terra tem 12.756 km de diâmetro equatorial e dista em média 150 milhões de km do Sol, as dimensões do nosso sistema planetário podem à primeira vista parecer estupendas, principalmente se considerarmos que o planeta mais distante do Sol, Plutão, dista deste cerca de 6 bilhões de quilômetros. Mas o nosso Sol, embora com um volume 1,3 milhões de vezes maior que o da Terra, não passa de uma estrela de tamanho médio. Se o imaginarmos como uma bola de 15 cm, de diâmetro, a Terra distaria dele uns 17

---

2 NE: A primeira edição deste livro saiu em 1983

metros e o planeta Plutão cerca de 1 km. Pois bem, as estrelas mais próximas ficariam a 5 mil km e mesmo estas são consideradas vizinhas do Sistema Solar, tal a vastidão do Espaço.

Em noite clara podem ser vistas a olho nu cerca de 6 mil estrelas, metade em cada hemisfério. Com um pequeno telescópio distinguem-se mais de 2 milhões, enquanto o grande telescópio do Monte Palomar permite captar a luz de bilhões. À distância parecem formar verdadeiros aglomerados, porém na realidade brilham como luzeiros solitários, separados por milhões de quilômetros, quais naves a flutuar num oceano vazio.

As dimensões do Universo são tão vastas que não podem ser medidas pelos meios comuns, por isso recorre-se a uma unidade especial, que é o "ano-luz". Aliás, é bom lembrar que todas as medidas do tempo vêm do espaço, sendo na realidade dimensões espaciais. Por exemplo: O que chamamos "uma hora" é, com efeito, um arco de 15 graus na rotação diária aparente, da esfera celestial. Então, o "ano-luz" é o espaço percorrido pela luz no tempo de um ano. Sabendo-se que a velocidade da luz é de cerca de 300 mil km por segundo, segue-se que o "ano-luz" corresponde a quase 10 trilhões de quilômetros. Pois bem: enquanto o Sol está apenas a 8,2 "minutos luz" da Terra, a mais próxima estrela (Alfa, do Centauro), fica a 4,4 anos-luz da Terra, a gigante vermelha Betelgeuse (da constelação de Órion) a 300 "anos-luz" e a gigante azul Riegel (também de Órion) leva 540 anos para alcançar nossos olhos.

Vejamos outro aspecto dessa desconcertante noção de "espaço-tempo": Quando olhamos para o céu em uma noite estrelada, na realidade estamos olhando "para trás no tempo". Vemos a luz de estrelas como elas eram há milhares, talvez milhões de anos. Certamente nenhuma delas está mais nos pontos onde as vemos, algumas podem até ter sido totalmente extintas. Mesmo a mais próxima de nós (Alfa, do Centauro), não a vemos como é hoje e sim como era há pouco mais de 4 anos. O que realmente vemos é o fantasma de uma estrela que emitia luz há 4 anos; se ela continua, ou não, brilhando agora, só poderemos saber dentro de mais 4 anos. Então, para descrever a posição de uma galáxia, não basta fixá-la nas três dimensões do espaço, mas também numa de tempo. Daí o dizer-se que o Universo é quadridimensional, sendo a 4ª dimensão o tempo.

Mas todas essas estrelas a que nos reportamos até agora podem ser consideradas vizinhas próximas, e suas distâncias equiparam-se a centímetros, quando medidas em escala cósmica. Foi só nas últimas décadas que se percebeu que o nosso Sistema Solar é apenas uma unidade infinitesimal na borda externa de uma galáxia a que denominamos "Via Láctea". E esta mesma não passa de uma unidade num aglomerado de galáxias ligadas pela gravitação, movendo-se ininterruptamente através do Espaço.

Essa faixa luminosa que avistamos em noites claras cortando o firmamento de norte a sul, só em tempos recentes veio a ser conhecida pelo que de fato é: um estupendo caudal de campos estelares integrando a parte visível da galáxia em que se move o nosso Sistema Solar. A dificuldade em apreender a estrutura da "Via Láctea", é que nos achamos "dentro dela". Só nos últimos tempos os astrônomos puderam cientificamente estabelecer que o que vemos da "Via Láctea" é apenas parte do arco interno de um colossal aglomerado de estrelas, em forma de disco, similar às galáxias do espaço externo. O nosso planeta está situado a 30 mil "anos-luz" do centro da galáxia, e dele podemos divisar apenas uma pequena fração dos bilhões de estrelas que ela contém. O diâmetro da "Via Láctea" é de mais de 100 mil "anos-luz", o que significa que a luz, à assombrosa velocidade de 300 mil quilômetros por segundo, leva mais de 100 mil anos para percorrer a galáxia de uma extremidade à outra.

A galáxia também gira, completando uma revolução a cada 200 milhões de anos, não apenas levando com ela o nosso Sistema Solar com velocidade superior a 1 milhão de km por hora, como arrastando um enxame externo de aglomerados estelares, cada um com centenas de milhares de estrelas, todas girando em volta do centro da galáxia.

Mas a "Via Láctea" não é senão um membro de um agregado cósmico infinitamente maior, denominado "Grupo Local", composto por cerca de 20 sistemas galácticos unidos pela energia gravitacional e com um diâmetro de uns 3 milhões de "anos-luz". Próximo a uma das extremidades desse supersistema gira o luminoso disco da "Via Láctea", enquanto na extremidade oposta viaja a grande espiral de sua galáxia-irmã, Andrômeda. O "Grupo Local" abrange também 6 pequenas galáxias elípticas e mais as informes "Nebulosas Magelânicas", além de algumas distantes espirais, perdidas no imenso vácuo. Remotas como se encontram, estão todas unidas por uma ignota energia gravitacional e revolucionam ao redor de um eixo desconhecido, situado em alguma parte, entre a Via Láctea e Andrômeda.

Mas ainda não é tudo: Volvendo o telescópio para além das mais distantes nebulosas do Grupo Local, descobre-se um crescente número de enevoadas manchas luminosas, suspensas no vácuo como tênues teias de aranha. São as chamadas "Galáxias-Externas", ou "Universos-Ilhas", cada uma delas composta por bilhões e bilhões de estrelas, mas tão profundamente entranhadas no abismo do espaço que a luz que emitem leva milhões de anos para chegar até nós. Só no interior da Ursa Maior, fracos bruxuleios revelam uma concentração de mais de 300 galáxias. Junto dela o nosso Grupo Local seria um aglomerado anão.

Em geral as galáxias do espaço externo tendem a aglomerar-se em comunidades de cerca de 500 – galáxias de galáxias – unidas pela gravidade e, não raro, interpenetrando-se, sem que jamais ocorra colisão, uma vez que as suas componentes estão separadas entre si por trilhões de quilômetros. Os astrônomos calculam que cerca de 1 bilhão de galáxias se encontram ao alcance dos nossos maiores telescópios, apresentando 3 tipos: Galáxias espirais (80%), Galáxias elípticas (17%) e Galáxias irregulares (3%).

Não foi senão a partir do início deste século que o foco da Astronomia se deslocou dos planetas para as estrelas e só nos últimos 40 anos ele passou a abranger as galáxias do espaço externo. Portanto, é certo que os conceitos da moderna astronomia não eram conhecidos dos nossos avós. Então, resulta evidente que os princípios aceitos como verdade há 100 ou 200 anos não são os mesmos princípios agora reconhecidos como firmemente ancorados nos conhecimentos científicos.

Ora, até 100 ou 200 anos o homem se acreditava o centro do Universo, compenetrado da sua magnificência como o "Rei da Criação". Para ele, a Terra fora criada no ano 4004 antes de Cristo, o homem formado de barro e os astros fincados como luzeiros no céu apenas para lhe proporcionar luz e deleite. Se a Terra era plana com o céu por cima e o inferno por baixo, foi até lógica a teoria que o Criador viesse encarnar neste mísero planeta para salvar a Humanidade condenada pelo pecado de Adão. Ora, que o Onipotente tenha o poder de fazê-lo, quem duvida? Mas em face da lógica e com os conhecimentos científicos de que hoje dispomos, não se configura demasiado pretensiosa essa teoria?

Se Deus nunca teve princípio, é perfeitamente razoável admitir que Ele venha criando de toda a eternidade. Quantos milhões de sistemas não já foram, através de milênios sem fim, elaborados pelo seu Pensamento Criador? E com tantos e tantos bilhões de planetas espalhados pela imensidão do Espaço, quantos não haverá palpitantes de vida, com humanidades em diferentes estágios de evolução, muitas delas sem dúvida mais adiantadas que a nossa? Vejamos como idealiza o caso o eminente cientista Charles Richet:

> Sei que no espaço infinito milhões de planetas giram ao redor de outros tantos sóis. Conheço um desses planetas, a Terra, e vejo que é habitado por seres inteligentes. Como poderei admitir que só ele goza essa vantagem? (se é vantagem).
>
> Eis aqui um saco contendo 1 milhão de bolas, cujas cores ignoro.

Tiro uma ao acaso e vejo que é vermelha. Será lógico supor que entre as 999.999 restantes não haja nenhuma outra dessa cor? (*A grande esperança*, Lake, 1976).

E aqui cabe a grande indagação: Por que teria o Criador do Universo de punir o "pecado" cometido pelo mais ignorante dos seres, no mais rudimentar dos mundos? Por que teria o próprio Deus de descer da Sua glória para encarnar num orbe tão desprezível, a fim de, com o Seu próprio sangue, "resgatar" os "erros" de criaturas tão frágeis? Desculpem os irmãos, mas não tem lógica!

Tal ideia poderia ter sido, não diremos razoável, mas pelo menos compreensível, em épocas passadas, ao tempo em que se acreditava a Terra o centro do Universo e os seus habitantes a obra máxima do Criador; mas nos termos da cosmogonia atual, convenhamos em que certas doutrinas estão a exigir urgente revisão, para que não resulte deslustrada a inteligência dos seus profitentes. E é bom que essa revisão se faça logo, porque se a qualquer momento os "contatos imediatos do terceiro grau" comprovarem aquilo que todos já intimamente admitimos, ou seja, a existência de outras humanidades com outros tipos de civilização, como é que vão explicar essas complicadas teorias da criação do mundo, do pecado original, da encarnação do Deus-Filho em nosso planeta?

Mas este é apenas um dos aspectos do problema da divindade de Cristo. Existem vários outros que examinaremos em seguida.

2 – A Divindade e a Bíblia

Jesus nunca afirmou que era Deus, ninguém encontrará no Evangelho uma só palavra sua em tal sentido. O título que ele habitual-

O ESPIRITISMO E AS IGREJAS REFORMADAS | 61

mente se atribuía era o de "Filho do Homem", que figura 80 vezes nos Evangelhos (30 no de Mateus, 14 no de Marcos, 26 no de Lucas e 10 no de João). Poucas vezes, e em geral de forma indireta, ele se autodenominou "filho de Deus", título este que os discípulos, outras pessoas e até espíritos impuros às vezes lhe atribuíam. É de notar que ser "filho de Deus" não é ser Deus, como se infere de João 1:12: "A todos quantos o receberam, deu-lhes o poder de se tornarem filhos de Deus."

Os teólogos costumam apresentar como prova da sua divindade a frase "Eu e o Pai somos um" (João 10:30), sem atentar para o fato de que logo adiante ele incluiu na mesma categoria os apóstolos, quando afirmou: "Pai Santo, guarda em Teu nome aqueles que me deste, para que sejam um, assim como nós" (Jo. 17:11) e "para que também eles sejam **um em nós**" (Jo. 17:21).

Cumpre ter em vista, outrossim, que no mesmo episódio acima citado, quando os judeus o acusaram de "se fazer Deus a si mesmo" (João 10:33), ele encerrou a discussão afirmando: "Se a própria lei chamou **deuses** aqueles a quem a palavra de Deus foi dirigida, como dizeis que blasfema aquele que o Pai santificou e enviou ao mundo, porque diz: "Sou filho de Deus"? (João 10:36).

Em vários outros trechos ele se proclamou um "enviado de Deus" (João 4:34, 5:24, 6:29; 6:44; 7:29; 8:26; 12:45; 17:3) e chegou a afirmar: "Porque eu desci do Céu, não para fazer a minha vontade, mas a daquele que me enviou" (João 6:38). É claro que um enviado é sempre inferior àquele que o envia. Ele se atribuiu também vários outros títulos, como sejam os de "filho", de "mestre e senhor", de "luz do mundo", de "bom pastor" etc., mas é claro que nenhuma dessas expressões implica a pretensão de se fazer divino. Como um enviado de Deus para pregar aos homens a verdade, ele foi um instrumento, um meio, um caminho para se chegar a Deus, foi verdadeiramente o "pão da vida" que a Humanidade esperava para saciar sua fome espiritual.

Se João 14:9 parece roborar a ideia da divindade, logo no v. 10

Jesus esclarece que faz as obras porque o Pai permanece nele e no v. 12 aduz que os que cressem fariam obras até maiores, mostrando que a ação divina se patenteava nas obras de todos os que cressem, nada havendo na passagem que justifique a noção de que Jesus se reputava Deus.

Outro trecho que se supõe confirmar a doutrina da Trindade é o de 1ª. João 5:7/8, mas aí a interpolação é tão evidente que a própria *Bíblia de Jerusalém* (editada com aprovação eclesiástica) o resume com estas palavras: "Porque três são os que testemunham: O espírito, a água e o sangue", aduzindo em nota de rodapé que as frases restantes "não constam dos antigos manuscritos, nem das antigas versões e nem dos melhores manuscritos da Vulgata, **parecendo ser uma glosa marginal introduzida posteriormente.**" (N. T., 6ª. ed. pág. 649 (grifo nosso)).

Paulo nunca chamou Jesus de Deus, embora pregasse a unidade de caráter entre ambos. Segundo o teólogo anglicano Williston Walker "a tradução de Rom. 9:5 não deve ser considerada paulina" (*História da Igreja Cristã*, 2ª. ed. pg. 56). O mesmo se pode dizer de Tito 2:13, "do qual não é possível uma interpretação segura", segundo o teólogo Karl Schelkle, em sua *Teologia do Novo Testamento* Ed. Loyola.

O que se observa através da história, é uma tendência para considerar "deuses" aqueles que se destacam dos homens comuns por sua sabedoria, sua autoridade ou sua superioridade moral. Em Êxodo 7:1 lemos que "Jeová fez de Moisés um deus diante do Faraó". Os próprios apóstolos, em certas ocasiões, foram tidos por deuses (Atos 14:11, 28:6). Veja-se também 1ª. Cor. 8:5:

> No mundo antigo havia muitos filhos de deuses. No Oriente antigo, os reis eram tidos como gerados pelos deuses. Na mitologia grega os deuses geram filhos com mulheres humanas. Em Roma os imperadores eram divinizados depois da sua morte. Gênios que supe-

ravam a média humana (políticos, filósofos) eram venerados como divinos, ou filhos de Deus. O sentimento antigo percebia no extraordinário e imenso a revelação do divino. Além disso a Estoa ensinava, em outro sentido, a filiação divina de todos os homens (Epiteto 1, 3, 1). A história das religiões acha que esta mentalidade antiga contribuiu para que Jesus fosse venerado como Filho de Deus." (Karl H. Schelkle, em *Teologia do Novo Testamento*, ed. Loyola, 1978).

Neste sentido, ninguém mais do que Jesus merece para nós o título de Deus, como o reconheceu o apóstolo Tomé (João 20:28). ele foi, com efeito, a mais perfeita das criaturas que jamais pisaram neste planeta, nele se manifestou "corporalmente toda a plenitude da divindade" (Col. 2:9), pois em nenhum outro homem se apresentaram mais excelsas a sabedoria e a virtude. Mas foi precisamente isso, uma criatura de Deus que atingiu a máxima perfeição, a ponto de gozar de íntima comunhão com Deus, daí o ter dito: "Quem me vê a mim, vê também o Pai" e "O Pai está em mim e eu no Pai" (João 14:9,10) e "Glorifica-me, Pai, com a glória que eu tinha contigo antes que houvesse mundo" (João 17:5). Mas ele também disse: "Eu rogarei ao Pai" (João 14:16 e 16:26) e o que roga evidentemente é inferior ao rogado. ele também afirmou: "O Pai é maior do que eu" (João 14:28).

Ora, raciocinemos: Se Deus vem criando de toda a eternidade (e nem se conceberia um Deus inativo), é natural que os espíritos criados no que para nós pode ser definido como o "princípio dos tempos", ou seja, há milhões e milhões de anos, todos eles, ou quase todos, já devem ter atingido o grau máximo da perfeição, situando-se na categoria dos "espíritos puros", em gozo de plena comunhão com o Criador. Eles são, portanto, os colaboradores na obra de Deus, os seus auxiliares diretos, aqueles que tanto no Velho como no Novo Testamento (e por que não nos tempos atuais?) são chamados de anjos. A unidade na criação é a característica do nosso Pai e só ela pode espelhar Sua infinita justiça. Seria admissível que Ele criasse os anjos como entes privilegiados saídos de Suas mãos como criaturas já perfeitas, enquanto os espíritos humanos saem simples e ignorantes, fadados a sofrer vicissitudes sem conta, para um dia poderem alcançar a bem-aventurança eterna? Se um anjo disse a João: "Não te ajoelhas, pois eu sou conservo teu e de teus irmãos, os profetas" (Apoc. 22:9), não foi por saber que a origem de todos os seres é a mesma?

E para encerrar estas considerações, indagamos: Acaso não parece muito mais grandiosa a figura de Jesus como um ser humano que, por se haver elevado ao ápice do aprimoramento espiritual, pode apresentar-se aos nossos olhos como um modelo da perfeição a que todos aspiramos e que um dia, com a graça do Pai, haveremos de também alcançar? Pois se assim não fosse, por que teria ele afirmado: "Dei-vos o exemplo para que, como eu fiz, assim o façais vós também?" (João 13:15).

Então, fique bem claro o nosso pensamento, segundo o qual, sendo Jesus um espírito gerado em eras inimagináveis, e que por isso mesmo já fruía da comunhão com o Pai "antes que houvesse mundo" (João 17:5), tendo sido ele, por certo, um dos planejadores e fundadores deste Planeta, tanto que é o seu Governador Espiritual e até chegou ao extremo de imolar-se para fazer progredir a Humanidade, o abismo que nos separa da sua excelsa perfeição é tão imenso que para nós ele certamente é Deus, mas isto porque, sendo também uma criatura de Deus, "o primogênito de todas as criaturas" (Col. 1:15), logo "criatura" e não "criador", pode apresentar-se como nosso modelo e nosso exemplo pelo fato de haver atingido a suma perfeição, e não porque seja "ingerado, consubstancial com Deus de toda a eternidade", como decretou o Concílio de Niceia no ano 325 da nossa Era.

Diz Herculano Pires que:

... a igreja adotou o "credo quia absurdum" como forma típica de coação psicológica . E a divindade de Jesus tornou-se origem de perseguições, torturas, maldições e mortes horripilantes. Gandhi, que não era cristão, após ler o Sermão da Montanha, perguntou a um missionário inglês como se explicava a contradição entre os frutos do cristianismo em seu país e a árvore espiritual do evangelho. (*Revisão do cristianismo*).

3 – A Divindade e a história

Já vimos que não aparece no Novo Testamento nenhuma proclamação taxativa da divindade de Jesus, no sentido que lhe deu o Concílio de Niceia, de "consubstancial com o Pai de toda a eternidade". É certo que a ideia aparece difusa no Evangelho de João, mas este só apareceu 60 anos depois da morte do mestre, quando a Cristologia (interpretação teológica da figura do Cristo) já se achava impregnada do neoplatonismo, com a sua noção do "Logos".

Agora vejamos em linhas gerais como se chegou a concretizar a ideia da divindade, que era totalmente desconhecida nos primitivos tempos do cristianismo. Toda gente sabe que na decisão de Niceia (325 d.C.) predominou a vontade do imperador Constantino, que, egresso do paganismo, estava ainda bem longe de poder ser considerado cristão, tanto que continuou como pontífice da antiga religião e só veio a receber o batismo quando se achava à morte, no ano 337.

Mas não cometeremos a injustiça de atribuir aquela decisão unicamente ao atrito do imperador, pois a história registra que as controvérsias reinavam ferozes desde o início do segundo século, e ameaçavam dividir a igreja, de sorte que a influência autoritária de Constantino pode ter tido o propósito de evitar a cisão do cristianismo, o que, todavia, conforme veremos, não foi conseguido no Concílio de Niceia e nem nos subsequentes.

Vejamos os esclarecimentos que nos podem trazer eminentes teólogos protestantes sobre a controvertida questão da divindade de Cristo:

> Os chamados pais da igreja entendiam Jesus como o revelador divino do conhecimento do verdadeiro Deus e arauto de uma "nova lei" de moralidade simples, elevada e severa (Williston Walker, em *História da Igreja Cristã*, 2ª ed., pg. 62).
>
> Inácio (bispo de Antioquia de 110 a 117), professava o mesmo tipo elevado de cristologia evidenciada nos documentos joaninos. O sacrifício de Cristo é o "sangue de Deus". Saúda os cristãos romanos em "Jesus Cristo, nosso Deus" e no entanto não chega a identificar exatamente Cristo com o Pai. Cristo, escreve ele, realmente é da estirpe de Davi segundo a carne, Filho de Deus por vontade e poder de Deus. (Idem, pg. 61)
>
> Juliano (Contra Christianos, apud Cirilo de Alexandria, op. IX, 326ss): Mas, infortunadamente não sois fiéis às vocações apostólicas; estas, em mãos de seus sucessores, tornaram-se em máxima blasfêmia. Nem Paulo, nem Mateus, nem Lucas ou Marcos ousaram afirmar que Jesus é Deus. Foi o venerável João quem, constatando que um grande número de habitantes das cidades gregas e italianas eram vítimas de epidemias e ouvindo, imagino, que as tumbas de Pedro e Paulo se tornavam objeto de culto, João, repito, foi o primeiro a ousar tal afirmativa. (H. Bettenson em *Documentos da Igreja Cristã*).
>
> Tertuliano (150/225) distinguia entre os elementos divino e humano em Cristo. Derivados do Pai por emanação, o filho e o espírito são subordinados a Ele. A doutrina da subordinação, já presente nos Apologistas, viria a ser característica da cristologia do "Logos" até o tempo de Agostinho. (W. Walker, em *História da Igreja Cristã*).

O ESPIRITISMO E AS IGREJAS REFORMADAS | 67

Para Paulo de Samósata, bispo de Antioquia, entre 260 e 272, Jesus era um homem considerado único por causa do seu nascimento virginal, além de cheio do poder de Deus, isto é, o "Logos" de Deus. Mediante essa inspiração, Jesus era unido a Deus por amor, em vontade, mas não em substância. (Walker, ibd.).

Para Ário (presbítero de Alexandria) Jesus não era da mesma substância do Pai, tendo sido tirado do "nada", como as demais criaturas. Não era, por conseguinte, eterno, embora o primeiro entre as criaturas e agente na criação deste mundo. Cristo era na verdade Deus em outro sentido, mas um Deus inferior, de modo algum uno com o Pai em essência e eternidade. Seu opositor foi o bispo Alexandre, para quem o Filho "era eterno, da mesma substância do Pai, e absolutamente incriado". Ele convocou um Sínodo em Alexandria (cerca de 321), Sínodo esse que lançou condenação sobre Ário e seus seguidores. (Walker, ibd.).

A disputa dividiu a igreja e causou perturbação à ordem pública. Então o Imperador convocou o Concílio de Niceia, ao qual compareceram cerca de 300 bispos, só 6 do Ocidente. Depois de acirradas discussões, o Imperador, desejando que se chegasse a uma expressão unificada da fé, **forçou** a definição de Niceia. Sob sua supervisão, todos os bispos a subscreveram, com exceção de dois que, juntamente com Ário, **foram banidos** pelo Imperador. (Walker, ibd.) (grifos nossos). Na realidade as decisões de Niceia foram fruto de uma minoria. Foram mal-entendidas e até rejeitadas por muitos que não eram partidários de Ário. Posteriormente 90 bispos elaboraram outro credo (o "Credo da Dedicação") em 341, para substituir o de Niceia (...) E em 357, Concílio em Smirna adotou um credo autenticamente ariano. (H. Bettenson, em *Documentos da Igreja Cristã*).

Passando em revista essa longa controvérsia, é de afirmar-se ter sido uma infelicidade o fato de uma frase menos controvertida não ter sido adotada em Niceia, e infelicidade ainda maior a circunstância de a interferência imperial se constituir fator tão importante no correr das ulteriores discussões. Em meio a essa luta surgiu a igreja imperial e se desenvolveu plenamente a política de interferência imperial. A rejeição da ortodoxia oficial erigira-se em crime. (Walker, ibd.).

Logo que Constantino se constituiu patrono do cristianismo, este se tornou uma religião eivada de heresias e de inovações. (...) A maioria dos que entravam para a igreja, era realmente pagã, gente de vida reprovável. Era assim natural que aparecesse uma queda do nível moral do caráter cristão. (Robert Hastings Nichols, em *História da Igreja Cristã*, ed. Casa Editora Presbiteriana, 1978).

A questão da divindade de Cristo tendo sido vitoriosa, a discussão voltou-se para a relação entre a sua natureza divina e a humana. **Foram tremendas as divergências de opinião, que chegaram a provocar divisões na igreja.** (Nichols, ibd.), (Grifo nosso).

As grandes verdades que são vitais à fé cristã, como as da encarnação e da Trindade, foram examinadas e expressas pela igreja nessa "Era dos Concílios". Tais decisões têm sido desde então aceitas pela cristandade. Ao lado dessa vitória, surgiu um prejuízo, em virtude da tendência de se pensar que a coisa mais importante era defender e guardar as definições corretas da verdade cristã. A prova da fé cristã de uma pessoa não era tanto a sua lealdade a Cristo, em espírito e pelo comportamento moral, senão a sua aquiescência ao que a igreja declarava a doutrina correta, isto é, a sua **ortodoxia. Aquele que não fosse considerado ortodoxo, era expulso como herege, embora a sua vida fosse um testemunho contínuo de lealdade ao Cristo.** (Nichols, ibd.).

Em todos os tempos muitos cristãos se insurgiram contra a ideia da divindade que, como vimos, não encontra apoio nem na Escritura, nem na razão. Mas o "sistema" ortodoxo que detinha o poder sempre tratou de sufocar todas as tentativas de contestação. Submetemos à atenção dos leitores mais alguns excertos da obra *História da Igreja Cristã*, do teólogo Walker, que o comprovam:

Com as tendências racionalizadoras do século XVIII, as ideias antitrinitárias, que viam na moralidade a essência da religião, foram grandemente fortalecidas. Tais ideias eram representadas no continente europeu por anabaptistas e socinianos. Em 1575 foram queimados "batistas arianos" nos Países Baixos e em 1612 foram queimados os últimos ingleses por motivo de fé. Em 1717 alguns pastores presbiterianos tomaram posição entre a ortodoxia e o arianismo.

Em, 1774 o clérigo Lindsay se retirou da Igreja Anglicana e fundou em Londres uma Igreja Unitária. Em 1813 o Parlamento Britânico extinguiu as penas contra os negadores da Trindade. Este antigo unitarismo inglês era claro em sua negativa dos "credos feitos pelos homens" e na insistência da salvação pelo caráter.

No século XIX surgiu o liberalismo eclesiástico, Coleridge (1772/1834) foi o precursor e J. F. D. Maurice (1805/1872) o impulsionador do pensamento liberal. Para ele, "Cristo é o cabeça de toda a humanidade, ninguém está sob a maldição de Deus e ninguém se perderá para sempre." O número dos liberais não era grande, mas sua influência sobre o pensamento religioso inglês foi enorme.

Ao dealbar do século XX os liberais haviam conquistado um lugar em muitas denominações. Nas primeiras décadas os conservadores tudo fizeram para expulsá-los, através de amarga controvérsia fundamentalista-modernista.

A luta ainda continua no seio das igrejas cristãs. Em 1977 sete teólogos ingleses (seis anglicanos e um da Igreja Reformada Unida) publicaram um livro (*O mito do Deus encarnado*) em que consideram a crença na divindade "um meio poético ou mitológico de expressar a significação de Cristo para nós, não a verdade literal." (*Time Magazine* de 15-8-77). O livro tem despertado fortes polêmicas, e é bom que assim seja, a fim de que as consciências acomodadas despertem do seu torpor.

A CRISTO CRUCIFICADO

Não me move, meu Deus, para querer-Te
o Céu que me hás um dia prometido;
e nem me move o inferno tão temido
para deixar, por isso, de ofender-Te!

Tu me moves, Senhor, move-me o ver-Te
pregado nessa cruz e escarnecido;
move-me no Teu corpo tão ferido
ver o suor de agonia que ele verte.

Moves-me ao Teu amor de tal maneira
que a não haver o Céu ainda te amara,
e a não haver o inferno te temera.

Nada me tens que dar porque Te queira,
que se o que ouso esperar não esperara,
o mesmo que Te quero Te quisera!

**(De poeta espanhol não identificado.
Trad. de Manuel Bandeira)**

V

AS PENAS ETERNAS

PRETENDEMOS AGORA MOSTRAR aos nossos irmãos protestantes porque não podemos aceitar a ideia das penas eternas, tal como é ensinada pelos ramos ortodoxos do cristianismo. Pedimos que nos sigam em nosso arrazoado com muita compreensão e sensibilidade, uma vez que vamos ingressar numa área que não deve ser desbravada apenas com a razão, mas sobretudo com o coração. Reflete-se com a mente, mas sente-se por um complexo de impulsos íntimos da alma a que vulgarmente se chama coração. Então temos de manter abertas as portas da percepção, mas também, e principalmente, as da intuição.

Diz a psicologia que a percepção é a projeção na consciência de um fato externo focalizado pela atenção; e que a intuição é uma forma de percepção que não passa pelo raciocínio. Como esta última definição nada define, tentaremos aproximar-nos do sentido real dizendo que a intuição é a captação de um fenômeno pelo inconsciente sem prévio trânsito pelas vias da reflexão. Na verdade, quantos e quão valiosos conhecimentos nos chegam pelas veredas intuitivas se nos pomos em sintonia com suas fontes eternas!...

Assim, pedimos aos queridos irmãos que nos acompanhem nesta jornada meditando sobre certas verdades constantes da Bíblia e que não foram escritas apenas como meros conceitos filosóficos, mas como ensinamentos reais, destinados a mudar o comportamento dos homens quando estes atingirem o estágio intelectual e moral necessário para compreendê-los e assimilá-los.

Deus é amor (1ª. João 4:16) e esse amor se reflete na atração universal que interliga todas as coisas, desde os elétrons em seu giro no interior do átomo, até as galáxias com seus imensos campos gravitacionais através do espaço infinito. E esta concepção não parece envolver nenhum laivo de "panteísmo", pois a lógica e a razão nos dizem que o Pensamento-Criador atua sem cessar em todos os quadrantes do Universo e, afinal, como disse o apóstolo Paulo: "Nele vivemos e nos movemos e existimos" (Atos 17:28). Com esse mesmo pensamento, assim se exprimiu o grande poeta Guerra Junqueiro no seu inspirado poema "O Melro":

> Tudo o que existe é imaculado e é santo,
> há em toda miséria o mesmo pranto
> e em todo coração um grito igual.
> Deus semeou d'almas o Universo todo,
> tudo o que vive e ri e canta e chora,
> tudo foi feito com o mesmo lodo,
> purificado com a mesma aurora...
> Oh! mistério sagrado da existência,
> só hoje eu te adivinho,
> ao ver que a alma tem a mesma essência,
> pela dor, pelo amor, pela inocência,
> quer guarde um berço, quer proteja um ninho.
> Só hoje eu sei que em toda criatura,
> desde a mais bela até a mais impura,
> ou numa pomba ou numa fera brava,
> Deus habita, Deus sonha, Deus murmura. . .
> Ah! Deus é bem maior do que eu julgava!. . .

O ESPIRITISMO E AS IGREJAS REFORMADAS | 75

Que lemos na Bíblia? "Deus quer que todos os homens se salvem e cheguem ao conhecimento da verdade". (1ª. Tim. 2:3/4). Ora, o que Deus quer, fatalmente se realiza, porque a Sua Vontade é suprema, não está sujeita às contingências próprias da vontade humana. Eu posso "querer", mas de quantas coisas depende a realização da minha vontade! Assim, o meu "querer" não passa de um "desejo" nem sempre realizável, porque sujeito às limitações inerentes à minha imperfeição. Mas a vontade de Deus é causa geradora, porquanto Ele é infinito em todos os Seus atributos, do contrário não seria perfeito. Portanto, é inadmissível a mais leve restrição à Sua soberana vontade, daí o afirmarmos que tudo o que Ele quer necessariamente acontece.

Se Deus é amor, os espíritos saídos de Suas mãos onipotentes são fruto desse trabalho de amor, sendo criados ignorantes e naturalmente imperfeitos, a fim de que, através das experiências da vida, possam elevar-se gradualmente em conhecimento e virtude, para retornarem afinal ao seio do Criador e participarem da Sua glória, no concerto dos espíritos puros. Quer Ele transmita o sopro da vida a cada novo ser no instante da concepção (ou no período entre a concepção e o nascimento), como pensam os irmãos evangélicos, quer essa criação tenha sido bem mais remota, como entendemos nós, no que todos concordamos é que saímos das mãos do nosso Pai Celestial envoltos na auréola do Seu amor infinito, pois se "Deus é amor", tudo o que sai das Suas mãos é produto desse amor, que extravasa em catadupas de luz através da eternidade dos tempos e da imensidão dos espaços.

Se esse é o quadro que nos pintam a imaginação e a esperança – e não podemos concebê-lo de outra forma – é lícito concluir que esse Ente de afeição e de bondade só pode criar as almas para fazê-las felizes e para que um dia participem da Sua glória, de modo algum para torná-las desgraçadas, ou para condená-las a sofrimentos eternos. Portanto, não nos parece lógico supor que esse Pai amoroso, sendo onisciente, e pois conhecendo de antemão o destino das almas por Ele criadas, sabendo que, segundo a ortodoxia cristã, a esmagadora maioria delas será fatalmente condenada à perdição eterna, mesmo assim continue gerando criaturas tão frágeis, tão suscetíveis de sucumbir às tentações, quando lhe seria mais fácil, uma vez que é onipotente, fazê-las mais perfeitas, ou pelo menos mais resistentes ao mal.

Daí o não aceitarmos, nós espíritas, a doutrina das "penas eternas", visto nos parecer incompatível com a suprema bondade e a suprema justiça, qualidades excelsas e essenciais do nosso Criador e Pai.

Alega-se em defesa da eternidade das penas que a gravidade da falta é diretamente proporcional à importância da pessoa ofendida, e que assim uma ofensa dirigida a um ser infinito como Deus seria também infinita, implicando uma punição igualmente infinita. Mas esse argumento é especioso, porque sendo o homem um ser finito, de modo algum poderia cometer uma ofensa infinita, de sorte que a ofensa não guarda relação com a pessoa do ofendido, mas com a capacidade do ofensor. Nas próprias normas do nosso Direito Penal (arts. 22 a 24), observa-se a "inimputabilidade" do delinquente por circunstâncias de idade, perturbação de sentidos ou alienação mental. Perguntamos: Pode alguém de bom-senso e no pleno domínio das suas faculdades sentir-se ofendido pelas diatribes que lhe dirija um ébrio ou um alienado mental? Pode um adulto consciente sentir-se atingido pelas injúrias que lhe dirija uma criança de tenra idade? Não existe aí uma tal desproporção de maturidade intelectual suficiente para elidir qualquer possibilidade de agravo? E não é infinitamente maior a desproporção que existe entre o Ser Supremo e a minha insignificante pessoa, do que a existente entre mim e uma criancinha que mal começa a ensaiar seus próprios passos? Então como posso eu, espírito imperfeito, assim criado por Ele e que mal engatinha em sua peregrinação pelos caminhos do aperfeiçoamento moral, como posso ofender o Todo-Poderoso a ponto de merecer uma condenação a penas severas e inextinguíveis, por deslizes resultantes da imperfeição inerente à minha própria natureza humana? Não estaria aí a severidade da pena em brutal desproporção com a gravidade da falta?

E o pior é que, enquanto Jesus nos veio ensinar a amar os nossos inimigos, a perdoar indefinidamente as ofensas, a ver no Pai Celestial um ser compassivo e misericordioso, sempre pronto a acolher um filho que se transvia (ver parábola do Filho Pródigo), esse Deus que a ortodoxia cristã nos impinge é de uma severidade extrema, cominando penas que nenhum tribunal humano subscreveria, e ainda por cima irremissíveis, de nada adiantando, após a morte, o arrependimento dos por essa forma condenados...

Ora, nós sabemos que a experiência na carne, por prolongada que seja, não passa de um instante fugaz em face da eternidade. Então temos de forçosamente concluir que a condenação a uma eternidade de sofrimentos por faltas cometidas durante tão breve tempo, não se coaduna com a ideia de um Deus justo, misericordioso e infinitamente bom. E se Deus perdoa ao culpado que se arrepende de seus erros no curso da vida terrena, por que não poderá fazê-lo em relação aos que se arrependem depois da morte? De que serviria, então a "pregação do Evangelho aos mortos", a que alude o apóstolo Pedro em sua epístola? (1ª. Pedro 4:6). Pergunta-se: Depois da morte o ser conserva a sua individualidade ou não? Pode pensar, sentir, raciocinar? Pode arrepender-se de seus erros? Se se arrepende, por que não pode ser perdoado? Que Deus misericordioso é esse, que só perdoa as faltas de Seus filhos durante a vida terrena, que é um átimo, e não perdoa durante a vida espiritual, que dura a eternidade? Se Deus criou os homens para a Sua glória (Isaías 43:7), por que condenará a penas eternas aqueles que O invocarem? (Joel 2:32). Onde estão os fundamentos da ideia de que Deus só atende aos pecadores durante a vida corpórea? Como entender "a minha ira não durará eternamente" (Jer. 3:12), se as almas são condenadas pela eternidade? Como pode alguém "amar a Deus sobre todas as coisas" (Deut. 6:5), se entender que esse Deus é um tirano, que condena o pecador a penas eternas e não lhe perdoará após a morte, por mais que se arrependa? Um tal Deus não poderia ser amado, mas apenas temido (Salmo 89:7).

O próprio Jesus foi pregar aos espíritos em prisão (1ª. Pedro 3:19). Por que foi ele pregar, se os mortos não se arrependem? Observe-se que não se trata da expressão "mortos em delitos e pecados", pois logo o versículo seguinte esclarece: "Os quais noutro tempo foram desobedientes, quando a longanimidade de Deus esperava, nos dias de Noé". Portanto, espíritos que haviam vivido na Terra ao tempo de Noé e a quem Deus concedeu nova oportunidade, através da pregação de Jesus. E se o destino dos mortos é irremissível, por que se batizavam por eles os primitivos cristãos? (1ª. Cor. 15:29). Vejamos de que forma falou sobre o assunto o teólogo anglicano W. Walker:

> Orações em favor dos mortos, em geral, e memoriais na forma de ofertas efetuadas nos aniversários do seu passamento, eram comuns já no começo do século II. (*História da Igreja Cristã*).
>
> Quanto ao batismo, instituição anterior ao cristianismo, embora Paulo não o considerasse absolutamente necessário à salvação (1ª. Cor. 1:14-17), seu conceito aproximava-se da noção de iniciação esposada pelas religiões de mistério. Seus conversos em Corinto, pelo menos, tinham uma concepção quase mágica do rito, deixando-se batizar em lugar de seus amigos já falecidos, a fim de que os benefícios do rito alcançassem a estes. (1ª. Cor. 15:29) (ibd.).

Se Deus é onipotente e onipresente, não pode deixar de ver o que se passa em todos os recantos do infinito Universo e, portanto, também o sofrimento dos condenados no inferno. E se fica assistindo ao sofrimento dos infelizes por Ele mesmo criados, a clamarem por perdão num arrependimento inútil, e não se comove ante esse espetáculo dantesco, esse Deus é de uma insensibilidade espantosa, que nenhum ser humano, por empedernido que fosse, seria capaz de manter.

Digam-nos, em sã consciência, é concebível que o Deus cujo ensinamento ministrado aos homens, através de Jesus, foi o de amar até mesmo aos inimigos e perdoar indefinidamente as ofensas, é concebível que esse Deus mande os homens fazerem isso, e não seja Ele mesmo capaz de perdoar, nem capaz de acolher o clamor de pecadores arrependidos? Um Deus que assim exerce contra criaturas por Ele mesmo geradas uma vingança infinita, é um ser infinitamente vingativo, e, portanto, não é bondoso nem misericordioso, e consequentemente não é Deus. Pelo menos não aquele "Deus de amor" revelado aos homens por Jesus.

Só há uma conclusão a tirar, e é que os homens continuam idealizando Deus à sua própria imagem e semelhança, atribuindo-lhe as suas próprias qualidades e todos os seus defeitos. Entendemos que é impiedade pensar em Deus nestes termos, principalmente em face dos ensinamentos tão claros ministrados pelo Cristo.

Mas ainda não é tudo: Qual será a situação das almas dos justos conduzidas à bem-aventurança eterna? Perdem completamente a lembrança daqueles com quem conviveram em sua existência terrena, ou conservam viva a memória dos que foram aqui seus pais, seus filhos, seus irmãos, seus amigos? Se esquecem tudo, de que serviram os laços de família, as relações de amizade, os vínculos de amor que aqui constituíram? Ficará tudo isso perdido para sempre? Mas se conservam a lembrança, a situação ficará infinitamente pior: Como podem eles gozar de felicidade perfeita sabendo que entes queridos estão a padecer tormentos infindáveis? Como pode uma mãe gozar a felicidade dos justos, tendo consciência de que um filho muito amado jamais poderá compartilhar da sua ventura no céu, porque foi condenado a sofrer eternamente no inferno?

Eis porque nós, espíritas, não podemos aceitar a doutrina das penas eternas, porque ela não se coaduna com a ideia de um Deus justo e misericordioso. Aí estão dois atributos aparentemente conflitantes. Como pode Deus ser justo e ao mesmo tempo misericordioso? É que sendo justo Ele não deixa sem punição nenhuma ofensa, como não deixa sem recompensa nenhum ato meritório. E sendo misericordioso, não deixa que Seus filhos sofram pela eternidade. Acreditamos que Ele é inflexível para com o pecador endurecido, mas sempre pronto a acolher os que a qualquer tempo se arrependam e implorem o perdão de suas faltas. A justiça Divina se faz sentir dando ao penitente novas oportunidades de reparar os erros praticados, de refazer suas experiências, de ressarcir as ofensas e prejuízos que tenha causado ao seu próximo. Para as almas saídas das mãos do Criador há sempre uma esperança, não mais a terrível inscrição imaginada por Dante no pórtico do inferno: "Lasciate ogni spranza voi ch'entrate!", porque Deus é Pai e Ele quer que todos os homens se salvem e o que Ele, quer, já o dissemos, infalivelmente acontece.

Mas há ainda outro ponto a considerar: Se nos parece absurda a condenação a penas eternas por faltas cometidas como resultado das imperfeições inerentes à alma humana, ou, não raro, por influência do próprio meio em que cada um viveu sua experiência terrena, o que poderíamos dizer da tese abraçada por nossos irmãos evangélicos, que condicionam a perdição eterna, não a tais ou quais ofensas perpetradas durante a vida, mas ao simples fato de não aceitarem a mediação de Jesus nos termos em que é pregada pela ortodoxia cristã?

Não é preciso que nos venham citar os inúmeros versículos em que o mestre e seus apóstolos afirmaram que todo aquele que nele cresse teria a vida eterna. Gostaríamos apenas de perguntar: Em que consiste exatamente "crer em Jesus"? Para nós, é acolher no coração os seus ensinamentos e passar a viver de acordo com os seus preceitos. E o que foi, realmente, que ele ensinou? Quais os preceitos que ministrou? Ensinou a amar até mesmo aos inimigos, a perdoar e esquecer as ofensas, a extirpar do coração o egoísmo e o orgulho, a fazer aos outros o que queremos que eles nos façam, a sempre retribuir o mal com o bem, a socorrer os irmãos em suas necessidades sem visar qualquer recompensa, enfim, a compreender, servir e perdoar, perdoar indefinidamente ...

Até mesmo na parábola das ovelhas e dos bodes, a que se refere o evangelista Mateus (25:31-45), Jesus colocou como **condição única** da salvação a prática do amor nas relações com o próximo. Quem observar esse preceito terá o reino de Deus no coração, e quando cada ser humano se compenetrar desta verdade e promover sua reforma íntima, a Humanidade inteira estará reformada e o reino do céu se instalará na Terra.

Chegaremos um dia a esse glorioso evento? Chegaremos sim, sem a menor dúvida, porque a semente do Evangelho não foi plantada em vão e se aparentemente demora em germinar, é que dois ou três milênios nada são diante da Eternidade. . . Pergunta-se, então: Serão os seres daqueles tempos futuros mais privilegiados que os da época atual e todos os seus predecessores? De modo algum, pois essa Humanidade será a mesma de hoje e de ontem, "porque somos de ontem e o ignoramos" (Jó 8:9); é a mesma Humanidade que vai aprendendo e se aprimorando em sucessivas e proveitosas experiências, através de lutas e de sofrimentos, caindo e se reerguendo, purgando suas faltas, resgatando seus erros, vai aos poucos assimilando os divinos ensinamentos, crescendo em conhecimento (progresso intelectual) e em virtude (progresso moral) até um dia atingir a perfeição dos espíritos puros, irmanando-se ao Cristo e integrando-se ao Pai.

Dizei-nos: Não é muito mais lógica e muito mais sublime essa perspectiva do que a doutrina que supõe:

> Um pequeno número de "eleitos" entregues à contemplação perpétua, enquanto a maioria das criaturas é condenada a sofrimentos sem fim no inferno? Como é pungente, para os corações amorosos,

a barreira que ela coloca entre os vivos e os mortos! As almas felizes, dizem, só pensam na sua felicidade e aquelas que são infelizes somente nas suas penas. É de admirar que o egoísmo reine sobre a Terra, quando no-lo mostram no próprio céu? Como, pois, é estreita a ideia que ela nos oferece da grandeza, do poder e da bondade de Deus! (Kardec, em *O Céu e o Inferno*, 2ª ed. Lake, pg. 38).

Acreditamos haver demonstrado que a doutrina das penas eternas não condiz com a ideia que fazemos de Deus, aliás expressamente ensinada por Jesus: a de um Pai de amor e de misericórdia. Contudo, os nossos irmãos evangélicos se apegam demasiadamente à letra da Escritura e gostam de repisar expressões como "fogo eterno", "geena de fogo" etc., como prova de eternidade das penas. Basta consultar um dicionário qualquer, para verificar que a palavra "eterno" comporta várias acepções, significando não somente "aquilo que não tem fim", como também "algo de duração imprecisa", ou "aquilo de que não se conhece o termo". Alguns exegetas chegam a distinguir "eternidade" de "eviternidade", conceito este peculiar à contingência humana, designativo de "um tempo indefinido" ou "um tempo cujo limite se desconhece".

Assim foi, por exemplo, a "aliança eterna" estabelecida por Deus para a casa de Davi (2ª. Sam. 23:5), assim foi com os Levitas escolhidos "para servirem perpetuamente" ao Senhor (1ª. Crôn. 15:2). É certo que Jesus disse: "Ide, malditos, para o fogo eterno", mas não disse: "Ide e queimai eternamente", porque ainda que o fogo queimasse pela eternidade, isso não implicaria que o condenado ali devesse permanecer para todo o sempre. O fato de que sempre haverá prisões não quer dizer que um prisioneiro deva ficar na prisão por toda a eternidade.

E por falar em prisão, consideremos o quanto a Humanidade tem progredido no que respeita à punição dos criminosos: A pena, que desde a mais remota antiguidade até os tempos recentes tinha

O ESPIRITISMO E AS IGREJAS REFORMADAS | 83

o caráter de um castigo, hoje tem por objetivo a reintegração do desajustado ao corpo social, tanto que nas penitenciárias já não se alude aos detentos como "condenados", e sim como "reeducandos". Então, perguntamos: Será a justiça terrena, que por essa forma se humaniza, considerando o criminoso como um "desajustado social", quase sempre um produto da miséria, da falta de instrução, de condições mesológicas adversas, será essa justiça mais perfeita, ou mais compreensiva, do que a justiça Divina? Lembremo-nos das palavras de Jesus: "Se vós, sendo maus, sabeis dar boas coisas aos vossos filhos, quanto mais vosso Pai Celestial..." (Lucas 11:13). Enfim, tem cabimento pensar que está sujeito ao fogo do inferno até mesmo aquele que chamar o seu irmão de "tolo"? (Mateus 5:22).

Argumentam ainda os teólogos que, para entender como "duração indefinida" a expressão "suplício eterno", é preciso atribuir idêntico sentido à expressão "vida eterna", ambas citadas no mesmo versículo (Mat. 25:46). Ora, perguntamos: Para que cria Deus as almas, para fazê-las felizes ou desgraçadas? Acaso seria justo e bom um Deus que as criasse para submetê-las a sofrimentos eternos? Então é lógico supor que Ele as cria para a eterna felicidade e que os sofrimentos por que devem passar são necessários ao seu aperfeiçoamento e purificação. Aliás, tais sofrimentos não são impostos por Deus, mas resultam das faltas cometidas, pois o ser humano colhe aquilo que semeia e, como sabemos, "a semeadura é livre, mas a colheita é obrigatória". Então, se os sofrimentos têm por objetivo o resgate das faltas, é claro que devem ser temporários, desaparecendo com a reparação do mal praticado. É também claro que para um espírito obstinado em seus erros os sofrimentos persistirão enquanto não houver arrependimento e resgate, tendo em tal caso duração indefinida.

Diletos irmãos evangélicos: Os preconceitos enraizados em vossas mentes impedem que mediteis sobre assuntos religiosos com isenção e espírito crítico. A qualquer ideia estranha aos cânones consagrados como "matéria de fé", receais estar sendo tentados por Satanás, essa figura simbólica do mal. E no entanto, para que vos concedeu o Pai a inteligência, se não foi para raciocinar? Por que receais sair no encalço da verdade, se o próprio Cristo disse: "Conhecereis a verdade e a verdade vos libertará"? (João 8:32).

Se os que negam a preexistência da alma ousassem refletir... Sim, porque a tendência é deixar a mente acomodada às ideias estabelecidas, é seguir as regras fixadas pelos que pensaram antes, principalmente em matéria de religião. Porque para pensar é necessário ter garra, a reflexão lógica por vezes traz perturbação, pode quebrar antigos tabus e abalar convicções tidas como "verdades" secularmente arraigadas...

Então, se ousassem pensar – mesmo dentro do seu ponto de vista ortodoxo – raciocinariam assim: "Meu espírito foi criado por Deus no momento da concepção (ou no do nascimento, se o preferirem), criado para uma vida terrena que em certos casos pode até ser amena, mas que em geral representa um fardo pelos esforços que exige, pelas responsabilidades que envolve, pelos dissabores que acarreta durante toda a existência. Ora, eu não pedi para vir ao mundo, não fui consultado a respeito, logo a minha vida resultou de um ato de arbítrio do Criador. Ninguém perguntou se eu estava disposto a enfrentar as vicissitudes da existência. E se no curso desta eu cometer faltas graves e não dispuser de tempo ou por qualquer circunstância não for induzido a um arrependimento eficaz, ou, mesmo sem ter cometido tais faltas, se apenas não seguir determinadas regras religiosas, ou se a minha razão não se amoldar a certas normas tidas como verdades ou meios de salvação, ou mesmo se, simplesmente, eu não tiver sido predestinado desde a fundação do mundo para compartilhar a sorte dos **eleitos,** então estarei irremediavelmente condenado a sofrimentos terríveis, bem maiores que os experimentados aqui na Terra e com a agravante de, ao contrário destes, serem destinados a durar para todo o sempre! Que fiz eu para merecer tão cruel tratamento? Por empedernido delinquente que fosse, como é possível rotular de justa uma tal punição?"

E no entanto, o quadro delineado na Bíblia não nos pinta Deus como um carrasco das Suas criaturas. Desde o Velho Testamento, mas principalmente com Jesus, o nosso Criador e Pai nos é apresentado com feições inteiramente diversas. Abstraídos os rompantes de fúria do Jeová judaico, evidente concepção mosaica destinada a intimidar homens contumazes em rebeldia e desobediência, o que notamos é que Deus os castigava, mas estava sempre pronto a perdoar quando se arrependiam. Vejam-se os profetas, principalmente os maiores. Os judeus tinham noção muito vaga da sobrevivência, se é que tinham alguma, por isso as punições e recompensas eram todas na existência terrena. Jesus trouxe a revelação da vida espiritual e com ela a noção grandiosa de Deus em toda a Sua plenitude de amor. Vejamos se as seguintes passagens roboram a esdrúxula ideia da punição eterna:

Salmo 22:27

Toda a terra se converterá ao Senhor e todas as nações adorarão a sua face.

Isaías 49:15

Acaso pode uma mulher se esquecer do filho que ainda mama, de sorte que não se compadeça do filho de suas entranhas? Pois ainda que ela viesse a se esquecer dele, Eu, todavia, não me esquecerei de ti.

Isaías 54:7

Por um momento te desamparei, mas tornarei a acolher-te com grande misericórdia.

Isaías 55:7

Deixe o perverso o seu caminho, e volte-se para Deus, que é rico em perdoar.

Isaías 66:13

Como alguém a quem a sua mãe consola, eu vos consolarei.

Jerem. 29:13

Buscar-me-eis e me achareis quando me buscardes de coração.

Jerem. 31:3

Com amor eterno te amei, por isso compadecido de ti te atraí a mim.

Jerem. 31:34

Porque todos me conhecerão, desde o menor até o maior, perdoarei as maldades de todos e não me lembrarei mais dos seus pecados.

Ezeq. 33:11

Juro pela minha vida, diz o Senhor, que não quero a morte do ímpio, mas que ele se converta e viva.

Miquéas 7:18

O Senhor não retém a sua ira para sempre, porque tem prazer na misericórdia.

Joel 2:32

Porque todo aquele que invocar o nome do Senhor, será salvo.

Mateus 6:14 e 15

Se perdoardes aos homens as suas ofensas, também o vosso Pai Celestial perdoará vossas ofensas.

Mateus 7:11

Pois se vós sendo maus sabeis dar boas coisas aos vossos filhos, quanto mais vosso Pai Celestial dará boas coisas aos que as pedirem.

Mateus 10:29 e 31

Nenhum passarinho cairá em terra, sem a vontade do vosso Pai (...); não temais, pois, mais valeis vós do que muitos passarinhos.

Mateus 18:14

Não é da vontade do vosso Pai que nenhum destes pequeninos se perca.

Lucas 6:35

Amai vossos inimigos (...) e sereis filhos do Altíssimo, o qual é benigno até para os ingratos e maus.

Lucas 15:7 e 10

Digo-vos que haverá mais alegria no céu por um pecador que se arrepende, do que por 99 justos que não necessitam de arrependimento.

Atos 17:30

Mas Deus (...) anuncia agora a todos os homens e em todo lugar que se arrependam.

Romanos 2:11

Porque para com Deus não há acepção de pessoas.

Romanos 10:13

Porque todo aquele que invocar o nome do Senhor, será salvo.

Romanos 11:32

Porque Deus encerrou a todos debaixo da desobediência, para usar de misericórdia para com todos.

Efésios 2:4

Mas Deus, que é riquíssimo em misericórdia, pelo muito amor com que nos amou. . .

1ª Tim. 2:4

Deus quer que todos os homens se salvem e venham ao conhecimento da verdade.

4:10

Porque temos posto a nossa esperança no Deus vivo, salvador de todos os homens.

Tito 2:11

Porque a graça de Deus se há manifestado, trazendo a salvação a todos os homens.

2ª Pedro 3:9

Ele (o Senhor) é longânimo para convosco, não querendo que nenhum se perca, mas que todos cheguem ao arrependimento.

1ª João 4:16

Deus é amor; e quem está em amor, está em Deus e Deus nele.

E para concluir, perguntamos: Acaso a parábola do credor incompassivo" (Mat. 18:34) não depõe contra a eternidade das penas? "O seu Senhor o entregou aos atormentadores, até que pagasse tudo quanto devia", limitando, pois, a punição ao tempo suficiente para o ressarcimento do dano.

Vários dos chamados "pais da igreja" não admitiam a ideia das penas eternas. "Parecia-lhes", afirma Voltaire, "absurdo queimar durante a eternidade um pobre homem por haver furtado uma cabra." Vejamos o que disseram alguns deles:

Jerônimo, tradutor da *Vulgata Latina*:

> Muitos sustentam que os tormentos terão um fim, mas no momento isso não deve ser dito àqueles para os quais o temor é útil, a fim de que, pelo terror dos suplícios, cessem de pecar. (*Obras de S. Jerônimo*, Ed. Bened. III, col. 514).

Clemente de Alexandria:

> O Cristo Salvador opera finalmente a salvação de todos, e não apenas a de algusns privilegiados. O soberano mestre tudo dispôs, quer em seu conjunto, quer em seus detalhes, para que fosse atingido esse fim definitivo. (Cit. por Mário Cavalcanti de Mello, em *Como os teólogos refutam*).

Gregório de Niceia:

> Quando Deus faz sofrer o pecador, não é por espírito de ódio ou de vingança; quer conduzir a alma a Ele, que é a fonte de toda felicidade. O fogo da purificação não dura mais que um tempo conveniente e o único fim de Deus é fazer definitivamente participarem todos os homens dos bens que constituem a sua essência. (Ibd).

Na mesma obra o autor Mário C. Mello cita eminentes figuras dos tempos modernos que se têm insurgido contra a noção das penas eternas. Por exemplo:

O teólogo calvinista Petit Pierre pregou e escreveu que os condenados teriam um dia a sua graça, o seu perdão. Impuseram-lhe a retratação das suas teorias, mas ele recusou e foi deposto pelos seus colegas da igreja de Nuchatel.

O célebre escritor italiano Giovanni Papini em seu último livro pretende que Deus, em Sua infinita bondade, perdoará um dia ao diabo. Mas logo se levantou a igreja de Roma, para exigir do ilustre escritor uma retratação. Para a igreja dita cristã, Deus é bom apenas teoricamente, só sabe dar bons conselhos, pois recomenda a Seus filhos, pela boca de Jesus, perdoar as ofensas setenta vezes sete vezes, e não nos dá o exemplo perdoando a vermes como nós.

Para concluir, deixamos à meditação dos leitores algumas indagações que, embora repetindo conceitos já anteriormente expendidos, servirão para fixar os pontos que consideramos de maior relevância em nossa argumentação:

1 – Se Deus é infinito em todas as Suas perfeições, é também infinitamente justo. Então, por que predestina Ele algumas almas à eterna bem-aventurança e outras à eterna condenação? Onde a infinita justiça?

2 – Se Ele é infinito em todas as Suas perfeições, como onisciente tem conhecimento prévio do destino das almas que vai criando, e como presciente sabe que a maior parte delas será condenada à perdição eterna. Por que, mesmo assim, Ele continua criando? Onde a infinita bondade?

3 – Se Ele é infinito em todas as Suas perfeições, é também onipresente. Logo, tanto está no céu, contemplando a felicidade dos eleitos, como no inferno, contemplando o sofrimento dos condenados. E como pode ficar insensível a esse sofrimento por toda a eternidade? Onde a infinita misericórdia?

4 – Se um pecador pode se arrepender dos seus erros durante a vida ter-

rena, por que não poderá fazê-lo após a morte? Não vemos nenhuma razão lógica para que não o possa. Então, por que Deus, que mandou que perdoemos indefinidamente aos que nos ofendem, e que é tão compassivo para com os que ainda se encontram no plano físico, é tão inflexível com os que já deixaram a Terra? Será a justiça humana mais equânime do que a justiça divina?

5 - Como explicar a condenação da Humanidade inteira pelo erro de um só homem, se Deus disse por Ezequiel: "O filho não pagará pela maldade do pai, nem o pai pela maldade do filho; a alma que pecar, essa morrerá"? (Ezeq. 18:20). E como pode o sangue de um justo apagar os pecados de todo o gênero humano?

6 – Que adianta ter fé, se a fé independe da vontade do homem, e não resulta das obras, por ser "um dom de Deus", e se nem sequer é necessária, uma vez que a salvação é privilégio exclusivo de alguns "eleitos"?

7 – Se as almas salvas na beatitude do céu conservam a lembrança dos que foram seus parentes e amigos na existência terrena, como poderão ter felicidade plena sabendo que entes queridos estão sofrendo tormentos sem fim no inferno? Como pode uma mãe carinhosa, que se sacrificou por um filho rebelde, desfrutar a bem-aventurança eterna, sabendo que um filho estremecido se consome em sofrimentos por toda a eternidade?

ACASO ME TORNO VOSSO INIMIGO, DIZENDO A VERDADE? (Gal. 4:16)

JUÍZO FINAL

Sentado o Padre Eterno em trono refulgente,
olhar severo envia a toda aquela gente!

Enquanto anjos cantam, outros vão levando
ante a figura austera desse Venerando
as almas que da tumba emigram assustadas,
vendo o tribunal solene, majestoso,
em que vão ser julgadas.

Dois grupos são formados,
um de cada lado:
o da direita, Céu; o da esquerda, Averno;
e Satanás, ao canto, o chifre fumegante,
espera impaciente, impávido, arrogante,
a "turma" para o inferno.

Aconchegando o filho, a alma bem-amada,
e que na Terra fora algo desassisada,
uma mulher se chega e a sua prece faz,
rogando ao Padre Eterno poupe do inferno
o pobre do rapaz.

Cofia o Padre Eterno a longa barba branca
e os óculos ajustando à ponta do nariz,
o olhar dirige então à pobre desgraçada
e compassado diz:

"Os anjos vão levar-te agora ao Paraíso
e dar-te a recompensa, o teu descanso eterno.
Ali desfrutarás felicidades mil,
porém teu filho mau irá para o inferno."

Um anjo toma o moço e o leva a Satanás;
porém a pobre mãe, ao ver partir o filho,
aflita, corre atrás!

E ao incorporar-se às hostes infernais,
eis grita o Padre Eterno em tom assustador:
"Mulher, para onde vais?!!!"

E o que passou-se, então,
ninguém esquece mais:

"Eu vou para o inferno, ao lado do meu filho,
a repartir comigo a sua desventura!
As lágrimas de mãe, as gotas do meu pranto
acalmarão no Averno a sua queimadura!"

"Eu deixo para ti esse teu Paraíso,
essa mansão celeste onde o amor é surdo!
Onde se goza a vida a contemplar tormento,
onde a palavra amor represa um absurdo!"

"Entrega esse teu Céu às mães malvadas, vis,
que os filhos já mataram para os não criar,
pois só essas megeras poderão, no Céu,
ouvir gritar seus filhos sem se consternar!"

"Desprezo esse teu Céu! O meu amor é grande!
Imenso! Assaz sublime! E posso te afirmar
que se não te comove o pranto lá do inferno,
e os que no Averno estão são todos filhos teus,
o meu amor excede o próprio amor de Deus!"

E ante o estupefacto olhar do Padre Eterno,
a mãe beijou o filho
... e foi para o inferno ...

Benedito Godoy Paiva
Anuário Espírita de 1981

VI

A SALVAÇÃO

PENSAMOS HAVER DEMONSTRADO no capítulo anterior que a doutrina das penas eternas é incompatível com os atributos de um Deus infinitamente bom, infinitamente justo e infinitamente misericordioso. Porque um Deus que ensina Seus filhos a amar os inimigos e perdoar indefinidamente as ofensas, enquanto Ele próprio condena os pecadores a sofrimentos eternos, não admitindo possam arrepender-se após a morte, não é um Deus bom. Um Deus que condena a penas irremissíveis por faltas resultantes da própria imperfeição das almas que Ele criou, não é um Deus justo. E um Deus que contempla por toda a eternidade o clamor dos condenados no inferno, sem se comover com o sofrimento desses desgraçados, não pode ser um Deus misericordioso.

Agora vamos analisar a doutrina adotada para evitar que as almas incorram na condenação eterna, e aqui o problema se complica para os nossos irmãos evangélicos, pois para eles a salvação nada tem a ver com a maior ou menor gravidade das faltas, nem com os predicados morais que cada um possua, mas única e exclusivamente com a aceitação ou rejeição do sacrifício propiciatório do Cristo, que derramou seu sangue no Calvário para redimir a Humanidade.

É certo que os vários ramos do cristianismo "ortodoxo" divergem no tocante aos elementos assecuratórios da salvação. Os católicos romanos, baseados na filosofia tomista, acham que tanto a fé como as obras concorrem para a salvação dos fiéis, sendo todavia indispensável o sacramento do batismo, sem o qual não se alcançará a salvação eterna. Já as igrejas ditas reformadas divergem um pouco em pontos secundários, achando algumas (luteranos, igreja cristã) que o batismo é essencial à salvação, enquanto as demais entendem que ele apenas confirma a condição dos salvos, operando-se a salvação exclusivamente através da fé, ou seja, pela plena aceitação do Cristo como salvador.

Para nós, aceitar Jesus como salvador é adotar os seus ensinos como roteiro de vida, é encher o coração de amor e sair repartindo com o próximo, sem excetuar nem mesmo os que nos façam mal, é perdoar e esquecer as ofensas, é fazer aos outros aquilo que gostaríamos que nos fizessem, é socorrer os pobres em suas necessidades, enfim, é usar de misericórdia com todos. Estes foram os ensinamentos do mestre, que acrescentou: "Se sabeis estas coisas, bem-aventurados sereis se as praticardes" (João 13:17).

Então, se praticarmos todas estas coisas, estaremos realizando o reino de Deus em nossos corações. É difícil fazê-lo? Sim, quase impossível no estágio atual da Humanidade, em cujos grupos sociais continuam imperando o egoísmo e o orgulho, os dois maiores inimigos a combater. Mas os homens vão lentamente crescendo em conhecimento e em virtude e há de chegar um dia, fatalmente chegará, em que, predominando em cada coração o sentimento do amor, o reino de Deus infalivelmente se implantará na Terra. Uma fantasia utópica? Não, de modo algum, pois o Cristo não plantaria a semente (Lucas 17:20-21) se não antevisse a gloriosa colheita porvindoura.

Os teólogos sempre tenderam a complicar as verdades do Evangelho, a despeito de serem elas tão claras e explícitas. Esse problema

O ESPIRITISMO E AS IGREJAS REFORMADAS | 99

da salvação pela fé é um dos que mais têm suscitado controvérsias no seio das próprias igrejas cristãs, e isso vem desde as eras apostólicas, sabido que houve divergência de interpretação entre Paulo (Ef. 2:8/9) e Tiago (2:24). A nosso ver, condicionar a salvação a um sentimento íntimo, subjetivo, é de certa forma deturpar a verdade cristalina do ensinamento cristão.

Vejamos em que consiste a fé. A palavra pode ter dois sentidos: Um é querer com vontade firme, aplicar-se deliberadamente à consecução de determinado objetivo. Foi obviamente nesta acepção que o Cristo afirmou: "Se tiverdes fé como um grão de mostarda direis a este monte..." (Mat. 17:20). O outro exprime uma crença, uma convicção íntima com relação a determinado assunto. Assim, quando se diz: "Tenho fé em Deus", exprime-se um sentimento puramente subjetivo, que não advém da experiência dos sentidos, nem transita pelo crivo da razão. A epístola aos hebreus (11:1) define a fé como "o firme fundamento das coisas que não se veem."

Os católicos e protestantes seguem a doutrina de São Tomaz de Aquino, que definia a "fé" como uma opção exclusiva da vontade, sem interferência da razão, distinguindo-a da "dúvida" porque nesta há indecisão entre dois conceitos opostos, e da "opinião" que é a aceitação de um juízo sem excluir totalmente outros, mas já aí com base em fatores racionais. Também a distingue da "certeza", porque esta assenta no conhecimento científico.

Na época atual já não é admissível a concepção aquiniana da fé, por ser evidente que:

> A fé depende da razão, pois quem crê deve ter uma razão para crer. A fé em Jesus é a aceitação dele como o Messias e Salvador. Mas a aceitação não é só um ato de vontade, mas um ato de discernimento, portanto um ato de razão. Como posso aceitar isto e condenar aquilo, sem recorrer ao juízo, que é função da razão? (Herculano Pires, em *Revisão do cristianismo*).

Apreendidos estes conceitos, vejamos como se processaria a "salvação pela fé", no entendimento dos evangélicos: Um incrédulo ouve o sermão, sente-se tocado pela comovente mensagem do pregador e se torna um "convertido", recebe Cristo no seu coração e se acredita "nascido de novo", salvo pela graça do Senhor, e purificado dos seus pecados pelo sangue do Cordeiro. Em seguida, filia-se à congregação dos fiéis através do batismo e passa, ao menos em teoria, a viver sua existência dentro dos preceitos do Evangelho, podendo tornar-se até um dos "mensageiros da palavra", no afã de trazer outros pecadores aos braços do Salvador.

Longe de nós o intuito de parecer de alguma forma irreverente para com os nobres sentimentos dos nossos irmãos. Sabemos que agem movidos pela mais pura das intenções, cheios daquela fé que descrevemos acima como "convicção íntima inabalável". Mas, seja-nos lícito perguntar: É suficiente essa atitude tão simples para modificar uma vida e transformar substancialmente um caráter? Basta mesmo esse "pequeno passo" para o crente se credenciar à "comunhão dos santos" e ter assegurada a sua admissão à "eterna bem-aventurança"? Então, por que só uns poucos, talvez os de espírito mais evoluído, permanecem realmente regenerados? A maioria ostenta um cristianismo de fachada, persistindo com os mesmos sentimentos íntimos do "homem velho": egoísmo, desamor, intolerância, racismo, ausência de empatia e de fraternidade. Mesmo admitindo que os indivíduos se transformem, que efeitos tem produzido o Evangelho nos grupos sociais que se intitulam cristãos, tanto católicos como protestantes? Acaso o mundo foi transformado, após quase dois mil anos de catequese? Reinam paz e harmonia entre os povos cristãos? Foi implantado nos corações o ideal da solidariedade humana? Ou continuam os homens a digladiar-se, não raro trucidando os adversários em nome do próprio Cristo, como ocorreu nas "Cruzadas", nos tribunais da "Santa Inquisição", no massacre dos camponeses alemães (com o apoio do próprio Lutero), na matança dos huguenotes e nas lutas fratricidas dos nossos dias entre os cristãos irlandeses? Observe-se que o próprio Jesus preveniu: "Pelos frutos os conhecereis"... (Mat. 7:16).

Quem tiver olhos de ver e ouvidos de ouvir, por favor leia o Novo Testamento com os olhos bem abertos e a mente despida de preconceitos, e chegará fatalmente à conclusão de que Jesus não desceu a este mundo para fundar nenhuma religião, e sim para trazer a noção de uma vida futura e da sobrevivência da alma, de recompensas e punições segundo as obras que os seres humanos tenham praticado, enfim, veio apresentar aos homens um Deus de amor e de misericórdia, muito diferente daquele Jeová rancoroso do Velho Testamento.

Dizer que para alguém ser salvo só precisa de fé, é levar perplexidade à mente dos que procuram raciocinar com a inteligência que Deus lhes deu. Pois já vimos que, se a fé pode ser adquirida por um ato voluntário do agente, ela tem de assentar em bases racionais. Já passou a época do *credo quia absurdum* e o ato de crer depende de pressupostos que podem ou não estar presentes no foro íntimo de cada um. E o apóstolo Paulo deixou isso evidente ao afirmar: "Pela graça sois salvos mediante a fé, e isso não vem de vós, é um dom de Deus, não vem das obras para que ninguém se glorie" (Ef. 2:8). E o mesmo apóstolo também afirmou: "A fé não é de todos" (2ª Tess. 3:2). Do que se conclui que a salvação resulta de um "ato de fé" e que esta independe da vontade do agente, sendo antes um dom ofertado por Deus àqueles a quem lhe apraz, porque Ele, "cujos juízos são insondáveis e os caminhos inescrutáveis" (Rom. 11:33), "se compadece de quem quer, e endurece a quem quer" (Rom. 9:18). Se as coisas se passam realmente assim, não se pode evitar a pergunta: Onde a justiça desse Deus, que escolhe alguns privilegiados para a salvação e condena os demais, sem dúvida a maioria, a tormentos sem fim no inferno?

São Paulo completou tão esdrúxula doutrina com a da predestinação" (Rom. 8:30, Ef. 1:11), segundo a qual Deus teria escolhido desde a eternidade aqueles que deverão ser salvos. Ora, cada ser humano acolhe dentro de si um sentimento inato de justiça, e basta refletir um pouco para repudiar quaisquer conceitos que contrariem esse sentimento. É talvez por isso que muitos protestantes esclarecidos, mesmo os filiados a denominações calvinistas, se sentem de certo modo inibidos de polemizar sobre a controvertida doutrina da predestinação.

Mas os partidários da "inerrância" da Bíblia não podem esquivar-se ao dilema. A predestinação é ensino de Paulo, portanto "artigo de fé". Além disso, vem claramente expressa em documentos básicos das igrejas, como:

> **Confissão de fé de Westminster (1643):**
> III – Pelo decreto de Deus para a manifestação de Sua glória, alguns homens e anjos são predestinados para a vida eterna e outros preordenados para a morte eterna ... Ninguém é redimido por Cristo senão somente os eleitos. O resto da Humanidade aprouve a Deus deixá-la de lado para a desonra e para a ira. (H. Bettenson, *Documentos da Igreja Cristã*. ed. da Assoc. de Seminários Teológicos Evangélicos, 1967).
> **1ª Confissão Batista de Fé** (1646):
> III – Deus antes da constituição do mundo preordenou alguns homens para a vida eterna através de Jesus Cristo, para louvor e glória da Sua graça, deixando os restantes em seus pecados, para Seu justo julgamento, para louvor de Sua justiça. (ibd.).
> **Instituição Congregacionalista** (1658):
> O Senhor Jesus chama do mundo para a comunhão aqueles que lhe são dados pelo Pai... (ibd.).

Os jesuítas católicos ao menos foram mais solertes em driblar os absurdos da doutrina, pois lemos nos *Exercícios espirituais* de Inácio de Loiola:

O ESPIRITISMO E AS IGREJAS REFORMADAS | 103

14 – É preciso também ter em mente que, embora seja verdade que ninguém é salvo a não ser aquele que é predestinado, devemos falar circunspectamente deste assunto, pois do contrário, se acentuarmos por demais a graça da predestinação, poderia parecer que fechamos a porta à vontade livre e aos méritos das boas obras; de outro lado, atribuindo a estas mais do que lhes pertence, derrogamos o poder da graça (ibd.).

Sinceramente, não entendemos como se pode adotar uma doutrina que seria blasfema se não refletisse um primarismo intelectual digno de lástima. Basta um raciocínio: Se Deus escolhe de antemão aqueles que serão **salvos,** é claro que, por exclusão, escolhe também os que serão **perdidos.** E isso sem outro objetivo que o de entregá--los graciosamente a Satã, que, descrito na Bíblia como "um leão que ruge, buscando a quem possa tragar" (1ª Pedro 5:8), nem precisa rugir ou tragar ninguém, basta que fique em seu canto contabilizando as almas que lhe são consignadas a cada instante pela munificência celeste... Pergunta-se: Por que persiste Deus em criar incessantemente tantos milhões de almas, se a maioria delas tem por destino a perdição eterna? É Ele o mesmo Deus que "não faz acepção de pessoas" (Atos 10:34 e Rom. 2:11) e que foi apresentado por Jesus como o paradigma da perfeição (Mat. 5:48)? O próprio Paulo afirmou: "Todo aquele que invocar o nome do Senhor será salvo" (Romanos 10:13) e Tiago ensinou: "Aquele que converter do erro um pecador salvará da morte uma alma e cobrirá uma multidão de pecados" (Tiago 5:20). Tudo isso não configura a antítese da doutrina da predestinação?

Um dos nossos irmãos evangélicos levantou, como irrespondível, o seguinte argumento: "Se, como pretende o espiritismo, os homens todos deverão salvar-se, seria inútil estarmos a pregar-lhes o Evangelho para que se salvem", sem lhe ocorrer que, a admitir a doutrina da "predestinação", ou a da "salvação pela fé como um dom de Deus" (o que tudo vem a dar no mesmo), seria ainda mais inútil pregar, uma vez que os que deverão ser salvos já estão predestinados a isso desde a fundação do mundo...

E não se pretenda sair pela tangente sob a alegação de que a palavra encerra a ideia de **presciência,** pois essa foi uma tese arminiana que mereceu repúdio de grande maioria dos protestantes reunidos no Sínodo de Dort, Holanda, em 1619 (*The Five Points of Calvinism*, Baker Book House, Michigan). Ao nosso ver, a doutrina arminiana chegou mais perto da verdade, porque situava a fé como um ato voluntário do homem, que tem o poder de aceitar ou não a operação do Espírito Santo na sua regeneração, ao passo que a tese calvinista exclui o livre-arbítrio, afirmando que o homem não tem condições de aceitar ou rejeitar a salvação, a menos que receba a fé como presente especial de Deus.

São de resto compreensíveis ambas as posições, se considerarmos que não havia uniformidade sequer no pensamento apostólico, uma vez que, consoante já vimos, para Paulo é só a fé que salva (Gal. 2:16, Ef. 2:8), enquanto que para Tiago a justificação também ocorre pelas obras (Tiago 2:24), porque "somente a fé não pode salvar" (Tiago 2:14). Além disso, o assunto comporta outras indagações: Se a salvação é pessoal, por que o "Crê no Senhor Jesus e serás salvo, **tu e a tua casa"?** (Atos 16:31), ou: "Fazendo isto te salvarás, a ti mesmo e **aos que te ouvem"** (1ª Tim. 4:16). Por que a mulher, "sendo enganada, caiu em transgressão, mas **se salvara dando à luz filhos"?** (1ª Tim. 2:15). Não entrará também no reino do céu "aquele que faz a vontade do meu Pai"? (Mat. 7:21), ou "aquele cuja justiça exceder à dos escribas e fariseus"? (Mat. 5:20).

Não temos dúvida em afirmar que Paulo foi um apóstolo divinamente inspirado em quase todos os seus ensinamentos, mas entendemos que não era infalível, pois sendo homem estava sujeito a erros, como qualquer um de nós. Sabemos quão doloroso é admitir este fato para os que fundamentam a sua fé na infalibilidade da Bíblia, mas o fato incontestável é que, de par com os ensinos subs-

O ESPIRITISMO E AS IGREJAS REFORMADAS | 105

tanciosos que levou à Cristandade, ele também laborou em erros doutrinários, e isso inúmeros teólogos de valor já têm admitido. Observe-se que de modo algum estamos tentando desmerecer a importância da Bíblia como instrumento da revelação divina; o que ocorre é que as conquistas científicas já estabeleceram no seio das igrejas cristãs um consenso de que as revelações do Alto costumam chegar à Humanidade de permeio com ideias meramente humanas. Segundo o teólogo Williston Walker:

> Paulo introduziu na teologia cristã muitos elementos provenientes de sua cultura rabínica e experiência helênica. Paulo, enquanto teólogo, muitas vezes nos apresenta uma imagem de Cristo um tanto diferente da que se vê nos Evangelhos. (*História da Igreja Cristã*).

Não admira, assim, que o seu próprio companheiro de apostolado, Pedro, tenha afirmado que "entre os ensinos de Paulo há coisas difíceis de entender". (2ª Pedro 3:16).

Perguntaríamos então: Por que introduziu Paulo no cristianismo as doutrinas da "redenção pelo sangue de Cristo" e da "predestinação"? A primeira pode ser atribuída à sua formação farisaica, pois se sabe que a tradição hebraica não concebia a remissão dos pecados sem derramamento de sangue. A ideia da predestinação em princípio talvez resultasse das condições da sua própria conversão. Fariseu entre os fariseus (Atos 23:6), perseguidor feroz dos cristãos em sua mocidade, era rigoroso e inflexível nas suas convicções, e por isso mesmo foi escolhido por Jesus para ser o divulgador do Evangelho entre os gentios. Dadas as circunstâncias em que ocorreu a sua conversão, nada mais natural que se sentisse um "tocado pela graça", ou um "predestinado" (Gal. 1:15), como, de resto, indubitavelmente o foi.

Mas não deve ser descartada a hipótese de que outra razão de maior peso pode ter contribuído para a formulação da doutrina: Lembremos que ele foi transportado em espírito a elevada esfera espiritual a que chamou de "terceiro céu" (2ª Cor. 12:2) e ali recebeu, talvez do próprio Cristo (Gál. 1:12) revelações extraordinárias, que os homens ainda não estavam preparados para assimilar, como permitem supor as palavras que dirigiu aos coríntios (1ª Cor. 3:1/2) e igualmente aos hebreus (5: 11/13).

O certo é que a doutrina da predestinação dividiu a Cristandade em duas alas aparentemente inconciliáveis: a dos deterministas e a dos partidários do "livre-arbítrio". Dentro das igrejas reformadas, essa questão vem sendo mantida em aberto desde a célebre polêmica entre Lutero – determinista intransigente com o seu "de servo arbítrio" e Erasmo, defensor da livre opção, com o seu "de libero arbítrio".

Até agora foram inúteis todos os esforços para se chegar a uma síntese das duas concepções, pois se de um lado o "determinismo" tira ao homem a faculdade de escolher livremente o seu caminho, de outro o "livre-arbítrio" vai de encontro ao ensino do apóstolo, que considera o destino dos homens preordenado por Deus.

A essa síntese, contudo, chegar-se-á facilmente, quando a consciência cristã se libertar do dogma das penas eternas e compreender que o homem tem por destino a felicidade suprema, quando atingir o ápice da perfeição. Assim, a predestinação significa a reintegração de todo o gênero humano no seio do Criador. Todos os homens são criaturas de Deus, por conseguinte Seus filhos; e Ele não seria justo se preordenasse qualquer deles à condenação eterna, porquanto sendo presciente, bastaria abster-se de criá-los.

Deus representa o amor em sua expressão mais sublime, portanto é lógico que Ele cria as almas para o fim de alcançarem a felicidade eterna, na plenitude dos tempos. Esta é a essência dos ensinamentos de Paulo; e se a Cristandade continua a se debater no dilema "determinismo/livre-arbítrio", é que ainda não tomou conhecimento da solução trazida pelo espiritismo, revivendo a milenar doutrina, agora cientificamente provada, da sucessão de existências no plano físico, de que o espírito necessita para atingir a perfeição.

O ESPIRITISMO E AS IGREJAS REFORMADAS | 107

Fica, portanto, claro que o que Deus predestinou foi a reunião de todos os seres e coisas com Cristo, na plenitude dos tempos (Ef. 1:10/11). Mas esse determinismo é o da meta final e coexiste com o "livre-arbítrio" que cada espírito tem de escolher o caminho que melhor lhe convier para atingir seu destino. Os que seguem a trilha da retidão, progridem rapidamente; os que, por vontade própria, se emaranham no cipoal dos vícios e das paixões, retardam a sua caminhada e sofrerão as consequências, até que um dia o sofrimento os reconduza ao bom caminho.

A compreensão de que coexistem "determinismo" (no objetivo final) e "livre-arbítrio" (nos meios empregados para alcançar o objetivo), só se tornou possível com a aceitação, hoje generalizada, da ideia das existências sucessivas.

Aos leitores que desejarem conhecer melhor esse tema tão polêmico da predestinação, nos termos da exegese adotada pela doutrina espírita, aconselhamos a leitura atenta do 5º capítulo do volume I da importante obra *As marcas do Cristo*, no qual o eminente escritor espírita Hermínio C. Miranda efetua uma bem elaborada análise dos ensinamentos do apóstolo Paulo sobre a "predestinação" e a "justificação pela fé". Seguem-se dois trechos bastante sugestivos do referido trabalho:

> O homem é ao mesmo tempo subordinado a um esquema determinista e livre para fazer opções. Na verdade, viver é escolher e ele não poderia progredir e aprender, se não lhe tivesse sido concedida essa liberdade de escolha.
>
> A doutrina multimilenar da reencarnação, que os espíritos introduziram no corpo da filosofia espírita, trouxe os elementos que faltavam para entender a aparente contradição das duas ideias e reconciliá-las numa síntese racional que não se choca com a noção que temos dos atributos de Deus. Não há, pois, condenação eterna após a morte física, nem salvação gratuita ao cabo de uma única

existência em que mal é possível estimar, com certa propriedade, os nossos próprios valores íntimos. Deus seria imensa e incompreensivelmente injusto se decidisse, por puro arbítrio, premiar alguns com a salvação e condenar tantos outros ao sofrimento eterno. Sendo a expressão máxima do amor, para o qual todos nós caminhamos, como poderia punir inapelavelmente o espírito antes de este ter qualquer oportunidade de demonstrar suas boas ou más inclinações? Dir-se-ia que Deus sabe de antemão que aquele espírito não vai dar boa conta de si. Então, como se justifica a sua criação? A noção de um Deus que cria para a dor ou para o crime é totalmente incompatível com os seus atributos de perfeição e amor.

Mas voltemos ao assunto deste capítulo, que é o conceito de salvação adotado pelos nossos irmãos evangélicos. Observa-se que a ideia da "purificação completa dos pecados pelo sangue de Cristo" (1ª João 1:7) é a tônica em todas as pregações. No entanto, essa salvação não tem o sentido de "iluminação da alma", ou de "resgate dos erros", ou de "libertação da ignorância e das paixões que obscurecem o espírito humano". Nada disso, a ideia é a de "salvação das penas eternas" a que todo pecador se acha irremediavelmente condenado, é a de salvação como um passaporte direto para o Céu, naturalmente aos "tocados pela graça", não por esforço próprio, mas como uma dádiva de Deus. E esta é uma "ideia-força" tão arraigada entre os fiéis, que não raro alguns dos próprios membros das congregações se sentem movidos em campanhas de reavivamento e repetem o "passo decisivo", sem dúvida para, por esse meio, garantirem a sua salvação pessoal.

Não temos o intuito de levantar críticas ou por qualquer forma censurar um comportamento que reflete aspirações íntimas até louváveis, pois em face da insegurança que o mundo oferece, deve ser assaz confortador cristalizar na mente a certeza da salvação. O que apenas nos parece objeto de reparo é que, adotando essa atitude mística, os nossos irmãos relegam a segundo plano os ensinamentos que se constituíram o objeto principal da missão do Cristo na Terra. Note-se que o equívoco não é recente; vem dos tempos apostólicos, talvez da própria tese paulina da "salvação pela graça", dando lugar a que os preceitos do mestre fossem sendo paulatinamente esquecidos pelos que se dizem cristãos. E a ideia, afinal, não deixa de ter sua lógica, pois se o essencial é "estar salvo", tudo o mais vem por via de consequência ...

Provavelmente por isso é que poucos adotam como norma de vida o que Jesus ensinou. A ponto de um teólogo do porte do Rev. Robert Hastings Nichols, professor em dois seminários norte-americanos, haver escrito em sua obra *História da Igreja Cristã* o seguinte:

> Jesus, sentindo clara a necessidade de haver uma sociedade constituída de seus seguidores, a fim de oferecer ao mundo o Evangelho, e ministrar, em seu espírito, os ensinos que lhe dera com o objetivo de propagar o reino de Deus... credo algum prescreveu para ela e **nenhum código de regras lhe impôs.** (grifo nosso).

Ora, se não houve aí um lapso do historiador, como admitir que tão eminente teólogo seja capaz de afirmar que Jesus não impôs nenhum "código de regras"? Pois aqui nos permitimos transcrever nada menos que 30 das mais importantes regras que ele ministrou aos discípulos, não só aos de então, como, evidentemente, a todos os que os sucederam e sucederão pelos séculos afora:

Mateus 5:16

Assim brilhe a vossa luz diante dos homens, para que vejam as vossas boas obras e glorifiquem ao vosso Pai, que está nos céus.

Mateus 5:25

Reconcilia-te com o teu adversário enquanto estás com ele a caminho.

Mateus 5:34/37

Não jureis, nem pelo céu, nem pela Terra... Mas seja o vosso falar sim, sim, não, não.

Mateus 5:39

Não resistais ao mal, mas ao que te bater numa face, oferece também a outra.

Mateus 5:42

Dá a quem te pedir e não te desvies de quem quiser que emprestes.

Mateus 5:44

Amai vossos inimigos, bendizei aos que vos maldizem, fazei bem aos que vos odeiam e orai pelos que vos maltratam e vos perseguem.

Mateus 5:48

Sede perfeitos, como é perfeito o vosso Pai que está nos céus.

Mateus 6:3

Quando deres esmola, não saiba tua mão esquerda o que faz a direita.

Mateus 6:7

Quando orardes, não useis de vãs repetições.

Mateus 6:19/20

Não ajunteis tesouros na Terra, mas ajuntai para vós tesouros no céu.

Mateus 6:25

Não andeis cuidadosos quanto à vossa vida, do que haveis de comer ou do que haveis de vestir.

Mateus 6:33

Buscai primeiramente o reino de Deus e a Sua justiça e todas as outras coisas vos serão acrescidas.

Mateus 6:34

Não vos inquieteis pelo dia de amanhã, porque o dia de amanhã cuidará de si mesmo. Basta a cada dia o seu mal.

Mateus 7:5

Tira primeiro a trave do teu olho, para então cuidares de tirar o argueiro do olho do teu irmão.

Mateus 7:6

Não deis aos cães as coisas santas nem aos porcos as vossas pérolas.

Mateus 7:7

Pedi e dar-se-vos-á, buscai e achareis, batei e abrir-se-vos-á.

Mateus 7:12

Tudo o que quiserdes que os homens vos façam, isso mesmo fazei vós a eles.

Mateus 7:13

Entrai pela porta estreita, porque larga é a porta e espaçoso o caminho que conduz à perdição; e muitos são os que entram por ela.

Mateus 7:15

Acautelai-vos dos falsos profetas, que vêm até vós vestidos como ovelhas, mas por dentro são lobos devoradores.

Mateus 23:8

Não queirais ser chamados mestres, porque um só é o vosso mestre – o Cristo – e todos vós sois irmãos.

Marcos 11:25

Quando orardes, perdoai, se tendes alguma coisa contra alguém, para que o vosso Pai, que está no céu, vos perdoe vossas ofensas.

Marcos 6:35

Amai vossos inimigos e fazei o bem sem esperar recompensa, e será grande o vosso galardão e sereis filhos do Altíssimo, que é benigno até para os ingratos e maus.

Lucas 6:36

Sede, pois, misericordiosos, como o vosso Pai também é misericordioso.

Lucas 6:37

Não julgueis e não sereis julgados; não condeneis e não sereis condenados, perdoai e vos será perdoado.

Lucas 6:38

Dai e vos será dado (...) pois com a medida com que medirdes, com essa vos medirão a vós.

Lucas 12:15

Guardai-vos da avareza, pois a vida de um homem não consiste na abundância dos bens que possui.

Lucas 12:33

Vendei o que tendes e dai esmolas, e fareis um tesouro no céu, aonde não chega ladrão e a traça não rói.

João 7:24

Não julgueis segundo a aparência, mas julgai segundo a reta justiça.

João 13:34

Um novo mandamento vos dou: Que vos ameis uns aos outros.

João 15:12/17

O meu mandamento é este: Que vos ameis uns aos outros, assim como eu vos amei.

Mesmo abstraindo as ministradas de forma indireta (por exemplo: Mat. 6:14/15; 10:42; 12:36/37, Lucas 14:33, João 8:51 e 14:23), aí está um elenco das mais notáveis regras de conduta jamais outorgadas à humanidade. Todas elas podem resumir-se numa só "Ouvistes o que foi dito: Amarás o teu próximo e aborrecerás teu inimigo. Eu, porém, vos digo: Amai vossos inimigos, fazei bem aos que vos odeiam, e orai pelos que vos maltratam e perseguem, para que sejais filhos do vosso Pai, que está nos céus". (Mateus 5:43/45).

Por que os homens nunca se preocuparam muito com a importância desses ensinamentos? Provavelmente porque suas paixões e vaidade os incompatibilizaram com a moral cristã. "Amaram mais as trevas do que a luz, porque as suas obras eram más" (João 3:19). Mas é de crer que esse antagonismo tenha resultado, antes, de ignorância, de atraso intelectual, enfim, de inadequada sensibilidade do espírito humano para compreender e assimilar tão sublimes preceitos.

Abramos aqui um ligeiro parêntese para examinar, com o eminente pensador francês Eugène Nus, como se desenvolve a sensibilidade do ser:

A vida – nós a temos observado pelo estudo das suas evoluções orgânicas em nosso planeta – outra coisa não é que a manifestação cada vez mais completa do espírito. A propriedade primordial do espírito é a **sensibilidade** – faculdade de perceber as sensações – que o põe em relação com os seres e as coisas. Por meio destas relações o espírito manifesta outras faculdades: as do sentimento e as da inteligência. A vida é, pois, antes de tudo, o desenvolvimento da sensibilidade, pela progressão dos organismos. Quanto mais elevado é o ser, tanto mais perfeita é a sua sensibilidade, ou seja, quanto mais ele é apto a perceber sensações, tanto mais ele as percebe; tanto mais ele percebe as sensações, mais desenvolve as suas faculdades superiores: sentimento e inteligência. (*Les grands mystères*).

Volvendo ao problema da salvação, tentaremos demonstrar, usando o próprio texto bíblico: 1º – Que ela não é privilégio de uns poucos, mas estendida universalmente a todos os homens; 2º – Que ela não consiste na eliminação instantânea dos pecados pelo simples ato de crer, mas num laborioso esforço de aperfeiçoamento moral de cada ser humano, cujo destino futuro depende essencialmente do amor que tenha dispensado aos seus semelhantes e, consequentemente, das obras, boas ou más, que tenha praticado na Terra.

1º caso – Salvação para todos:

Isaías 45:22

Olhai para mim e sereis salvos, oh vós todos os termos da Terra.

Ezeq. 33:11

Não tenho prazer na morte do ímpio, mas em que ele se converta do seu caminho e viva.

Mateus 18:14

Não é da vontade do vosso Pai que um só destes pequeninos se perca.

Lucas 3:6

E toda carne verá a salvação de Deus.

O ESPIRITISMO E AS IGREJAS REFORMADAS | 115

João 3:16

... para que todo aquele que nele crê não pereça, mas tenha a vida eterna.

João 3:17

Porque Deus enviou Seu filho ao mundo, não para que condenasse o mundo, mas para que o mundo fosse salvo por ele.

João 4:42

Este é o verdadeiro Cristo, o salvador do mundo.

Atos 2:21

E acontecerá que todo aquele que invocar o nome do Senhor será salvo.

Atos 10:34 e 35

Deus não faz acepção de pessoas, mas lhe é agradável aquele que, em qualquer nação, o teme e obra o que é justo.

Romanos 1:16

O Evangelho de Cristo é o poder de Deus para a salvação de todo aquele que crê.

Romanos 2:11

Porque para Deus não há acepção de pessoas.

Efésios 6:9

... e para com Ele (Deus) não há acepção de pessoas.

1º Tim 1:15

Jesus veio ao mundo para salvar os pecadores. . .

1º Tim 2:4

Deus quer que todos os homens se salvem e cheguem ao conhecimento da verdade.

1º Tim 4:10

Pois esperamos no Deus vivo, que é o salvador de todos os homens, principalmente dos fiéis.

Tito 2:11

Porque a graça de Deus se manifesta, trazendo a salvação a todos os homens.

1º João 2:2

Ele se fez propiciação pelos nossos pecados, e não só pelos nossos, como pelos de todo o mundo.

1º João 4:14

Testificamos que o Pai enviou Seu filho para salvador do mundo.

2º caso – Salvação pelo amor (refletido nas obras).

Prov. 10:12

...e o amor cobre todas as transgressões .

Ecles. 12:14

Porque Deus há de trazer a juízo todas as obras, até as que estão escondidas, quer sejam boas, quer sejam más.

Isaías 58:10

Se abrires tua alma ao faminto, e fartares a alma aflita, então a tua luz nascerá nas trevas, e a tua escuridão será como o meio-dia.

Jerem. 7:9 e 10

Que é isto? Furtais e matais, cometeis adultério e jurais falsamente (...) e depois vindes diante de mim e dizeis: "Estamos salvos!", só para continuardes a praticar estas abominações!.

Jerem 17:10

Eu, o Senhor, esquadrinho os corações e provo os pensamentos, só para dar a cada um segundo o fruto das suas ações.

Jerem 31:16

Reprime a tua voz de choro, e as lágrimas dos teus olhos, porque há recompensa para as tuas obras.

Mateus 10:42

E quem der a beber nem que seja um copo d'água a um destes pequeninos (...) de modo algum perderá o seu galardão.

Mateus 16:27

Porque o Filho do Homem retribuirá a cada um segundo suas obras.

Mateus 26:52

Embainha a tua espada, por que os que lançam mão da espada, à espada morrerão.

Lucas 6:35

Fazei o bem sem nada esperar e será grande a vossa recompensa.

Lucas 7:47

Perdoados lhe são os seus pecados, porque muito amou.

Atos 14:22

Por muitas tribulações nos importa entrar no reino dos céus.

Romanos 2:6

(Deus) retribuirá a cada um segundo as suas obras.

Romanos 2:9 e 10

Tribulação e angústia sobre os que obram o mal, glória, honra e paz aos que praticam o bem.

Romanos 12:10

Ora, o cumprimento da lei é o amor.

Romanos 14:12

Assim cada um de nós dará contas a Deus de si mesmo.

2ª Cor. 5:10

Importa que compareçamos perante o tribunal de Cristo, a fim de que cada um receba segundo o bem ou o mal que tiver feito enquanto no corpo.

Efésios 6:8

Sabendo que cada um receberá do Senhor todo o bem que fizer.

Coloss. 3:25

Quem fizer agravo, receberá o agravo que fizer, pois não há acepção de pessoas.

Tiago 2:13

Porque o juízo será sem misericórdia sobre aquele que não fez misericórdia; e a misericórdia triunfa do juízo.

1ª Pedro 4:18

E se o justo com dificuldade se salva, que se dirá do ímpio e pecador?

Apocal. 13:10

Se alguém leva em cativeiro, em cativeiro irá; se alguém matar à espada, é necessário que seja morto à espada.

Apocal. 14:13

Bem-aventurados os que morrem no Senhor, para que descansem do seu trabalho, e suas obras os sigam.

O que aí está sem dúvida evidencia a intenção do Pai, de estender a salvação a todos os homens. Não há acepção de pessoas, não há privilégios, não se fala em "eleitos" ou "predestinados"; todos são filhos e por igual convidados a participar da bem-aventurança eterna. Nota-se também o princípio da justiça Divina, em retribuir a cada um segundo as suas obras, ou, o que vem a dar no mesmo, segundo o amor que tiver dispensado aos seus irmãos.

Não é este o conceito de salvação perfilhado pelas igrejas reformadas, entre as quais, por sinal, parece não existir uma orientação uniforme. Há variações segundo o ponto de vista de cada denominação: algumas, como vimos, aceitam a predestinação, outras defendem o livre-arbítrio do homem, atribuindo-lhe a faculdade de crer ou não crer, mas todas, de modo geral, admitem a "justificação pela fé". Enfim, como os católicos romanos, os protestantes fundamentam sua crença nas concepções agostinianas, que tantas deturpações trouxeram ao cristianismo nascente; haja vista que Agostinho chegou a pregar a irremissível condenação das criancinhas mortas sem batismo.

Com o intuito de acomodar o texto aos seus princípios, alguns teólogos aplicam uma semântica forçada, afirmando que expressões como "o mundo" (João 3:17, 4:42 e 1ª João 2:2 e 4:14), "qualquer nação" (Atos 10:35) e "todos os homens" (1ª Tim. 2:4 e 4:10), não querem dizer o que dizem, mas objetivam "corrigir a errônea ideia de que a salvação destinava-se apenas aos judeus"

(*The five points of calvinism*). E é com tais exegeses que pretendem conduzir os homens aos pés do Salvador, que declarou: "Digo-vos que haverá maior alegria no céu por um pecador que se arrepende, do que por 99 justos que não necessitam de arrependimento"! (Lucas 15:7).

Para nós, espíritas, a salvação consiste na depuração da alma pela reparação dos erros cometidos, na elevação pelo trabalho, pelo estudo e sobretudo pelo sofrimento, até que, atingindo o grau máximo em sabedoria e virtude, ela se integre na categoria dos espíritos puros e possa gozar da felicidade dos justos, colaborando nas atividades do seu Criador e Pai. O espírito é imortal, preexiste e sobrevive a cada existência terrena, em cada estágio adquirindo novos conhecimentos e descortinando novos horizontes. Como "Deus é amor" (1ª João 4:16), Ele não cria os Seus filhos para a perdição eterna, mas para que se integrem na Sua glória e se tornem Seus auxiliares nessa magnífica atividade do Seu Pensamento Criador.

Basta lançar uma vista de olhos pela Humanidade, para evidenciar quão distante ainda se encontra ela do ideal da suprema perfeição, quanto tem de lutar e de sofrer para crescer em sabedoria e se aprimorar em virtude, para dominar seus instintos e desenvolver os sentimentos. A luta é árdua e incessante, mas já se pode observar o quanto temos avançado em relação a épocas passadas. Tudo nos mostra que não é possível atingir a perfeição numa só existência terrena e por isso o Pai, que é justo mas é também misericordioso, concede-nos tantas oportunidades quantas careçamos para completarmos nossa caminhada em direção à luz.

Não é este um "plano de salvação" muito mais racional e equânime do que o atribuído a Deus por nossos caros irmãos protestantes? Ademais, não reflete esse plano o Deus misericordioso e justo insistentemente pregado por Jesus? Sendo misericordioso – pois ensinou a perdoar as ofensas e a amar até mesmo aos inimigos – Ele não condenará nenhum dos Seus filhos à perdição eterna; e sendo justo, tampouco deixará nenhuma boa ação sem recompensa e nenhuma falta sem punição. Por isso Jesus disse que "cada um receberá segundo suas obras" (Mat. 16:27).

Portanto, despertai, irmãos, para as consoladoras mensagens que jorram dos ensinamentos do Cristo, e procurai seguir os seus preceitos – de amar, compreender, perdoar e servir – pois neles está contida, toda inteira, a mensagem da salvação.

Basta que mediteis um pouco em certas passagens da Escritura para que aprecieis o problema da salvação sob um ângulo inteiramente diverso daquele que perfilhastes até agora. Não é a fé que salva do inferno, pois o apóstolo Tiago, ao contrário de Paulo, pregava a justificação também pelas obras (Ti. 2:24). Não estão salvos somente os que se filiam a esta ou aquela religião, pois o mesmo Tiago ensinou que: "A religião pura e sem mácula perante Deus é esta: Visitar os órfãos e as viúvas nas suas atribulações, e guardar-se da corrupção do mundo" (Tiago 1:27). Porventura não disse o Cristo: "Bem-aventurados os limpos de coração, porque eles verão a Deus"? (Mat. 5:8). Ora, limpos de coração existem em todas as religiões, e até mesmo sem religião nenhuma.

A nossa ideia de "salvação" difere da perfilhada pelos nossos irmãos protestantes, em pelo menos dois sentidos: em primeiro lugar, não a entendemos como "salvação de penas eternas", – e esse ponto pensamos ter deixado bem claro no capítulo anterior. Compreendemo-la com o sentido de "libertação do espírito humano dos grilhões que o oprimem", como a ignorância, os vícios, as paixões, os erros e os preconceitos. À medida em que o homem se liberta desses grilhões, vai descortinando novos horizontes, tornando-se mais livre, mais sábio, mais puro, numa palavra, mais perfeito.

Quando o nosso mestre ensinou: "Sede perfeitos, como perfeito é o vosso Pai Celestial", ele fez depender essa perfeição da prática do amor, como se vê na meridiana clareza de Mateus 5:44/48. Ele mostrou, desse modo, que "a essência da perfeição é a caridade na sua mais ampla acepção, porque implica a prática de todas as outras virtudes." (*O Evangelho segundo o Espiritismo*, 67ª ed. FEB, pg. 284).

O próprio apóstolo Paulo, que cria indispensável a fé como condição *sine qua* da salvação, não trepidou em afirmar que mesmo uma fé tão extraordinária que chegasse a ponto de remover montanhas, se não estivesse acompanhada de amor não teria valor algum. (1ª Cor. 13:2). E terminou por colocar a excelsa virtude da caridade, isto é, o amor, como mais importante do que a fé: "Agora pois permanecem estas três, a fé, a esperança e a caridade; porém a maior delas é a caridade." (1ª Cor. 13:13).

Por isso é que, em segundo lugar, não entendemos a "salvação" como resultante da **fé,** mas simplesmente do **amor.** Para nós a "salvação", no sentido em que a entendemos, depende exclusivamente do exercício indiscriminado do amor para com todos os nossos semelhantes, sem excetuar nem mesmo aqueles que nos desejem o mal, pois somente assim estaremos resgatando as nossas faltas, quitando as nossas dívidas perante o Tribunal da justiça Divina. Porque, como afirmou outro grande apóstolo: "A caridade cobre uma multidão de pecados". (1ª Pedro 4:8).

Por isso pregamos o amor como instrumento eficaz de salvação, por ter sido o próprio Jesus quem o ensinou, inclusive em outras passagens, como na parábola do Bom Samaritano (Lucas 10:25/37) e sobretudo na das ovelhas e dos bodes (Mat. 25:31/45). Observe-se que ali ele não destacou a caridade como uma das condições, mas como a "condição única" da salvação. Não se perguntará no julgamento qual a religião seguida por cada um, qual o princípio filosófico adotado ou qual o corpo de doutrina a que se filia, mas única e exclusivamente isto: "Socorrestes a um destes pequeninos em suas necessidades? A mim me socorrestes; vinde, benditos do meu Pai, possuí o reino que vos está preparado! Deixastes de socorrer a um destes pequeninos? Ide para o tormento eterno!"

O ESPIRITISMO E AS IGREJAS REFORMADAS | 123

E no entanto o fanatismo religioso de alguns vai a ponto de afirmar que:

Boas obras são somente aquelas que Deus recomendou em sua santa palavra, e não as que sem esta garantia são inventadas por homens por um zelo cego ou sob o pretexto de qualquer boa intenção. Obras feitas por homens não regenerados – embora em si mesmas possam ser matérias que Deus ordena – são pecaminosas e não podem agradar a Deus. (H. Bettenson, em *Documentos da Igreja Cristã*, ed. 1967).

Sabem de onde foi tirado o trecho transcrito? Da célebre "Confissão de Fé de Westminster" (item XVI) órgão básico do presbiterianismo. Entenderam? Se um cristão não pertencer à igreja, nem tente praticar boas obras, porque estará é ... pecando! Esse primor de intolerância, embora redigido há mais de 300 anos, continua como fundamento da teologia atual. É certo que alguns teólogos mais evoluídos têm procurado conciliar os velhos dogmas com as concepções científicas modernas, mas são logo rechaçados pelos "fundamentalistas", que não admitem a menor contestação às "verdades imutáveis" consignadas na Bíblia. Isso tem ocorrido em várias oportunidades em que se questionou a divindade de Jesus (*Time Magazine* de 15-8-77) ou a inerrância da Bíblia (*Time Magazine* de 2-7-79) e agora mesmo estão sendo impetradas ações nos tribunais de vários Estados norte-americanos, visando a tornar obrigatório, nas Escolas Públicas, o ensino da doutrina bíblica da criação em pé de igualdade com o da "Teoria da Evolução". É que o espírito de intolerância não deixa perceber que o Evolucionismo é ciência, ao passo que o "Criacionismo" é religião. Ora, ciência se ensina na escola, mas religião é na igreja ou no lar.

A nosso ver, por ilustre que seja o seu emitente, não procede a opinião de que "o Evolucionismo é apenas uma hipótese já não considerada definitiva pelos cientistas" (*Revista Veja* de 11-3-81), pois em entrevista o geneticista francês Jacques Ruffié (autor do livro *Traité du Vivant*), afirmou que:

> Todos os trabalhos recentes no campo da paleontologia, da genética, da biologia molecular amplamente confirmaram a teoria da evolução. (*O Estado de São Paulo*, 9-5-82).

Hoje se diverge da teoria original de Darwin apenas quanto aos processos da "seleção natural", pois novos enfoques científicos mostraram que as "mutações" ocorrem principalmente em funções secundárias, e que "os grupos conservam características uniformes, mas os indivíduos de cada grupo diferem entre si na estrutura genética (polimorfismo genético)". Ora, tudo isso aí não infirma, antes robora a teoria da evolução, que é hoje aceita pela quase totalidade do pensamento científico.

Mas voltemos à ideia de que Deus só aceita as boas obras quando praticadas pelos "regenerados". Ela revela uma intolerância digna da mentalidade medieval. Não cremos que os evangélicos de hoje compartilhem daquela opinião. Quando Jesus quis pregar a solidariedade entre os homens, não apontou como "próximo" daquele que fora espancado por salteadores os representantes das religiões oficiais da época (um sacerdote, um levita), mas justamente um "samaritano", que entre os judeus era considerado "herege". Hoje, se um "herege" praticar uma boa ação, está pecando, segundo a *Confissão de Westminster*, cujo art. XXIII, por sinal, também recomenda: "Que todas as heresias e blasfêmias sejam banidas"... (Bettenson, ibd).

Se pensam que a intolerância arrefeceu com o passar dos anos, vejam o que escreveu o escritor Gilberto Freyre em artigo:

> Fui ainda, por uns curtos meses, nos Estados Unidos, protestante, pensando até em ser missionário, não sabia onde, talvez entre os ín-

O ESPIRITISMO E AS IGREJAS REFORMADAS | 125

dios do Brasil. Mas, repito, só por curtos meses. O que vi de sadismo no tratamento dos negros pelos protestantes brancos – quase assisti a um linchamento, dos então comuns – a rígida divisão, nas próprias igrejas, entre brancos e negros, desencantou-me com o protestantismo. (*Jornal do Comércio*, Recife, 15-3-81).

Mencionamos estas coisas porque a maioria dos evangélicos desconhece o que existe nos bastidores da sua própria doutrina. Contentam-se com a certeza da salvação e abdicam do direito de crítica, no que, de resto, agem bem, pois seriam logo postos "de quarentena" como "joeirados por satanás", correndo sério risco de expulsão da igreja, quem sabe até do Paraíso ... Por isso, muito embora Paulo tenha recomendado: "Examinai tudo e retende o que for bom" (1ª Tess. 5:21), poucos se atrevem a analisar argumentos que possam contrariar suas crenças.

Quem ilustrou muito bem o estado de espírito dominante nas congregações evangélicas foi o Prof. Rubem Alves no seu magnífico livro *Protestantismo e repressão* (Ed. Ática, 1979). Para uma breve ideia do conteúdo da obra, transcrevemos inicialmente um trecho da análise de Renato Pompeu na *Revista Veja* de 10-10-79:

O caminho da conversão até a lei rigorosamente examinado, em sua lógica de ferro, na maior parte do livro. Fica claro, por exemplo, que o protestantismo, pelo menos o analisado por Alves, se baseia num equívoco. O livre exame, por exemplo, não existe. Tal como o católico, que na análise da Bíblia deve seguir uma autoridade – por exemplo, o papa infalível – o protestante também não é livre para interpretar as Escrituras. Ele deve seguir o que se chama de "confissões", interpretações elaboradas por pessoas consideradas entendidas no assunto. Só podem ser aceitas as "confissões" aprovadas pelos poderes dominantes na comunidade protestante, ou seja, a fé passa a ser uma questão de poder.

Também o progressismo sociopolítico do protestantismo é posto em xeque por Alves, já que as comunidades protestantes julgam mais importante salvar os indivíduos que mudar as estruturas sociais – o que as torna um baluarte do conservadorismo e mesmo reacionarismo.

E agora um pequeno trecho do livro:

> O que está em jogo na experiência da conversão não são os **ensinos** do Cristo. O converso não é alguém que abandonou uma filosofia de vida e uma ética, para abraçar a filosofia e a ética de Jesus. Se assim fosse, ele deveria ter ideias muito claras acerca da nova filosofia e da nova ética que está abraçando. Mas, como indicamos, a experiência da conversão não se caracteriza por clareza de ideias, mas pela intensidade das emoções. Ninguém se converte aos ensinos de Cristo, seja o mandamento do amor, a lei áurea, o sermão do monte, a despreocupação frente ao futuro, o perdão dos inimigos, (...) Na conversão importa **quem foi** Jesus Cristo, e não **o que ensinou** Jesus Cristo.

O plano elaborado por Deus para a salvação das almas, segundo a ortodoxia cristã (católicos e protestantes) se fundamenta na doutrina do "pecado original", ou seja, pela desobediência do primeiro homem transmitiu-se o pecado a todo o gênero humano, de sorte que pelo erro de Adão todos os seus descendentes ficaram automaticamente excluídos da graça de Deus e condenados irremissivelmente a uma eternidade de penas.

Custa crer como os preconceitos se enraízam na mente das pessoas e se transmitem como que por hereditariedade (à semelhança do pecado original ...), de modo que não adianta a Ciência haver demonstrado, há mais de um século, com a Paleontologia e o Evolucionismo, que o homem vive na Terra há no mínimo 40 mil anos e que a lenda dos "primeiros pais" vale hoje apenas como um símbolo. Desprezam-se todos os argumentos para manter de pé as velhas concepções, e os denodados padres e pastores continuam pregando nas igrejas que o pecado entrou no mundo por Adão e foi resgatado, satisfazendo à justiça divina, pela imolação de um justo no Calvário.

Isso significa que continuam a semear a incredulidade no espírito humano, pois não é admissível que em pleno "Século das Luzes" pessoas inteligentes ainda aceitem como verdades as lendas bíblicas refertas de tantas infantilidades: 1ª – Desgraçou todo o gênero humano a desobediência de um ser primitivo que nem sabia distinguir entre o bem e o mal; 2ª – Um Deus que não admitia o progresso de Suas criaturas e nem queria que vivessem eternamente (Gen. 3:22); 3ª – Uma serpente supostamente má, mas que se limitou a falar estritamente a verdade (Gen. 3: 4/5); 4ª – A transmissão iníqua do pecado a todos os descendentes de Adão, por todos os séculos sem fim (Rom. 5:12): e 5ª – A remissão do pecado por outra injustiça ainda maior, ou seja, a imolação de um inocente (Rom. 5:17).

O sacrifício de animais pelos pecados dos israelitas era um ato próprio de um povo bárbaro, sendo inconcebível que Deus, o mesmo que afirmou: "Misericórdia quero, e não sacrifício" (Oséas 6:6) engendrasse tão absurdo "plano" para resgatar os erros da Humanidade. Cristo efetivamente se sacrificou para assegurar o cumprimento da grandiosa missão que o fez descer à Terra. Sua morte, sem dúvida alguma, estava nas previsões divinas, para provocar o impacto que se fazia necessário na consciência dos homens, seus contemporâneos e os das gerações vindouras. Ele mesmo afirmou: "Quando for levantado da terra, atrairei todos a mim!" (João 12:32).

É nisto que os espíritas cremos, e estamos certos de que a Humanidade inteira um dia também crerá. Não há salvação de "penas eternas", assim como não há condenação irremissível. A condenação consiste em permanecerem os homens em trevas espirituais, enquanto as suas obras forem más. (João 3:19). Porque não sabem o que fazem. Deus perdoará os maus no dia em que se voltarem para Ele dispostos a corrigirem seus erros! Não foi evidentemente com esse propósito a tocante prece de Jesus em favor dos que o crucificaram? (Lucas 23:34).

A doutrina da salvação pela fé suscita várias indagações que nunca nos pareceram satisfatoriamente respondidas: Como se salvaram os povos que antecederam Jesus? Pela observância da Lei? Mas ninguém jamais cumpriu a Lei, a não ser o próprio Jesus. Além disso, a Lei era para o povo israelita. E os povos gentios, mais numerosos e, naturalmente, entregues à idolatria, decerto que por ignorância, antes que por maldade? Se eram também criaturas de Deus, por que estariam excluídos da salvação? E depois do Cristo, quantos milhões têm nascido e morrido no mundo inteiro sem conhecer o Evangelho? E até mesmo no seio do próprio cristianismo, quantos milhões continuam sendo excluídos pela simples razão de, usando o raciocínio que Deus lhes deu, interpretarem o texto bíblico de maneira diversa da adotada pelas igrejas estabelecidas?

Pretender condicionar a salvação eterna a uma determinada exegese da Escritura é desconhecer a extrema variabilidade dos critérios humanos de julgamento. Diante de um fato novo, cada ser reage de um modo peculiar ao seu senso íntimo de valores; cada um tira conclusões ditadas por sua inteligência, seu acervo de conhecimentos, sua evolução intelectual e moral.

Não há nem pode haver unanimidade no modo de pensar dos homens, daí a justeza do provérbio "Cada cabeça, uma sentença". Vejam-se os Tribunais de Justiça, por exemplo: existem para examinar as questões legais que lhes chegam e decidir se confirmam ou reformam as sentenças proferidas em primeira instância. Seus membros são em geral figuras venerandas, magistrados que encaneceram, por 20, 30 ou até 40 anos, no estudo, interpretação e aplicação das leis. São, portanto, profundos conhecedores do ordenamento jurídico e seria de esperar pudessem resolver sumariamente as demandas em que se chocam pretensões conflitantes. Mas o que ocorre é que os "acórdãos" bem raramente exprimem a unanimidade, havendo quase sempre opiniões discrepantes, que figuram como "votos vencidos". Ora, se isso ocorre num campo restrito como o Direito, entre homens que passaram a vida inteira estudando as leis e suas aplicações, como pretender que na exegese do texto bíblico todos os homens adotem a interpretação que os evangélicos entendem ser a correta? E como admitir sejam condenados à perdição eterna todos os que divergirem dessa interpretação? A nosso ver, só a formulação de tal premissa denota uma estreiteza sectarista que de modo algum se coaduna com a pregação de amor, perdão e tolerância ministrada pelo Divino mestre.

Querem os nossos irmãos que todo o ensino de Jesus esteja pleno e completo na Escritura, não sendo admissível retirar ou aduzir qualquer palavra (Apoc. 22:19), nem mesmo pela revelação do espírito, e isso está bem claro no item I da *Confissão de Westminster* que a seguir transcrevemos:

> A autoridade da Sagrada Escritura não depende do testemunho de qualquer homem ou igreja, mas totalmente de Deus, o Seu autor (...) Nada nunca deve ser acrescentado, quer por novas revelações do espírito, quer por tradição de homens. A regra infalível da interpretação da Escritura é a própria Escritura. (H. Bettenson, em *Documentos da Igreja Cristã*).

Quem escreveu essa "Confissão" parece não se haver apercebido de que o próprio Jesus deixou sua revelação incompleta, visto como afirmou aos seus discípulos: "Ainda tenho muito a dizer-vos, mas vós não o podeis suportar agora." (João 16:12). "Mas quando vier o Espírito de Verdade, ele vos guiará em toda a verdade e vos fará lembrar de tudo quanto vos tenho dito." (João 14:26).

Os teólogos explicam essa profecia com os eventos do Pentecostes, quando o espírito se manifestou sobre os apóstolos reunidos e começaram a falar outras línguas e a profetizar (Atos 2: 1/6). Houve ali, realmente, uma manifestação espiritual sobre o Colégio Apostólico, para a consolidação da fé. Mas era ainda muito cedo para que se concretizasse a predição do mestre, pois não consta de qualquer escrito antigo ou moderno que àquele ensejo tenham sido ministradas novas revelações, mesmo porque a capacidade de percepção dos discípulos continuava a mesma. O que eles realizaram ali foi precisamente o que se pratica atualmente nas reuniões mediúnicas, com as entidades espirituais se manifestando através de um ou mais irmãos, ministrando a orientação necessária à propagação do Evangelho de amor pregado por Jesus.

Note-se que o apóstolo Paulo, em sua 1ª Epístola aos Coríntios (caps. 12 a 14), nada mais fez do que disciplinar a metodologia das reuniões, para que não houvesse tumulto e todos saíssem edificados. Eis o que ele prescreveu:

> A manifestação do espírito é dada a cada um para o que for útil. Porque a um, pelo espírito, é dada a palavra da sabedoria; a outro pelo mesmo espírito, a palavra da ciência; e a outro a profecia; e a outro o dom de discernir os espíritos; e a outro a variedade de línguas; e a outro a interpretação das línguas. (1ª Cor., 12:7/10). Porque o que profetiza é maior do que o que fala línguas estranhas (14:5). E se alguém falar língua estranha, faça-se isso por dois, ou, quando muito, três, e cada um por sua vez e haja intérprete. E falem dois ou três profetas e os outros julguem. (14: 27/29). Mas se a outro que estiver sentado for revelada alguma coisa, cale-se o primeiro. Porque todos podeis profetizar, uns depois dos outros, para que todos aprendam e todos sejam consolados. (14:31).

Quando o apóstolo disse que "um só espírito opera todas estas coisas, repartindo particularmente a cada um como quer" (1ª Cor.

O ESPIRITISMO E AS IGREJAS REFORMADAS | 131

12:11), pretendeu certamente referir-se ao guia espiritual da reunião, que faculta a cada espírito comunicante o ensejo de ministrar sua mensagem, tanto que no versículo imediatamente anterior ele fala no "dom de discernir **os espíritos**" e um pouco adiante afirma: "**Os espíritos** dos profetas estão sujeitos aos profetas." (14:32). Note--se que o apóstolo João também advertiu: "Amados, não creiais em todo espírito, mas provai se **os espíritos** são de Deus." (1ª João 4:1).

Essas manifestações do plano espiritual persistiram até aproximadamente o fim do primeiro século, sem dúvida com o propósito de manter a unidade da igreja cristã, e presume-se tenham cessado devido à introdução do mundanismo e de práticas pagãs no seio da igreja. Os cristãos se foram aos poucos enchendo de vaidade e não davam ouvidos às admoestações que lhes eram dirigidas do plano espiritual, terminando por trancarem as vias de comunicação entre os dois mundos.

Vejamos alguns dados da história do cristianismo, todos extraídos de livros de teólogos protestantes:

> Os cristãos do primeiro século se tratavam como irmãos, cuidavam desveladamente dos órfãos, dos doentes, das viúvas e dos desamparados. Essas características derivavam em parte da constante expectativa em que viviam esses discípulos quanto à iminente vinda do Senhor em glória visível, para restabelecer seu reino triunfante na Terra. (Robert H. Nichols, em *História da Igreja Cristã*, Casa Edit. Presbit.).
>
> Na maioria das igrejas do século II a primitiva esperança da próxima volta do Cristo desaparecera. A consciência da inspiração constante do espírito, característica da igreja apostólica, praticamente extinguira-se. (W. Walker, em *História da Igreja Cristã*, 2ª ed., pg. 84).
>
> No século II apareceram os Apologistas (Justino, Quadratus, Taciano, Aristides, Tertuliano, Melito e Atenágoras) e os gnósticos. Os primeiros eram defensores literários do cristianismo; os últimos

ensinavam que, além do ensino apostólico público dos Evangelhos, havia uma instrução oral da "sabedoria entre os perfeitos" (1ª Cor. 2: 6/7). O gnóstico Marcião foi o primeiro dos reformadores cristãos; ensinava que Cristo proclamou um Evangelho de amor e misericórdia, mas seus esforços para que a igreja voltasse ao que ele considerava a pureza do Evangelho resultaram na sua excomunhão no ano 144. Surgiu também o Montanismo, como protesto contra o crescente mundanismo que invadia a igreja. O seu arauto, Montano, foi condenado por um Sínodo, em 160. Na igreja foi sendo aumentado o poder dos bispos e formulou-se um "credo". Por volta de 180, membro da igreja era aquele que aceitasse a regra de fé (credo), o "cannon" do Novo Testamento e a autoridade dos bispos. (W. Walker, ibd).

Logo ocorreu acirrada disputa sobre a data certa da Páscoa. Roma e algumas outras igrejas comemoravam-na sempre num domingo; nas da Ásia Menor era celebrada no dia 14 do mês de Nisã, exatamente como a Páscoa judaica. Em 190 a discussão tornou-se tão aguda, que vários Sínodos se decidiram em favor do costume romano. As igrejas da Ásia Menor negaram-se a concordar, e por isso foram excomungadas pelo bispo de Roma. (ibd.).

O bispo Irineu (128/200), primeiro líder teológico, atribuiu à mãe de Jesus o papel de segunda Eva. Tertuliano (160/240) ensinava que o filho e o espírito são subordinados a Deus. (ibd.). No fim do século III ocorreu a disputa cristológica. Surgiram os Monarquianos, que pregavam a unidade de Deus, não aceitavam o 4º Evangelho e negavam a divindade de Jesus. Paulo de Samósata, bispo de Antioquia, ensinava que Jesus era unido a Deus por amor, em vontade, porém não em substância; foi excomungado em 269. Sabélio atribuía igual importância às três pessoas da Trindade, mas foi excomungado por Calixto, bispo de Roma, em 317. Hipólito combateu os Monarquianos e rompeu com Calixto, tornando-se chefe de uma congregação rival em Roma, o que lhe valeu ser referido na história como "o primeiro antipapa" (ibd.). Novaciano, presbítero romano entre 240 e

250, ensinava que entre o Pai e o Filho existe uma "comunhão de substância", sendo assim um dos precursores da ideia que viria a ser adotada no Concílio de Niceia. Orígenes (182/254?) foi o mais completo conhecedor da Bíblia entre todos os escritores da igreja primitiva. Não houve na história da igreja antiga homem de espírito mais puro, ou de mais nobres propósitos. O seu *De principiis* foi a primeira grande apresentação sistemática do cristianismo. Apresentava Cristo como "criatura de Deus" e ensinava que este criou o universo visível como lugar de punição e reforma, nele colocando os espíritos decaídos proporcionalmente à gravidade das suas faltas. (ibd.). No fim todos os homens, e até mesmo o diabo e os espíritos que o acompanham, serão salvos. Esta será a restauração de todas as coisas, quando Deus será tudo em todos. Mas, à luz da ortodoxia rígida das épocas seguintes, veio a ser considerado herético e teve as suas ideias condenadas por um Sínodo em Alexandria (399 ou 400), bem como pelo Concílio Geral de Constantinopla, em 553). **Sua obra destinava-se evidentemente aos eruditos, e não ao cristão comum. Porque a sua ciência não era a nossa, ela nos parece estranha.** (ibd.) (Grifos nossos).

O teólogo Walker ainda adverte que:

> Os dons do espírito, que eram muito reais no pensamento dos cristãos das eras apostólica e sub-apostólica, e que poderiam ser possuídos por qualquer pessoa, constituíam agora uma tradição, mais do que uma realidade vital, (...) Os dons eram agora posse oficial do clero, especialmente dos bispos. Estes eram os guardiães, divinamente designados, do depósito da fé, e, portanto, os órgãos que podiam decidir o que era heresia. (ibd.).

Aqui nos penitenciamos de haver obrigado os leitores a essa demorada digressão através dos primeiros séculos do cristianismo, mas confiamos em que nos perdoarão, porque ao fazê-lo tivemos em mira dois objetivos de transcendental importância: O primeiro foi mostrar como, embora a revelação divina seja ministrada através dos homens supostamente mais capazes para essa missão, os arautos são falhos e quase sempre deturpam o sentido das mensagens de que são portadores. Tanto são falhos os que transmitem como os que recebem, pois cada um interpreta a lição segundo a sua ótica particular, daí o surgirem tantas divergências na exegese do texto bíblico. Só isso explica as intermináveis disputas e os frequentes desvios sofridos pelo cristianismo desde os seus primórdios, e ilustra como foram sendo absorvidas influências estranhas e como foi sendo paulatinamente elaborado um corpo de doutrina tão diferente daquele que Jesus legou à Humanidade.

Esse fenômeno de descaracterização começou desde os tempos apostólicos e aparentemente continua em marcha. A Igreja Católica refugiou-se hieraticamente numa série de dogmas que desfiguraram por completo os ensinamentos do Cristo. Os nossos irmãos protestantes perfilharam vários desses dogmas e, partidários, em princípio, do "livre exame", emaranharam-se num cipoal de interpretações diferentes, dividindo-se em várias "denominações", cada uma delas presumindo-se detentora exclusiva da verdade. Só na América do Norte, segundo a revista *Time Magazine* (15-8-77) existiam em 1973 nada menos que 735 denominações religiosas (claro que não só protestantes), consoante inventário levantado por Arthur C. Piepkorn, o qual conduzia então uma pesquisa no "Concórdia Seminary" de St. Louis. Piepkorn faleceu em 1973, deixando o resultado de sua pesquisa (com 2.900 folhas manuscritas) com o seu amigo John Tietjen, presidente do Seminário. Este decidiu publicar o resultado, que abrangerá 7 volumes, dos quais o primeiro, com 324 páginas e o título *Profiles in belief: The religious bodies of the United States and Canada*, (Harpert Row) foi editado em 1977.

O segundo e mais importante dos objetivos a que nos propusemos foi demonstrar como, em tantas disputas e controvérsias surgidas nos primeiros séculos do cristianismo, nem uma só vez estiveram em causa os ensinamentos de Jesus, ou, se alguma vez chegaram a ser apreciados, os teólogos do nosso tempo a isso não fazem a menor referência, talvez por não julgá-los assaz importantes para merecerem menção. Tais disputas ocorriam pelos motivos os mais irrelevantes, como os relativos à data certa da páscoa, à preexistência do Cristo ou à sua consubstância com o Pai, a "imaculada conceição de Maria" etc., mas que foram suficientes para ocasionar divisões, excomunhões, desterros e até mortes. Só as controvérsias sobre a relação entre as naturezas divina e humana de Jesus se arrastaram por quase um século, até o Concílio da Calcedônia (451). Eram, como se evidencia pelas múltiplas narrativas históricas, discussões que nada tinham a ver com a essência dos ensinos do Cristo e em nada contribuíam para a edificação dos fiéis, antes provocavam o entorpecimento da fé e a secularização da igreja, fazendo com que o espírito de Deus se afastasse dela, abrindo lugar para os espíritos das trevas, que em todos os tempos se têm aproveitado das fraquezas humanas para semear a cizânia entre os homens. Basta lembrar o histórico episódio de Bizâncio, onde, com a região já sendo invadida pelos bárbaros, os doutores da igreja se ocupavam em polemizar sobre... o sexo dos anjos!

Essas mesmas entidades malévolas persistem na sua luta para que as igrejas ditas cristãs continuem desapercebidas dos ensinamentos do Cristo. Enquanto cada cristão procura egoisticamente salvar-se, todos decerto imbuídos das melhores intenções, cumprindo os rituais impostos pelos "gurus" das suas seitas, as gerações se vão sucedendo sem que nenhuma das religiões estabelecidas consiga eliminar os males que assolam a Humanidade, e o mundo vai afundando no vício, na depravação e na violência, parecendo achar-se na iminência de um cataclismo provocado pela maldade humana.

Tudo isso por quê? Simplesmente porque continuam exibindo um Salvador místico, sem dispensar atenção ao acervo de regras que ele estabeleceu. Por que se daria ele ao trabalho de prescrevê-las, se não era para serem observadas? Quando abrirem os olhos para perceber a sublimidade do ensino, os homens verão que a Humanidade toda é solidária e que o "Reino de Deus" se instalará na Terra quando estiver instalado em todos os corações (Lucas 17:20/21). Quando cada ser humano aprender a perdoar e esquecer as ofensas, a amar até mesmo aqueles que tenha por adversários, já não existirão adversários, uma vez que todos serão irmãos e haverá paz na Terra. Foi isto o que Jesus ensinou e há de acontecer um dia. Por que traçaria ele o programa, se o julgasse irrealizável?

É interessante notar que no seio dos grupos mais empedernidos em preconceitos dogmáticos surgem por vezes lampejos de verdades divinas. Lembramo-nos de um pequeno livro evangélico, decerto já lido por inúmeros irmãos sem que a maioria lhe tenha, talvez, apreendido a mensagem. Trata-se do *Em seus passos, que faria Jesus?*", (de Charles M. Sheldon, Editora JUERP, Rio) obra que reputamos das mais expressivas e não nos cansamos de recomendar aos amigos. Ali está como se realiza na prática o que Jesus ensinou. Ali se aprende que não basta comover-se numa cruzada de reavivamento espiritual e em seguida recair na rotina de um cristianismo exclusivamente nominal. É desejar e fazer somente o bem a todos, é encher o coração de amor e sair repartindo um pouco com os que se encontram carentes. Claro que não é fácil, porque é o "caminho estreito", de que falava o Messias.

O mestre conhecia e conhece bem os homens – não fosse ele um espírito puro que convive com o Pai de toda a eternidade. Consequentemente já sabia que a sua mensagem ficaria esquecida nos desvãos da vaidade humana. Por isso, depois de advertir os discípulos de que tinha algo mais para ensinar, mas que eles ainda não

O ESPIRITISMO E AS IGREJAS REFORMADAS | 137

estavam preparados para suportar (João 16:12), ele prometeu que enviaria o "Consolador" para ensinar todas as coisas e "fazer lembrar" tudo quanto ele próprio dissera. (João 14:26).

Se o Consolador devia fazer lembrar, é que o mestre tinha a perfeita previsão de que os seus ensinamentos seriam logo esquecidos. E se a Humanidade ficou por quase dois mil anos à margem desses ensinamentos, eis que é chegada a plenitude dos tempos, uma vez que o manifesto descompasso entre o progresso científico e o moral, entre o saber e a virtude, trouxe-nos a um momento crucial, em que não é mais possível fazer ouvidos de mercador aos preceitos do Cristo. Grande é a responsabilidade perante o Tribunal Divino daqueles que exerceram a função de condutores de povos, ou de mentores espirituais de massas e não souberam ou não quiseram transmitir as divinas verdades de que se diziam portadores. Maior ainda é a responsabilidade daqueles que – conhecendo as tarefas que lhes cabe agora desempenhar – esquivam-se ao dever de transmitir aos homens a mensagem da salvação. Salvação, esta sim, com o sentido de libertação da ignorância, dos vícios, das paixões e dos preconceitos. Porque Jesus afirmou, e não é demais repetir: "Conhecereis a verdade e a verdade vos libertará." (João 8:32).

Para encerrar, façamos uma ligeira recapitulação do conteúdo deste capítulo: Os nossos irmãos entendem que a salvação se efetua pela graça (Ef. 2:8), a justificação pela fé (Rom. 3:28) e a remissão dos pecados pelo derramamento do sangue de Cristo (1ª Jo. 1:7), de sorte que as boas obras são a consequência, e não a causa da salvação (João 15:16 e Ef. 2:10). É como consta do livro *The five points of calvinism*: "Faith and good works are the "result", not the "cause" of God's choice"."

Nós, espíritas, entendemos que Jesus veio ao mundo para ensinar aos homens a lição do amor (João 13:34) e que a sua morte, aliás predita por vários profetas, resultou da inadequação da Humanidade para assimilar suas extraordinárias mensagens. Os discípulos e os primitivos cristãos atribuíram a essa morte um caráter propicia-tório (1ª João 2:2) porque entre os judeus estava secularmente arrai-gada a noção do resgate das faltas pelo derramamento de sangue. Era um costume milenar a imolação de animais pelos pecados do povo (Lev. 4:20 etc.) e isso naquelas eras bárbaras não deixava de ter um fundamento psicológico, pois funcionava como catarse coletiva, contribuindo para aliviar as consciências culpadas.

Nota-se, porém, que já nos tempos do profeta Ezequiel, Deus ensinava que a responsabilidade era pessoal e que não cabia ao jus-to pagar pelo pecador (Ezeq. 18:20). Com as luzes de que dispõe agora a Humanidade, é possível perceber que não haveria justiça em fazer um inocente responder pelos erros dos culpados. Aliás, nem mesmo o sangue de touros e de bodes podia tirar os pecados de ninguém, como podemos ler em hebreus 10:4.

Isto não quer dizer que neguemos a doutrina da redenção; ape-nas achamos que ela se realizará no mundo através do amor. Para isso o mestre nos deixou o seu ensino e o seu exemplo. Quando os homens, repudiando os dogmas e preconceitos a que se aferram há tantos séculos, abrirem as portas da percepção para assimilar a cris-talina simplicidade dos ensinamentos do Cristo, eles fatalmente se conscientizarão de seus erros e se redimirão pelo amor, cuja prática concorre para o resgate das faltas, como a Escritura deixa bem claro em Prov. 10:12 ("O amor cobre todas as transgressões"), Lucas 7:47 ("Muito será perdoado a quem muito amou") e 1ª Pedro 4:8 ("O amor cobre a multidão de pecados").

Quando Jesus dizia aos cegos e aleijados: "Os teus pecados te são perdoados", é que os sabia já em fim de prova. Mas note-se que a um daqueles que curou, ele advertiu: "Vai e não peques mais, para que não te aconteça coisa pior" (João 5:14), o que prova que, mesmo com os pecados já perdoados, quaisquer novas faltas acar-retam novas punições, bem como o dever de reparar as ofensas.

Esta é a lei e dela ninguém se exime através do sacrifício de outrem. Quem erra, é obrigado a resgatar seus erros, e quem ofende tem de quitar-se junto àqueles que ofender; cada homem fica preso às cadeias que por seus próprios atos constrói, e "ninguém sairá da prisão até que tenha pago o último ceitil." (Lucas 12:59).

Os ensinamentos de Jesus

Mateus:

5:16

Assim brilhe a vossa luz diante dos homens, para que vejam as vossas boas obras e glorifiquem ao vosso Pai que está no Céu.

5:25

Reconcilia-te com o teu adversário enquanto estás com ele a caminho, para que te não entregue ao juiz e este te mande à prisão, de onde não sairás enquanto não tiveres pago o último ceitil.

5:39 e 40

Ao que te bater numa face, oferece também a outra; e ao que te arrancar o manto, não recuses a túnica.

5:42

Dá a quem te pedir; e a quem tomar o que tens, não o tornes a pedir.

5:44

Amai a vossos inimigos e orai pelos que vos perseguem e maltratam, para serdes filhos do vosso Pai Celestial.

Mateus:

5:48

Sede perfeitos, como é perfeito o vosso Pai Celestial.

6:1

Não deis vossa esmola para serdes vistos pelos homens, porque assim não tereis recompensa do vosso Pai Celestial.

6:3 e 4

Quando derdes esmola, não saiba a vossa mão esquerda o que faz a direita; para que a vossa esmola fique em segredo; e vosso Pai, que vê o que se passa em segredo, publicamente vos recompensará.

6: 6

Quando orardes, entrai no vosso quarto e, fechada a porta, falai com o vosso Pai.

6:7 e 8

E orando, não useis de vãs repetições, pois o vosso Pai sabe o que vos é necessário, antes que o peçais.

6:14 e 15

Se perdoardes aos homens suas ofensas, também o Pai Celestial vos perdoará vossas ofensas; mas se não perdoardes aos homens suas ofensas, tampouco o vosso Pai perdoará vossas ofensas.

6:19

Não ajunteis para vós tesouros na Terra, onde a traça e a ferrugem podem corroê-los e os ladrões roubá-los, mas ajuntai para vós tesouros no Céu; porque onde estiver vosso tesouro, aí estará também vosso coração.

Mateus:

6:25 e 32

Não andeis inquietos quanto à vossa vida, do que havereis de comer, ou de beber, ou vestir, pois vosso Pai Celestial sabe que necessitais de todas estas coisas.

6:33

Buscai primeiramente o reino de Deus e a Sua justiça e todas as mais coisas vos serão acrescentadas.

6:34

Não vos inquieteis pelo dia de amanhã, pois o dia de amanhã cuidará de si mesmo. Basta a cada dia o seu mal.

7:1 e 2

Não julgueis, para não serdes julgados; pois com o juízo com que julgardes sereis julgados; e com a medida com que medirdes, também vos medirão a vós.

7:7 e 8

Pedi e dar-se-vos-á; buscai e achareis; batei e abrir-se-vos-á; pois o que pede, recebe; o que busca, acha; e ao que bate, se abre.

7:11

Se vós, sendo maus, sabeis dar boas coisas aos vossos filhos, quanto mais vosso Pai Celestial dará boas coisas aos que as pedirem!

7:12

Tudo o que quiserdes que os homens vos façam, isso mesmo fazei vós a eles; porque esta é a lei e os profetas.

Mateus:

7:16 e 17

Pelos frutos os conhecereis (...) Toda árvore boa produz bons frutos e toda árvore má produz frutos maus.

7:21

Nem todo o que me diz "Senhor, Senhor" entrará no reino do Céu, mas aquele que faz a vontade do meu Pai.

9:12 e 13

Os sãos não necessitam de médico, mas sim os doentes. (...) Eu não vim chamar os justos, mas os pecadores ao arrependimento.

10:29 e 31

Nenhum passarinho cairá em terra sem a vontade de vosso Pai (...) Não temais, pois mais valeis vós do que muitos passarinhos.

10:42

Quem quer que tenha dado nem que seja um copo de água fria a um destes pequeninos, em verdade vos digo que de modo algum perderá o seu galardão.

11:28

Vinde a mim, todos os que vos achais cansados e oprimidos, e eu vos aliviarei.

11:29 e 30

Tomai sobre vós o meu jugo e aprendei de mim, que sou manso e humilde de coração; e achareis descanso para as vossas almas; porque o meu jugo é suave, e o meu fardo é leve.

Mateus:

12:36 e 37

De toda palavra ociosa que os homens disserem, hão de prestar contas no dia do juízo; porque por tuas palavras serás justificado e por tuas palavras serás condenado.

18:4

Aquele que se tornar humilde como um menino, será o maior no reino do Céu.

18:14

Assim também não é da vontade do vosso Pai que um só destes pequeninos se perca.

23:8

Não queirais ser chamados mestres, porque um só é o vosso mestre, o Cristo, e todos vós sois irmãos.

Marcos:

8:36 e 37

O que aproveitaria ao homem ganhar o mundo inteiro, e perder a sua alma? Que daria um homem em troca da sua alma?

11:25 e 26

Quando orardes, se tiverdes alguma coisa contra alguém, perdoai, para que também o vosso Pai Celestial vos perdoe; pois se não perdoardes, também vosso Pai não vos perdoará.

Lucas:

6:36

Sede misericordiosos, como também o vosso Pai é misericordioso.

Lucas:

6:45

O homem bom, do bom tesouro do seu coração tira o bem; e o homem mau, do mau tesouro do seu coração tira o mal; porque a boca fala do que o coração está cheio.

8:18

Vede, pois, como ouvis; porque a quem tiver, lhe será dado; e a quem não tiver, até o que julga ter lhe será tirado.

11:35

Vê, pois, que a luz que há em ti não sejam trevas.

12:15

Guardai-vos da avareza, pois a vida de um homem não consiste na abundância dos bens que possui.

12:33 e 34

Vendei o que tendes e dai esmolas, e fareis para vós um tesouro no Céu; porque onde estiver o vosso tesouro, aí estará também o vosso coração.

12:48

A quem muito for dado, muito será pedido; e a quem muito se confiou, muito se pedirá.

12:57

Por que não julgais também, por vós mesmos, o que é justo?

14:35

Aquele que não renuncia a tudo quanto tem, não pode ser meu discípulo.

Lucas:

15:7

Digo-vos que haverá maior alegria no Céu por um pecador que se arrepende, do que por noventa e nove justos que não necessitam de arrependimento.

16:10

Quem é fiel no pouco, também é fiel no muito; e quem é injusto no pouco, também é injusto no muito.

17:20 e 21

O reino de Deus não vem com aparência exterior, porquanto o reino de Deus está dentro de vós.

22:26

O maior entre vós seja como o menor; e quem governa, seja como quem serve.

João:

7:24

Não julgueis segundo a aparência, mas julgai segundo a reta justiça.

8:12

Eu sou a luz do mundo; aquele que me segue não andará em trevas, mas terá a luz da vida.

8:31

Se permanecerdes na minha palavra, verdadeiramente sereis meus discípulos.

8:36

Se o Filho vos libertar, verdadeiramente sereis livres.

João:

12:35

Andai enquanto tendes luz, para que as trevas não vos apanhem; pois quem anda nas trevas, não sabe para onde vai.

12:47

Se alguém ouvir minhas palavras e não crer, eu não o julgo, pois não vim para julgar o mundo, mas para salvar o mundo.

12:48

Quem me rejeitar, já tem quem o julgue; a palavra que tenho pregado, essa o julgará no último dia.

13:15

Porque eu vos dei o exemplo, para que como eu vos fiz assim façais vós também.

13:34

Um novo mandamento vos dou: que vos ameis uns aos outros, assim como eu vos amei.

14:15

Se me amardes, guardareis os meus mandamentos.

14:27

Deixo-vos a paz, a minha paz vos dou (...) Não se turbe o vosso coração, nem fique sobressaltado.

15:7

Se estiverdes em mim, e minhas palavras estiverem em vós, pedireis tudo o que quiserdes, e vos será feito.

João:

15:10

Se guardardes os meus mandamentos, permanecereis no meu amor.

16:33

Digo-vos isto para que tenhais paz. No mundo tereis aflições; mas tende bom ânimo, eu venci o mundo.

13:17

Se sabeis estas coisas, bem-aventurados sereis se as praticardes.

Quando uma centésima parte do cristianismo de nossos lábios conseguir expressar-se em nossos atos de cada dia, a Terra será plenamente libertada de todo o mal.

Emmanuel – FCX

VII

COMUNICABILIDADE ENTRE VIVOS E MORTOS

OS PROTESTANTES NEGAM peremptoriamente a possibilidade de comunicação entre os dois planos de vida, o material e o espiritual, sendo assaz conhecidos os argumentos que usam para fundamentar essa convicção. Um deles é o episódio do rico e Lázaro (Lucas 16:19 a 31), narrado por Jesus e apresentado em algumas versões da Bíblia como parábola. Ora, uma parábola é uma ficção usada para ilustrar uma verdade. E que verdade pretendeu o mestre ilustrar naquele caso? A de que os que passam a vida terrena em prazeres, sem se incomodarem com os sofrimentos do próximo, irão sofrer tormentos, provocados pelo remorso, no plano espiritual.

Outros entendem que o fato de Lázaro haver sido citado pelo nome indica não se tratar de parábola, mas de episódio real. Seja parábola ou não, o núcleo do ensinamento é o mesmo; nada existe ali que comprove a impossibilidade da comunicação. O abismo mencionado não é entre o mundo dos vivos e o dos mortos, mas sim entre o local em que se achava o rico, digamos o "inferno", e o local em que se achava Lázaro, digamos o "céu". E esse abismo, afinal, não era tão grande assim, uma vez que o rico, levantando os olhos, "viu ao longe Abraão e Lázaro no seu seio"...

Quando o rico pediu fosse um dos mortos relatar aos seus irmãos os tormentos por que passava, Abraão não respondeu que tal coisa era impossível, mas apenas que "eles lá têm Moisés e os profetas, e se não lhes dão crédito, muito menos creriam ainda que algum dos mortos fosse ter com eles".

E tanto é verdade que não creriam, que é isto, precisamente, o que vem ocorrendo desde os primórdios da história da Humanidade. Em todos os tempos os espíritos dos chamados "mortos" têm procurado entrar em comunicação com os que vivem na carne e não poucas vezes o conseguem, seja através de sonhos ou de aparições, ou pelos processos psicográficos ou psicofônicos modernos. Ultimamente tem-se observado a intensificação do trabalho dos nossos irmãos espirituais no sentido de sacudir a Humanidade do seu apego às coisas materiais, de fazê-la conscientizar-se da sobrevivência. A multiplicação das manifestações traduz o cumprimento da profecia de Joel (2:28), confirmada pelo apóstolo Pedro (Atos 2:17): "E nos últimos tempos derramarei do meu espírito sobre toda a carne; vossos filhos e vossas filhas profetizarão, vossos velhos terão sonhos, vossos jovens terão visões."

Os fenômenos espíritas se reproduzem por todos os continentes, são divulgados através de todos os meios de comunicação e, no entanto, quantos se conscientizam da realidade dessas manifestações? São relativamente poucos, por enquanto, os que "têm olhos para ver e ouvidos para ouvir", mas certamente um dia, talvez já não distante, todos atingirão o amadurecimento espiritual necessário para receberem e compreenderem a verdade que os libertará.

Como já dissemos em outro local, as ideias novas são sempre encaradas com critérios subjetivos e não é fácil descartar preconceitos arraigados; por isso os fenômenos se sucedem e são comprovados pela Ciência, sem que a maioria dos homens lhes dispense a necessária atenção.

Os nossos irmãos evangélicos, por exemplo, atribuem todas essas manifestações a espíritos malévolos, que procuram desviar a Humanidade do caminho da salvação. São "demônios", dizem, e não se detêm sequer a examinar os eloquentes casos de comunicação espiritual documentados na Bíblia. No episódio da "transfiguração", por exemplo, (Mat. 17:1/8), não se torna evidente o intercâmbio entre o plano físico e o espiritual? E o que dizer do fato tão bem autenticado da comunicação entre Samuel e Saul, relatado em 1ª Sam. 28:11/20?

Pretendem alguns teólogos que esse caso constituiu uma exceção, permitida por Deus para a punição de Saul. Outros alegam que ali o desempenho foi do astucioso Satanás, e citam como prova o aviso: "Amanhã tu e teus filhos estareis comigo" (1ª Sam. 28:19) quando a exegese lógica é a de que Samuel se referia ao plano espiritual, em contraposição ao plano físico em que se achava Saul.

O episódio comporta mais acurada reflexão: A pitonisa estava exercendo uma atividade severamente reprimida pela lei mosaica e assim não é de estranhar tenha sido tomada de pânico ao identificar Saul. A Escritura não fala em mistificação, antes deixa bem claro que foi o profeta mesmo quem se dirigiu a Saul. Comprovam o fato a própria elevação da linguagem, bem como a seriedade e o acerto da previsão. A Bíblia acrescenta que "Saul foi tomado de grande medo por causa das palavras de Samuel" (1ª Sam. 28:20). Atribuir o episódio a espíritos malévolos, quando o próprio enunciado bíblico é tão claro e taxativo, é evidente contrassenso. Daí o termos como certo que, excepcionalmente ou não, foi o próprio Samuel quem se manifestou a Saul. E se ocorreu naquela ocasião, por que não pode ocorrer em outras?

As sibilas, pitonisas, profetas e videntes de que a narrativa – bíblica e profana – está referta, e aos quais denominamos atualmente "médiuns", eram indivíduos que possuíam a faculdade de se porem em comunicação com o mundo invisível, ou melhor, de funcionarem como intermediários entre os dois planos de vida.

Lemos em 1ª Sam. 9:9: "Antigamente, em Israel, indo alguém consultar a Deus, dizia: Vinde, vamos ter com o vidente"; porque ao profeta de hoje, antigamente se chamava "vidente". Simples questão de nome, portanto; ao que antigamente se chamava "profeta", chamamos hoje "médium". De resto, esta denominação já figura em algumas passagens bíblicas (da tradução brasileira de 1966, pelo menos), como 1ª Sam. 28:3 e 7:2ª Reis 21:6 e 23:24.

Consequentemente, basta-nos o episódio de Samuel para evidenciar que não são somente os demônios que se manifestam, porém os espíritos dos mortos em geral, tanto os bons como os maus. Os que chamamos "demônios" são aqueles que se apresentam endurecidos no mal. Aliás, a etimologia indica que a palavra "daimon" antigamente tinha a conotação de "espírito familiar", assim entendidos aqueles que, em virtude de sua pouca elevação moral, continuam apegados aos ambientes que costumavam frequentar quando na carne. Na Roma antiga eram denominados "manes" e se lhes prestava um culto respeitoso. A literatura de todos os povos faz referência a tais espíritos e até mesmo entre os selvagens eles são conhecidos. Por que duvidar da manifestação dos espíritos se mesmo nos tempos atuais são poucas as famílias que não têm a relatar fenômenos do tipo que a Ciência denomina hoje de "paranormais"? Não é ainda o povo britânico tão cioso dos seus castelos e mansões mal-assombrados?

A literatura está cheia de referências ao constante intercâmbio entre os dois mundos. Vejamos uma testemunha insuspeita, o doutor Giuseppe Lapponi, antigo clínico em Roma, médico de dois papas (Leão XIII e Pio X) e que muito escreveu sobre o espiritismo, sem abandonar a sua religião católica.

> A comunicação com os espíritos entrava grandemente entre os egípcios nas práticas da iniciação dos mistérios e do culto de Ísis e Osíris (*Hipnotismo e espiritismo*, ed. FEB).

Jacolliot na sua obra *La bible dans les indes* diz que aos hebreus a Cabala (quanto se pode julgar pelos fragmentos chegados a nós) devia indicar perfeitamente o modo de travar relações com os espíritos. (ibd.).

Na antiga Grécia os oráculos dos mortos se invocavam continuamente. Homero na *Odisseia*, descreve Ulisses que, a conselho e com instruções da maga Circe, interroga as sombras do tebano Tirresias sobre a própria mãe e sobre outras muitíssimas pessoas queridas ou famosas. (ibd.).

Conhecidas são as frequentes visões que Sócrates tinha do seu Gênio, e as salutares advertências que recebia, não só a respeito de coisas que lhe tocavam diretamente, mas ainda em relação a negócios de seus amigos, dos quais ele mesmo ignorava os secretos desígnios. (ibd.).

Às relações de vivos com os espíritos fizeram menção, ainda, além de Aristóteles, também Luciano, Flávio José e Filóstrato. (ibd.).

Claramente Cícero nos diz que o seu amigo Ápio mantinha frequentíssimas conversações com os mortos. (ibd.).

Giordano Bruno (1550/1600), no seu *Candelaio* mostra-se fervorosamente convicto do possível contato dos vivos com os espíritos" (cita Césare Cantu) (ibd.).

No continente americano os Peles-Vermelhas representam com bastante verossimilhança os últimos restos de uma das mais antigas raças humanas. Pois bem, os primeiros viajantes encontraram entre eles as práticas espiritistas já muito difundidas e com fama de antiquíssimas. (ibd.).

No México, ainda no início do Século XVIII, a comunicação com os espíritos era muito difundida. (ibd.).

Entre os povos civilizados, até a metade do século XVIII, pouco mais ou menos, ninguém ousou jamais contestar a possibilidade das relações entre os homens e os espíritos. Mas o sopro de incredulidade que, depois da metade do século, se difundiu pelo mundo, fez relegar para as fábulas tudo quanto sobre tal assunto nos fora transmitido pelas gerações precedentes. (ibd.).

Mas contra todas as evidências de que a comunicação não apenas é possível como ocorre cotidianamente, surgem os nossos irmãos com o argumento "demolidor" de que "Deus proibiu terminantemente a evocação dos mortos." Vejamos como se acha expressa na Bíblia essa proibição:

> Quando entrares na terra que o Senhor teu Deus te der, não aprenderás a fazer conforme as abominações daquelas nações. Entre ti não se achará quem faça passar pelo fogo o seu filho ou a sua filha, nem adivinhador, nem prognosticador, nem agoureiro, nem feiticeiro, nem encantador de encantamentos, nem quem consulte um espírito adivinhante, nem mágico, e nem quem consulte os mortos, pois todo aquele que faz tais coisas é abominação ao Senhor; e por estas abominações o Senhor teu Deus as lança fora de diante dele. (Deut. 18:9 a 14).

Vê-se que a proibição tinha por escopo evitar que os israelitas se contaminassem com as práticas supersticiosas e idólatras dos povos bárbaros que deveriam conquistar. O que também prova que aqueles povos tinham por hábito consultar seus mortos.

Os espíritos que deixam a vestimenta da carne não se tornam sábios nem santos da noite para o dia, antes conservam toda a sua bagagem de crenças e preconceitos, bem como todas as suas características morais. Assim, é fácil compreender que, nem as evocações eram feitas com finalidade elevada, nem as entidades manifestantes apresentavam condições de contribuir para o aperfeiçoamento íntimo do povo, limitando-se, evidentemente, a prescrever práticas frívolas e grosseiras, em consonância com a formação moral daqueles agrupamentos pagãos.

O mesmo ocorre ainda nos dias atuais. Quando os homens evocam os mortos levados por sentimentos inferiores, é natural que atraiam espíritos que lhes sejam afins, os quais se prestam a colaborar em seus propósitos subalternos, ou os mistificam e não raro os induzem a fazer o mal. O espiritismo nada tem de comum com essas práticas condenáveis e tenta sempre conduzir tais entidades malévolas ao caminho da regeneração; contudo, não lhes lança nenhum anátema, por saber que essas atitudes apenas refletem a pouca elevação moral dos seus profitentes e que estes modificarão o seu comportamento tão logo atinjam a adequada maturidade espiritual.

Entenda-se, portanto, que o corpo de doutrina revelado pela espiritualidade superior e codificado no século passado pelo educador lionês Allan Kardec nada tem a ver com as práticas do chamado "baixo espiritismo", sendo de notar que os nossos mentores e guias não cessam de advertir contra quaisquer tentativas de intercâmbios com o mundo espiritual que não se revistam de finalidade séria e elevada (com objetivos de instrução ou de caridade) ou sejam realizadas por experimentadores sem a necessária qualificação moral.

Muito menos tem a nossa doutrina qualquer ponto de ligação, por mínimo que seja, com adivinhadores, mágicos, quiromantes, cartomantes etc., muito embora costumem alguns usar o rótulo de "espírita" unicamente para melhor ludibriarem os incautos. Conquanto sejam em geral exploradores da credulidade alheia, admitimos que alguns desses "místicos", ou pseudomísticos (como certos "curadores" que mercantilizam seus dons) podem possuir poderes mediúnicos (pois a mediunidade não é privilégio dos espíritas), mas não se enquadram nos postulados da doutrina, uma vez que os assistidos por entidades elevadas recusam sistematicamente qualquer remuneração em troca dos benefícios prestados aos que sofrem, dando sempre de graça o que de graça receberam, consoante a recomendação do mestre (Mateus 10:8). Eis aí, portanto, uma das maneiras de identificar os legítimos seguidores da doutrina espírita.

Ao tempo de Moisés, nada mais justificável que a proibição de uma prática que só tenderia a desviar a nação israelita dos ensinamentos mosaicos, parecendo-nos apenas de lamentar que os médiuns daqueles tempos fossem perseguidos e por vezes exterminados (Lev. 20:27) por um dom de que não tinham a mínima culpa, eis que surge espontaneamente e, não raro, contrariando a vontade do percipiente.

As regras de conduta ministradas a cada povo dependem naturalmente das circunstâncias de tempo e de lugar, bem como do grau de desenvolvimento mental e moral desse povo. Aos filhos de Israel foram ministradas duas espécies de normas: umas reveladas através das "Tábuas da Lei" e consistentes nos "Dez Mandamentos", sendo aplicáveis em todos os tempos e a todos os povos; outras baixadas pelo legislador com o objetivo de manter aquele povo bárbaro dentro de certas normas de comportamento moral. Estas abrangiam todas as restantes prescrições do Êxodo, do Levítico e do Deuteronômio e se adequavam à gente daquela índole, numa época em que os costumes eram os mais primitivos, não tendo aplicação em circunstâncias diversas, ou entre povos mais evoluídos.

De resto, é ponto pacífico em Direito que "as normas jurídicas de cada povo refletem necessariamente a realidade social vigente na comunidade".

Mas se os nossos irmãos continuam fazendo absoluta questão de que sejam rigorosamente observados os preceitos mosaicos, lembraríamos que não devem fazer discriminação, porém estender a observância a **todos** os preceitos, e não somente àqueles que proíbem a evocação dos mortos. Seria o caso de seguir à risca toda a legislação de Moisés, como, por exemplo:

O ESPIRITISMO E AS IGREJAS REFORMADAS | 157

Gênesis 17:14

O incircunciso que não for circuncidado, será eliminado.

Êxodo 21:12

Quem ferir alguém que morra, certamente será morto.

Êxodo 21:17

Quem amaldiçoar pai ou mãe, será morto.

Êxodo 31:15

Quem fizer alguma coisa no sábado, morrerá.

Levit. 3:17

Gordura nem sangue, jamais comereis.

Levit. 7:27

Quem comer sangue, será morto. (Observe-se que até aos "gentios" foi prescrita a abstenção do sangue: Atos 15:20, 29; e 21:25).

Levit. 20:18

Quem se chegar a uma mulher no período, ambos serão mortos.

Levit. 24:19

Quem desfigurar o seu próximo, como ele fez assim lhe será feito.

Deut. 21:18

Um filho desobediente deve ser apedrejado até que morra.

Deut. 22:5

Mulher vestir traje de homem, ou vice-versa, é abominação ao Senhor.

Deut. 22:21

Mulher casada não achada virgem, deve ser apedrejada até morrer.

Deut. 22:22

Quem se chegar a mulher casada, ambos morrerão.

Aí estão algumas das normas baixadas pelo legislador hebreu para disciplinar o seu povo de índole rebelde. Justifica-se a severidade das penas por inexistirem prisões, e por isso, para um povo nômade, que vivia a peregrinar pelo deserto, não era possível escalonar castigos proporcionais à gravidade dos delitos. Portanto a punição habitual era a morte, pois mesmo as mutilações (Lev. 24:19) resultavam prejudiciais à atividade do povo.

Como se vê, eram todas normas temporárias, elaboradas para um dado povo, num determinado período histórico. O mesmo se pode dizer das que proibiam o recurso aos adivinhos ou a consulta aos mortos, uma vez que, através de tais práticas, um povo tão atrasado só poderia absorver as crendices e superstições dos pagãos ainda mais bárbaros com os quais teria de entrar em contato.

A proibição era, por conseguinte, justa e necessária, tanto mais que existiam – como sempre existiram em todos os tempos e entre todos os povos – os médiuns que poderíamos chamar de "oficiais", então denominados "videntes", ou "profetas" (1ª Sam. 9:9) e através dos quais os israelitas "consultavam Deus", obtendo orientação e conselho dos seus guias espirituais. Em Números 11:27/29 lemos que vieram comunicar que Eldade e Medade estavam profetizando, isto é, transmitindo comunicações de espíritos; e quando o seu assessor Josué lhe disse: "Senhor meu, proíbe-o", Moisés retrucou: "Por que te enches de zelo por mim? Oxalá todo o povo de Deus fosse profeta, que o Senhor lhes desse o seu espírito!" Por onde se vê que a proibição só atingia os médiuns inescrupulosos, que serviam de instrumento a espíritos frívolos ou enganadores.

O ESPIRITISMO E AS IGREJAS REFORMADAS | 159

Então, repetimos, se os nossos irmãos insistem na ideia de que aquela proibição era de origem divina e válida para todas as épocas, devem ser coerentes e observar todas as prescrições mosaicas, algumas das quais bem esdrúxulas para os nossos tempos, e cuja transcrição omitimos em respeito à sensibilidade dos leitores, como as de Deut. 23:13 e 25:11/12.

O fato incontestável é que em todos os tempos existiu intercâmbio entre o mundo espiritual e o mundo físico, entre a humanidade invisível e a humanidade encarnada. Basta folhear as páginas da Bíblia para constatar como eram frequentes as intervenções do plano espiritual nas atividades dos homens. Naqueles tempos dava-se a tais entidades a denominação de "anjos", supondo-se que eram seres de uma ordem superior e privilegiada, criados por Deus para funcionarem como seus colaboradores e ministros. Hoje sabemos, porque eles próprios nos vieram esclarecer, que existe unidade na criação e que Deus, sendo justo, não criaria seres já perfeitos, enquanto os espíritos dos homens são criados simples e ignorantes, necessitando de passar por um longo aprendizado para atingirem a perfeição.

Se Deus nunca teve princípio, se o Universo é a Sua morada e os milhões e milhões de mundos que povoam o espaço são obra Sua, é preciso não ter imaginação para supor que Ele só se lembrou de começar a criar quando formou a Terra, supostamente há uns 6 mil anos[3]. Por que não admitir que Ele vem criando de toda a eternidade e portanto conta hoje com incomensuráveis legiões de espíritos puros, que colaboram na Sua obra, mas que em épocas remotas já revestiram a forma hominídea como nós, já transitaram por todas as vicissitudes humanas, neste ou em outros planetas, tendo com isso atingido o "estado de angelitude" ao qual, com a graça e a misericórdia do Pai, haveremos um dia de também chegar? Vejamos

---

3 **Nota da editora**: O autor se refere à Bíblia, com base na qual Adão foi o primeiro homem, criado há cerca de 6 mil anos.

o que ensinou Jesus: "Os que forem havidos por dignos de alcançar o mundo vindouro e a ressurreição dos mortos, nem hão de casar, nem ser dados em casamento, porque já não podem mais morrer, pois são **iguais aos anjos...**" (Lucas 20:35/36). Também quando João se prostrou aos pés do anjo para o adorar, este disse: "Olha, não faças tal, porque eu sou conservo teu e de teus irmãos, os profetas, e dos que guardam as palavras deste livro; adora a Deus." (Apoc. 22: 8/9).

Como se vê, denominava-se "anjo" o que hoje chamamos "espírito" . Uma questão de palavras, apenas. Ora, para que servem as palavras? Claro que para exprimir as ideias. Então, por que tanta gente se embaraça nas palavras, a ponto de confundir o sentido que elas encerram? Disse-nos certa vez um amigo evangélico, ao lhe falarmos em "prece": "Prece é espírita, para o crente é "oração"." Sem dúvida, como para o católico é "reza"... Não exprimem todas uma ideia só? Ou por acaso pensam que a "oração" é mais eficaz do que a "prece"?

Até aqui falamos dos espíritos puros, superiores aos homens em sabedoria e virtude, ao menos assim parecem os mais frequentemente mencionados nas Escrituras, embora seja lícito supor que, tratando-se de antigos seres humanos desvencilhados da veste carnal, há de haver muitos, talvez por sua evolução mais recente, em que a superioridade não seja assim tão grande.

Mas... e os espíritos inferiores, ou sejam, aqueles que ainda não se desembaraçaram de seus instintos materiais e de suas aviltantes paixões, muitos deles de certa forma endurecidos no mal e refratários a qualquer incentivo que os conduza ao caminho da redenção? Estes são os que na Escritura se denominam "demônios", de resto escassamente mencionados no Antigo Testamento, mas frequentemente citados no Novo como atormentadores dos homens, muitos deles obrigados a deixar suas vítimas por ordem do Senhor Jesus ou de seus discípulos.

Nos rolos de Qurãn, além do Espírito Santo existem referências a espíritos da verdade e da malícia, espíritos da luz e das trevas. – (K. H. Schelkle, em *Teologia do Novo Testamento*, ed. Loyola 1978).

Em várias passagens bíblicas a palavra "espírito" tanto se refere aos bons, ou "anjos" (Atos 23:9, Hebr. 1:14 etc.), como aos maus, ou "demônios" (Lucas 9:39, 10:20; Atos 16:16 e 18; 1ª Tim. 4:1). Porém há várias outras passagens em que a palavra não tem a conotação de "anjo" nem de "demônio", mas de simples espíritos de mortos, popularmente denominados "fantasmas". Exemplos: "Então um espírito passou diante de mim e me fez arrepiar os cabelos da cabeça" (Jó 4:15). Vendo Jesus andar à noite por sobre o mar, os discípulos se assustaram, julgando ver um fantasma (Mat. 14:26, Marcos 6:49). Quando o Cristo ressurreto apareceu aos apóstolos, estes pensaram ver um "espírito", mas o Senhor lhes disse: "Apalpai-me e vede, pois um espírito não tem carne e nem ossos, como vedes que eu tenho" (Lucas 24:37 a 39). Veja-se também a distinção feita em Atos 23:8. Que "espíritos" eram esses? Evidentemente, nem "anjos" nem "demônios", apenas almas dos chamados "mortos", ou até mesmo de "vivos", como pensaram ser a de Pedro, ao bater na porta da casa onde estavam reunidos. Note-se que aqui a palavra "anjo" é que tem a conotação de "espírito". "É o seu anjo" (Atos 12:15).

Os protestantes entendem os "anjos" como seres privilegiados, de uma categoria especial, e os "demônios" como anjos decaídos, seres votados perpetuamente ao mal. Enquanto nós, espíritas, temos sobejas razões para acreditar que os chamados "demônios" nada mais são que os espíritos dos homens que se retiraram do plano físico presa da turbulência de suas paixões e – por serem pouco evoluídos e não terem ainda a consciência despertada para o amor – se conservam de certa forma esclerosados no mal, operando em conluio com outras entidades afins, no sentido de corromper os homens sobre os quais possam exercer influência, seja para se vingarem de antigas ofensas, seja para impedir-lhes ou dificultar-lhes o progresso moral.

Mas não são seres voltados perpetuamente ao mal. Antes, são vítimas da sua própria ignorância ou das imperfeições inerentes ao seu estágio evolutivo; seres que pelo mau uso do seu livre-arbítrio abraçaram o caminho largo dos deleites materiais, deixaram-se dominar pelo egoísmo, pelo orgulho, pela concupiscência, e por isso mesmo terão de sofrer as consequências do seu atraso. Mas também são filhos de Deus e um dia lhes chegará um raio de luz à consciência e compreenderão que não lhes está fechada a porta do arrependimento e da redenção. Com o arrependimento, lhes advirá a oportunidade de repararem as ofensas cometidas contra aqueles a quem prejudicaram e assim começarão a resgatar suas dívidas e a obter auxílio cada vez maior dos espíritos superiores. Ninguém ficará permanentemente ao desabrigo da misericórdia divina, do contrário por que diria Jesus que "há mais alegria no céu por um pecador que se arrepende, do que por 99 justos que não precisam de arrependimento"? (Lucas 15:7). Por que narraria ele a belíssima parábola do Filho Pródigo? (Luc. 15:11/32). Por que ensinaria a perdoar indefinidamente, se Deus não perdoasse aos espíritos que erraram? Por mais baixo que uma criatura caia, ela chegará um dia à comunhão com Deus, que, acima de tudo, é Pai.

A figura de Satanás evidentemente não passa de uma alegoria. Uma vez que os homens primitivos não tinham condições de assimilar conceitos abstratos, estes lhes eram apresentados como entidades físicas. A palavra quer dizer "adversário", e foi com este sentido que Jesus chamou Pedro de Satanás (Mat. 16:23) e disse que um dos doze era o diabo (João 6:70). No Antigo Testamento essa figura aparece raríssimas vezes, cremos que apenas três: Em 1ª Crôn. 21:1 lemos que incitou Davi a recensear o povo, o que custou a vida de 70 mil israelitas. (O curioso é que a mesma história aparece em 2ª Sam. 24:1, mas aí quem incitou Davi foi Deus mesmo...). Em Jó

O ESPIRITISMO E AS IGREJAS REFORMADAS | 163

1:6 lemos que Satanás estava entre os filhos de Deus que vieram apresentar-se a este. E em Zacarias 3:1 lemos que "o Sumo Sacerdote Josué estava diante do Anjo do Senhor e que Satanás estava à direita dele, para se lhe opor."

A história da tentação de Jesus ou é só um símbolo, ou não passa de interpolação. Como disse Léon Denis: "Se Jesus era Deus, poderia Satanás ignorá-Lo? E como teria a pretensão de exercer influência sobre ele?" Hoje fazem do diabo um ser mais poderoso do que Deus, pois este vai criando as almas, e o capeta se apoderando à sorrelfa da maioria delas... Não admira que até os nossos irmãos o coloquem como "ministro de Deus"! Duvidam? Pois é o que consta das "Instituições de Calvino (Calvini Opera II, 31-ss, ed. 1559): "... para cumprir seus juízos (Deus) dirige seus conselhos e excita suas vontades na direção que Ele decidiu, **através da agência de Satanás, o ministro da Sua ira"** (H. Bettenson, em *Documentos da Igreja Cristã*). (grifo nosso).

A lenda dos anjos que se rebelaram (2ª Pedro 2:4) também vale apenas como um símbolo, pois não há lógica na suposição de que espíritos já chegados a ponto máximo da perfeição (ou criados já perfeitos, segundo os nossos irmãos, o que seria ainda pior), pudessem alimentar sentimentos de orgulho ou revolta, pois se tal ocorresse, é evidente que não seriam perfeitos.

Tudo, porém, encontra explicação nos quadros da infinita justiça do Pai Celestial. Hoje sabemos que os planetas passam por diferentes estágios de evolução, acompanhando o nível de progresso alcançado pelos seus habitantes. Mas é claro que nem todos os espíritos evoluem uniformemente e assim cada orbe chega a um ponto em que os espíritos recalcitrantes terão de ser expurgados para mundos inferiores, onde irão renascer não apenas como punição pela negligência no dever de elevação moral, mas igualmente com a missão de contribuírem para o progresso daqueles novos mundos, através das "ideias inatas" de que serão portadores.

Basta compulsar a Gênesis para comprovar que a raça adâmica foi uma dessas desterradas de um mundo superior. As ideias inatas da "expulsão do paraíso", do castigo de "comer o pão com o suor do próprio rosto", a evidência de outras raças pré-adâmicas já existentes na Terra (Gen. 4:17 e 6:2) e a indubitável comprovação, pelas conquistas científicas modernas, de que o homem já existia na Terra muito antes da época assinalada pela cronologia bíblica tudo isso se encaixa como uma luva à tese de que a lenda dos "anjos decaídos" nada mais é que um símbolo dessas transmigrações de espíritos, as quais, de resto, não são tão raras quanto se poderia supor.

Tudo nos leva a deduzir que o nosso planeta poderia achar-se em via de sofrer uma dessas transmigrações. O homem terráqueo se desenvolveu intelectualmente, ou seja, cresceu em conhecimento a ponto de dominar a tecnologia nuclear, mas com que finalidade está utilizando esse extraordinário avanço científico? Principalmente para alimentar a escalada da violência, em tal medida que as nações que lideram o mundo acumularam arsenais atômicos capazes de destruir, não somente uma, mas dezenas de vezes, tudo o que a civilização construiu em milênios.

Então, em nossa caminhada pelo espaço (é sabido que o Sistema Solar inteiro segue uma determinada trajetória própria através do éter), estaríamos a aproximar-nos de um globo onde as condições de vida são ainda assaz rudimentares e para o qual todos os habitantes da Terra (encarnados e desencarnados) cuja evolução moral não tenha progredido paralelamente à sua evolução intelectual, terão de ser desterrados, ali reencarnando em condições as mais primitivas, com o duplo objetivo a que nos referimos acima.

Essa transformação não se faria instantaneamente, porém de maneira lenta e progressiva, como tudo o que ocorre em escala cósmica. Daí a esperança nas profecias que prenunciam um Terceiro Milênio de paz e fraternidade na Terra, pois aqui só permaneceriam os espíritos que, por suas virtudes, merecessem usufruir as con-

O ESPIRITISMO E AS IGREJAS REFORMADAS | 165

quistas alcançadas pela civilização. Parece um sonho, ou fantasia? Tanta coisa existe neste mundo que para os espíritos simplórios se configura irreal... Portanto, "quem tem ouvidos para ouvir, ouça!".

Mas, voltando à questão da comunicabilidade entre os dois mundos, haverá quem duvide atualmente de tal possibilidade? Um materialista, talvez. Mas um espiritualista, principalmente se estiver familiarizado com a Escritura Sagrada... Acreditamos que em sã consciência ninguém põe mais em dúvida hoje em dia a autenticidade dos fenômenos. O que os nossos irmãos talvez contestem, mas já sem tanta segurança como antigamente, é a explicação da sua origem como resultado da manifestação de espíritos desencarnados. Uma vez que só admitem a situação do espírito, após a morte do corpo, ou na bem-aventurança do céu, ou em tormentos no inferno, é claro que só lhes resta mesmo a saída de atribuírem todas essas manifestações ao trabalho de espíritos malévolos (demônios), com o objetivo de induzirem os homens em erro, para levá-los à perdição eterna.

Mas observem a incoerência: A Bíblia está cheia de exemplos da intervenção dos bons espíritos (anjos) na vida cotidiana dos homens. Essa intervenção é constante e evidente. Quase não se abre o Velho Testamento em uma página sequer, sem encontrar menção a uma atividade angelical no meio dos homens. No Novo Testamento a frequência é ainda maior, bastando dizer que encontramos para mais de 150 referências a tais seres, mais de 70 delas só no Apocalipse. Eles chegam a se identificar como homens iguais a nós. (Apoc. 22:9).

Mas, argumentam: Isso antigamente era possível; agora já não é mais; atualmente só se manifestam os espíritos maus, todos os que se manifestam são demônios. E então perguntamos: Por quê? Por que os bons espíritos não podem mais aparecer entre nós? O nosso Deus será tão injusto a ponto de só permitir a atuação dos maus, para tentar os homens, e não permitir a dos bons, para fortalecê-los na fé?

Se os mensageiros do mundo espiritual viviam em constante

contato com os homens, o que se pode constatar em todas as páginas da Bíblia, qual a razão de haver cessado esse intercâmbio depois dos tempos apostólicos? Onde se diz que foi trancado o ministério dos Anjos? E por que todas as manifestações espirituais dos nossos dias têm de ser atribuídas à "operação do mal para que creiam na mentira", como gostam de citar nossos irmãos? (2ª Tess. 2:11). Se o Cristo mesmo afirmou: "Pelos frutos os conhecereis" (Mat. 7:16), por que receiam examinar de frente os frutos do espiritismo?

Todas as manifestações do plano espiritual, desde as mais rudimentares do século passado até as sofisticadas dos tempos modernos, jamais tiveram outro objetivo que o de provar a sobrevivência e a imortalidade da alma, ou seja, de combater o materialismo e a indiferença pelas coisas espirituais. Examinem a abundante literatura espírita existente em quase todas as livrarias, estudem os fundamentos da doutrina, para então poderem julgar com imparcialidade. Examinem, mesmo duvidando, pois o grande filósofo Descartes traçou a regra da verdadeira sabedoria: "Nem recusar "in limine", nem acolher infantilmente". Ele elevou a dúvida às alturas do mais fino instrumento da verdade: "Duvidar, não para desprezar, mas para examinar, observar e experimentar, é obrigação do homem de ciência e do homem de bomsenso" (cit. por Bezerra de Menezes, em *Estudos filosóficos*, 2ª ed. Edicel, pg. 12).

Com relação à finalidade das manifestações, vejamos como se expressou o eminente escritor Sir Arthur Conan Doyle:

> O Governador Talmadge, ilustre Senador dos Estados Unidos, fez a pergunta: "Qual o objetivo dos fenômenos?", em dois anos diferentes e a dois médiuns diversos. As respostas foram idênticas. Uma: "É para conduzir a Humanidade em harmonia e para convencer os céticos da imortalidade da alma". A outra: "É para unir a Humanidade e convencer as mentes céticas da imortalidade da alma." (*História do espiritismo*, ed. Pensamento).

Todos os médiuns, em todos os tempos e através de todos os países, têm dado a mesma resposta. Milhões de homens têm sido arrancados do vício pelos ensinamentos espíritas. Milhões têm vencido o egoísmo e se dedicado à prática do amor e da fraternidade, seguindo os preceitos da moral cristã ensinada por Jesus e pregada pelo espiritismo. E o que fazem as igrejas ditas "cristãs" quando, através de farta documentação, lhes trazemos as provas da comunicabilidade entre os dois mundos, e com elas a evidência científica da sobrevivência e da imortalidade, justamente o que essas igrejas vêm pregando, há tantos séculos, como artigos de fé, com base em dogmas? Recusam sequer examinar os fatos, em tudo enxergando a "operação do erro", ou... "maquinações de satanás..."

Ora, já é tempo de olhar as coisas com um pouco mais de racionalidade. Se tudo o que o espiritismo vem realizando há mais de um século é obra de inspiração satânica, então já é tempo de aposentar o pobre do capeta, por ser indubitável que ele vem trabalhando contra o seu próprio interesse, como já o disse Jesus há quase dois mil anos: "Se Satanás está dividido contra si mesmo, como subsistirá o seu reino?" (Lucas 11:18). Não foi sem razão que o mestre advertiu: "Pelos frutos os conhecereis" (Mat. 7:16) e bem sabia o que dizia, pois ele mesmo era frequentemente acusado de expulsar os espíritos por intervenção do demônio. Tanto que deixou uma eloquente lição aos discípulos – não só aos de então, como aos de todos os tempos: – "Se chamaram de Belzebu ao dono da casa, quanto mais aos seus familiares?" (Mateus 10:25).

A Igreja Católica, nesse ponto, parece mais razoável, uma vez que admite a intervenção dos Santos e a eles recorre em suas orações. Com fundadas razões, aliás, visto como os chamados pais da igreja admitiam a comunicação. Vejamos o que afirmou Santo Agostinho, em seu *De cura pro mortuis*:

Os espíritos dos mortos podem ser mandados aos vivos, aos quais podem desvendar o futuro que ficaram conhecendo por outros espíritos, ou pelos anjos, ou pela revelação divina. (cit. por Conan Doyle, em *História do espiritismo*, edit. Pensamento).

Mas, para os protestantes, não há apelação: "Os mortos só podem estar no céu ou no inferno, inexistindo para eles qualquer possibilidade de comunicação com os vivos. Logo, os que se comunicam só podem ser "espíritos das trevas"... E os fatos vão desmontando as crendices, e a ciência roborando os fatos, e os nossos irmãos amarrados a seus preconceitos, sem ver que os tempos mudam com o progresso e que as trevas da ignorância terminarão por se dissipar ante o brilho ofuscante das novas verdades que a inteligência humana, sob a inspiração de Deus, vai aos poucos desvendando ...

Aqui expusemos as principais razões que nos ocorreram para provar a possibilidade da comunicação entre os dois planos de vida. Se falhamos na tentativa de convencer os leitores, terá sido por deficiência da nossa argumentação, pois os fatos estão aí e são por demais eloquentes. "Fatos são fatos, e não há nada mais obstinado do que os fatos", dizia o célebre naturalista inglês Sir Russel Wallace.

Quem fizer questão de obter uma prova pessoal, não hesite em procurar os centros kardecistas, que existem às dezenas em todas as cidades, e onde cotidianamente são recebidas mensagens de alto conteúdo moral e espiritual. Alguns desses centros têm merecido a assistência de eficientes equipes médicas do Espaço, as quais efetuam a cura de inúmeros enfermos e até, vez por outra, realizam com absoluto sucesso delicadas intervenções cirúrgicas, como tão bem e com tantas minúcias descreve o nosso irmão Aureliano Alves Netto em seu pequeno grande livro *Extraordinárias curas espirituais* (Editora ECO, 1978).

O médium mineiro Francisco Cândido Xavier, popularmente conhecido como Chico Xavier, é uma prova viva da comunicabilidade entre os dois mundos. Modesto funcionário público aposentado, há mais de 50 anos ele recebe mensagens do Plano Espiritual, a maioria das quais são transformadas em livros. Iniciou o seu apostolado aos 22 anos de idade, um moço paupérrimo, de instrução rudimentar. O seu primeiro trabalho mediúnico, *Parnaso de além-túmulo*, contava em sua 10ª edição com 259 poesias de 56 autores desencarnados. Ele até agora já psicografou mais de 200 livros, em prosa e verso. Com a saúde debilitada e a visão quase extinta, segue nessa faina há mais de meio século, sem jamais ter recebido um centavo pelo seu trabalho, pois toda a renda é revertida em favor de instituições de beneficência. E ainda fica até alta madrugada psicografando mensagens pessoais para centenas de sofredores que, de todo o Brasil e até do Exterior, o procuram diariamente em busca de lenitivo.[4]

Leiam as suas obras e nelas encontrarão conceitos de grande elevação, tanto no campo científico, como no filosófico ou no religioso, predominando as mensagens da mais pura moral evangélica. Leiam alguns dos seus livros e depois digam se está ou não provada a possibilidade de comunicação.

As comunicações do mundo invisível já se disseminaram a tal ponto que modernamente se realizam até pela fixação direta da voz dos espíritos em gravadores de som. Ao que parece, essa fase teve início em 1959, quando o pintor estoniano de nome Friedrich Jurgenson colocou o seu gravador no quintal, com o objetivo de apanhar o canto de alguns pássaros. Ao tentar a reprodução, ficou surpreendido ao perceber, além dos esperados cantos, diversas vozes estranhas, algumas razoavelmente inteligíveis. Com a curiosidade aguçada, prosseguiu nas experiências e obteve centenas de resultados positivos, como relata no seu livro *Telefone para o Além*, de grande aceitação em vários países, inclusive no Brasil.

Jurgenson conseguiu interessar no assunto muitos pesquisado-

---

4 NE. A 1ª edição desse livro saiu em 1983.O médium Chico Xavier nasceu em 02/04/1910 e desencarnou em 30/06/2002.

res, destacando-se o psicólogo sueco Dr. Konstantin Raudive, o qual se dedicou com entusiasmo à investigação do fenômeno e terminou por apresentar, no 3º Congresso Internacional de Psicologia, em Puchberg, um relatório completo de suas pesquisas, com milhares de gravações dessas "vozes fantasmas". O fato entrou para o domínio da parapsicologia, comprovando-se que o fenômeno é real e se classifica como "paranormal" (enquadrável na categoria "psi-kapa") e que às vezes são de entidades extrafísicas, algumas identificáveis.

Até pintores e compositores célebres do passado – com a permissão do Pai Celestial e cumprindo certamente os desígnios da espiritualidade maior, – têm feito sentir sua presença entre nós para, com o toque inconfundível da sua arte, trazer-nos simultaneamente a prova da sua identidade, da sobrevivência da alma e da possibilidade de comunicação.

Leiam o desconcertante livro *Renoir, é você?*, em edição bilíngue da Federação Espírita do Estado de São Paulo, com reproduções de telas de artistas famosos como Renoir, Toulouse-Lautrec, Picasso, Rafael, Delacroix, Portinari, Guauguin, Van Gogh, Monet, Matisse, Rembrandt, Botticelli etc., obtidos através da mediunidade do jovem paulistano Luiz Antônio Gaspareto, que tem realizado centenas de demonstrações públicas, pintando com rapidez impressionante e utilizando técnicas das mais variadas. Em 1978 ele compareceu a um programa de 35 minutos na famosa *BBC* de Londres, programa esse assistido por cerca de 9 milhões de telespectadores e ulteriormente reprisado, tal a repercussão que alcançara. Também compareceu a um programa da *NBC* dos Estados Unidos, com não menor sucesso.

Ouçam a música psicofônica da conhecida médium inglesa Rosemary Brown, que também já se apresentou na *BBC* e tem vários "LPs" gravados, sendo uma dos inúmeros sensitivos que têm servido de instrumento para mensagens musicais de mestres como Bach, Bethoven, Chopin, Debussy etc. Os entendidos em música não tre-

O ESPIRITISMO E AS IGREJAS REFORMADAS | 171

pidam em apontar as nuances do estilo individual de cada compositor, muitos deles se confessando perplexos.

Inúmeros outros fatos, testemunhados por pessoas assaz conhecidas, evidenciam a persistência dos "mortos" junto àqueles que amam, comprovando a tese da sobrevivência e a implícita possibilidade de comunicação.

Caso de grande repercussão foi o do Rev. Dr. James A. Pike, Bispo da Igreja Episcopal norte-americana. Ele estava na Inglaterra quando soube da morte trágica do seu filho único Jim, em 1956. Logo passou a ser assediado por uma série de fenômenos de efeitos físicos (roupas arremessadas de armários, livros e móveis que se deslocavam sem interferência humana etc.). Procurando investigar a origem dos fenômenos, e a conselho do seu colega Dr. Mervyn Stockwood, recorreu à famosa médium inglesa Ena Twigg, através da qual enteteve inúmeras conversações com o seu filho, obtendo provas irrefutáveis da sobrevivência. De volta aos Estados Unidos, restabeleceu os contatos através de outros médiuns, um dos quais, o afamado Arthur Ford, chegou a transmitir mensagens de JIM em pleno programa de televisão, o que provocou grande celeuma e o protesto da Igreja Episcopal, da qual o Rev. Pike resolveu se afastar.

Pike reuniu o material de todas as sessões num livro, a que deu o nome de *The other side* (*O outro lado*), o qual se, tornou "best seller" e foi, seguramente, o livro mais polêmico do ano. Àquela altura, suas experiências se haviam tornado assunto internacional, tendo a revista *Look* e o jornal *Time sunday* publicado seu livro em capítulos seriados.

E, para concluir, dois testemunhos absolutamente insuspeitos: Um é do Rev. Billy Graham, que em entrevista ao jornalista Lee Harrison, publicada no *National Enquirer* de 7-9-76, após descrever maravilhoso fenômeno psíquico que pessoalmente observou ao ensejo do falecimento da sua avó materna, alude, com entusiasmo, às pesquisas que, no mundo inteiro, estão comprovando a presença de entes já falecidos junto ao leito de moribundos, por essa forma assegurando a certeza da sobrevivência e, portanto, a implícita evidência da comunicabilidade entre os dois planos de vida.

O outro é do Rev. Norman Vincent Peale, que, em sua já famosa obra *O valor do pensamento positivo* (Editora Cultrix, 1969), externa o seu pensamento com estas eloquentes frases:

> Achamo-nos cercados por fenômenos – até mesmo fenômenos físicos – que não podemos explicar facilmente. E estranhos acontecimentos fazem-nos adivinhar a existência dum mundo fantástico, espiritual, onde, sem dúvida, estaremos mais próximos das legítimas realidades em nosso Universo, e que também desafiam uma explicação. Qual é, por exemplo, a relação que há entre os que já estão do outro lado e nossa vida? Será que se chegam a nós, de vez em quando, de maneira estranha e maravilhosa, com o fito de ajudar-nos?

Em outro livro (*O poder do pensamento positivo*, Editora Cultrix, 1976), o mesmo autor afirma:

> ... todos os fatos indicam que os nossos entes amados continuam a existir e não se acham muito distantes e, mais ainda, o que não deixa de ser real, haveremos de nos reunir a eles. Entrementes, continuamos em comunhão com aqueles que vivem no mundo dos espíritos.
>
> Onde estão eles? Qual a sua condição? Que espécie de corpo têm? São questões difíceis de responder. A ideia de uma dimensão diferente é, provavelmente, a mais admissível, ou talvez seja mais exato crer que eles vivem em um sussurro de frequência diferente. É impossível ver alguma coisa através das lâminas de um ventilador parado; em alta velocidade, porém, elas parecem ser transparentes. Na frequência ou no estado mais elevado em que os nossos queridos vivem, as qualidades impenetráveis do Universo poderão, talvez, vir a ser reveladas aos moribundos.

O Novo Testamento ensina que a vida é indestrutível e descreve Jesus, após a crucificação, numa série de aparições, desaparições e novas manifestações. Como se ele quisesse dizer que, se **não o vemos**, não significa que não esteja presente. Longe dos olhos não quer dizer longe da vida. (...) Em outras palavras, nossos entes queridos também se acham ao nosso lado e ocasionalmente nos procuram confortar.

Pessoalmente, não ponho dúvida alguma nessas questões profundas e misteriosas. Acredito firmemente na continuação da vida depois daquilo que chamamos morte. Creio que há dois lados para esse fenômeno conhecido como sendo a morte – este lado onde agora vivemos, e o outro lado, onde continuaremos a viver. A eternidade não começa com a morte. Estamos agora na eternidade. Somos cidadãos da eternidade. Apenas mudamos a forma dessa experiência chamada vida, e essa mudança – estou persuadido – é para melhor.

Não há dúvida de que o Rev. Peale escreve seus livros sob inspiração da espiritualidade superior, e a prova disso é que os arremata com tão belas mensagens, que parecem precipuamente destinadas a enternecer os corações, a fim de que se abram às maravilhosas realidades da vida no plano espiritual.

EVOLUÇÃO

De muito longe venho, em surtos milenários,
vivi na luz dos sóis, vaguei por mil esferas
e, preso ao turbilhão de motos planetários,
fui lodo e fui cristal no albor de priscas eras...

Mil formas animei nos mundos multifários,
fui planta no verdor de frescas primaveras,
e, após sombrio estágio entre os protozoários,
galguei novos degraus, fui fera dentre as feras.

Depois que em mim brilhou o facho da razão,
fui íncola feroz de tribos primitivas,
e como tal vivi por vidas sucessivas.

E sempre na espiral da eterna evolução,
um dia alcançarei, em planos bem diversos,
a glória de ser luz, na luz dos universos!

(Rubem C. Romanelli, em
O Primado do espírito)

VIII

A REENCARNAÇÃO

1 – A reencarnação e a lógica

NÓS, ESPIRITUALISTAS, SABEMOS, por ser uma dedução racional assaz confirmada pelos ensinamentos recebidos, que o estado, por assim dizer, "normal" do ser humano, por Deus criado à sua imagem e semelhança, é o estado espiritual. Normal e também definitivo, porque o período de tempo passado na indumentária física, quer seja em uma, quer em várias existências, não tem qualquer significação em face do tempo que ele permanecerá como espírito. Assim, diante da eternidade, a experiência no plano físico se reduz a um instante fugaz.

Pergunta-se então: Por que o Criador Supremo achou necessário submeter os seres criados a essa experiência nos grilhões da carne? A boa lógica nos diz ser essa uma experiência necessária ao aprimoramento das qualidades do ser. Criadas simples e ignorantes, mas perfectíveis, as almas devem passar por todas as provas que de alguma sorte contribuam para fazê-las progredir no caminho da perfeição.

Se Deus quer que os espíritos por Ele formados sejam, ou venham a ser, seus colaboradores na administração dos milhões de mundos que saíram e continuam saindo do seu Pensamento Criador, parece-nos racional supor que o estágio no plano físico seja indispensável ao aprimoramento desses atuais e futuros auxiliares. E falamos em "atuais" porque Deus, não tendo tido princípio, logicamente vem criando de toda a eternidade, e assim os espíritos formados no que poderíamos chamar "princípio dos tempos" já devem ter alcançado o estágio da máxima perfeição (Hebreus 12:23), ou seja, o estado angelical, funcionando como ativos colaboradores na obra do Pai.

Já os criados mais recentemente encontram-se em diferentes estágios de aprendizado, conforme o grau de evolução que tenham atingido, precisando passar, inclusive no plano físico, por inúmeras provas e experiências que concorrerão para o progressivo aprimoramento de suas qualidades intelectuais e morais.

Pergunta-se agora: Se a encarnação é necessária para o progresso do espírito, como e em que condições se verifica esse progresso? Respondemos: Pelo estudo, pela aquisição paulatina de novos conhecimentos, pela aplicação da inteligência à solução de problemas que surgem a cada passo, o ser vai desenvolvendo os seus dotes intelectuais, até atingir a plenitude da sabedoria. Pela superação das dificuldades que cotidianamente se apresentam, sobretudo pelo sofrimento que as contingências da vida comumente acarretam, o ser humano vai aos poucos burilando o seu caráter, transformando os instintos em sentimentos e *ipso facto* crescendo em moralidade e virtude. E finalmente, é através do relacionamento com os outros seres humanos, no entrechoque dos interesses e das paixões e sob o guante das normas éticas e jurídicas estabelecidas, que o homem aprende a dominar seus impulsos, a reprimir seu egoísmo, a crescer em fraternidade, a se expandir em amor.

Um anacoreta que vivesse completamente afastado do convívio social não teria como aprimorar os seus dotes morais. Viveria sem meios de praticar o mal, mas tampouco teria condições de exercitar o bem. É na vida em sociedade que o homem depura os seus sentimentos e é também onde pode revelar o seu verdadeiro caráter. Por isso disse Kardec que "a vida social é a pedra de toque das boas ou más qualidades" (*O Céu e o Inferno*, 2ª ed. Lake, pg. 33).

E aqui chegamos ao ponto em que uma pergunta de grande importância se impõe: É suficiente uma existência na Terra para o ser humano atingir a plenitude em sabedoria e virtude? Um simples raciocínio nos responderá que não. Mesmo os mais privilegiados dos homens podem ser considerados sábios, pelos padrões celestes? Mesmo os mais virtuosos, podem ser considerados santos?

Então, por que não admitir que uma só existência não basta para alguém atingir o ápice da perfeição? A nossa própria consciência nos adverte de que ainda nos achamos nos primórdios da nossa evolução, tanto que os mais sábios da Terra são os primeiros a reconhecer a própria ignorância, e os mais santos e virtuosos a proclamar sua própria imperfeição.

E aqui temos de analisar as várias alternativas que se nos deparam: A primeira é que no céu, ou em regiões do espaço infinito, onde quer que a existência continue, os sábios continuarão sábios e os ignorantes continuarão ignorantes, e nesse caso as desigualdades terrenas persistirão para sempre, não havendo felicidade uniforme, mesmo entre os espíritos considerados eleitos. Note-se que não é somente a virtude que traz felicidade, o conhecimento amplia os horizontes da mente. E não haverá justiça, pois na maioria dos casos os ignorantes permanecerão assim porque não dispuseram de meios para se educar.

Outra alternativa: Como num passe de mágica, os espíritos ficarão todos sábios depois da morte. Seria talvez mais justo, mas tornaria inútil todo o aprendizado feito, não raro a duras penas, durante a vida corpórea. Ademais, seria uma solução ilógica, considerando-se que a Sabedoria Divina nada faz sem objetivo e proveito.

Como resolver de modo aceitável pela razão tão inquietante problema? Inquietante porque, afinal de contas, concerne a cada um de nós. Se somos espiritualistas e temos plena convicção de que a nossa individualidade não se extingue com a morte, então é natural que procuremos desvendar um pouco como serão as condições que nos aguardam do outro lado da vida.

Portanto queremos encarecer a bondosa atenção de nossos leitores para os argumentos que fundamentam a nossa convicção de que o espírito não tem somente uma existência no plano físico, antes recebe várias oportunidades, tantas quantas sejam necessárias ao seu desenvolvimento intelectual e moral. São tantos e tão lógicos os argumentos em apoio desta tese, que nem sabemos por onde começar.

Pressupondo que o Pai Celestial cria os espíritos para uma só existência, como se explicaria tamanha disparidade nos destinos dos homens? Bastaria a diversidade na distribuição dos dotes intelectuais para nos deixar intrigados. Por que alguns são tão brilhantes e outros tão retardados que chegam quase às fronteiras da imbecilidade, quando não nascem logo imbecis? Por que para uns todos os caminhos são fáceis e todas as portas se abrem, enquanto outros só se deparam com dificuldades, e não raro chegam ao fim da existência sem terem conseguido um lugar ao sol? Por que uns são virtuosos desde o berço e outros já nascem degenerados? Por que uns só praticam o bem e são sempre vítimas do infortúnio, enquanto outros são empedernidos no mal e tudo na vida lhes parece sorrir? Por que uns nascem belos e sadios e outros já vêm à luz cegos, surdos ou aleijados? Por que sofrem as criancinhas, que crime cometeram para tão cruelmente padecerem? Por que uns vivem na opulência, enquanto milhares de inocentes morrem de fome todos os dias, sem nada terem feito para merecer tão doloroso destino? Não é o mesmo Deus quem cria todas as almas? Não é Ele infinitamente justo e infinitamente bom? E como permite tamanha iniquidade? Há alguma explicação, para tudo isso?

Alguma religião sabe explicar, ou ficam todas repetindo como o evangelista Billy Graham em um dos seus artigos no tabloide *Decision* – (Agosto 1981): "São mistérios de Deus, que não nos é dado compreender"?

Ou tudo isso é obra do acaso, ou da Providência. E como nós, espiritualistas, não podemos admitir a hipótese do acaso, porque através das próprias leis naturais vemos a manifestação de um Poder Inteligente a velar pela harmonia do Universo, temos de concluir que tudo isso ocorre por determinação de uma Vontade Superior que rege os mundos.

Então a simples lógica nos leva ao seguinte raciocínio: Se não há efeito sem causa, e se a causa é sempre anterior ao efeito, só é possível chegar a uma conclusão, e duvidamos que alguém nos apresente outra melhor: A causa de tais anomalias só pode se achar situada **antes do nascimento,** portanto numa existência anterior. É claro que não há outra saída, do contrário teríamos de encarar o Supremo Criador, não como aquele Deus amoroso de que falava Jesus, e sim como um ente cruel e sádico, que se compraz em atormentar Suas próprias criaturas.

A explicação espírita que daremos a seguir nos parece tão lógica, tão simples, tão racional, tão evidente, que até se configura espantoso que, já quase ao dealbar do século XXI, os homens permaneçam apegados aos seus velhos preconceitos e continuem fechando os olhos para não ver e tapando os ouvidos para não ouvir, como se lhes houvessem "grudado os olhos para que não vejam" (Isaías 44:18). E há tanto tempo disse o Cristo: "Quem tem ouvidos de ouvir, ouça" (Mat. 11:15). E eles presos às velhas concepções, com receio de encarar de frente a verdade, da qual o mesmo Cristo falou: "Conhecereis a verdade e a verdade vos libertará" (João 8:32).

Pois aqui está a verdade, amados irmãos, e ela para nós não é objeto apenas de crença, mas também de certeza! Sabemos porque não só a Escritura veladamente a ensina, como a história a refere, a lógica a evidencia, os mentores espirituais a confirmam e a própria Ciência já começa a ratificar todos os seus postulados.

Assim, podemos estabelecer com absoluta segurança que o espírito encarna no plano físico para se aprimorar e aí volta tantas vezes quantas necessárias para atingir determinado grau de aperfeiçoamento, compatível com o estágio evolutivo do nosso planeta, partindo em seguida para mundos mais adiantados, sempre avançando em conhecimento e virtude, até atingir a condição de espírito puro, integrado à comunhão do Pai Celestial. A esse respeito, lembramos que um amigo nos observou em tom jocoso: "Quão fatigante deve ser essa jornada interminável através dos astros e dos milênios!..." O que evidencia como falta a tantas pessoas a noção do que seja a Eternidade!

A situação dos vários mundos em que devem estagiar os espíritos em sua jornada para o infinito equipara-se à dos Colégios em relação aos alunos que os frequentam. A criancinha começa no "Jardim da Infância", os espíritos de evolução incipiente iniciam sua caminhada, em geral (mas não necessariamente) em orbes primitivos. O estudante vai tendo acesso às classes mais adiantadas quando aprovado no exame final de cada ano letivo; se não conseguir aprovação, terá que repetir o ano. O espírito em seu aprendizado passa por um "julgamento" depois de cada existência no plano físico; se aprovado, recebe novos deveres e mais gratificantes encargos e, ao concluir o ciclo do planeta, tem merecido acesso a orbes mais evoluídos. Se, por negligência ou preguiça, não logra aprovação, terá que refazer a experiência, quiçá com maiores dificuldades, até que chegue à conclusão de que deverá encarar seus deveres com seriedade. E assim vai evoluindo, de prova em prova, não raro caindo mas se reerguendo, sempre com o seu livre-arbítrio respeitado, mas contando também, quantas vezes pedir, com o auxílio e apoio dos seus companheiros mais evoluídos e sem jamais retroceder em sua caminhada.

As desigualdades chocantes que se observam na sorte dos homens não resultam de arbítrio do Onipotente, mas de condições criadas pelos próprios homens, nesta ou em existências precedentes. Se são ditosos, é que desempenharam bem suas tarefas e seguem progredindo. Se sofrem, é que fizeram sofrer os seus irmãos. "A cada um segundo as suas obras", disse o mestre (Mateus 16:27). Se nascem cegos, ou surdos, é que empregaram olhos ou ouvidos na prática do mal. Deus é misericordioso, mas é sobretudo justo. Sendo misericordioso, não condena nenhum dos Seus filhos a sofrimentos eternos; e sendo justo, não deixa nenhum bem sem recompensa e nenhum mal sem a consequente punição.

Como se poderia entender o sofrimento de criancinhas que nenhum mal puderam ainda praticar na vida? Só pela preexistência da alma, ou seja, pela volta ao plano físico de seres que muito deviam à justiça Divina, porque "a semeadura é livre, mas a colheita é obrigatória". Quando o desencarnado observa a enormidade dos seus erros e chora o pranto do arrependimento, o nosso Pai amoroso, que nos ensinou a perdoar indefinidamente, não deixará o seu filho abandonado, enviar-lhe-á espíritos evoluídos, que o ajudarão a reerguer-se e a planejar a tarefa do resgate. Então o próprio penitente suplicará uma nova oportunidade e aguardará sua vez de voltar ao plano físico, não raro junto àqueles de quem se fez devedor, para iniciar o trabalho de reparação. Não diz o Evangelho que "ninguém sairá da prisão até que tenha pago o último ceitil"? (Mat. 5:25/26).

Muitos perguntam de que vale a punição se aqueles que a sofrem não se lembram das faltas que lhe deram causa. Não lembram enquanto na matéria, e até isso vem comprovar a misericórdia divina. Imagine-se dois inimigos mortais de outras eras, agora reunidos como irmãos, ou como pai e filho, suportando-se com a intuição de um desajuste que não logram compreender. Se pudessem lembrar, não seria muito pior, talvez insuportável? Mas ao retornarem ao plano espiritual, todo o quadro se lhes desenhará bem nítido na mente e renderão graças ao Pai pela oportunidade da reconciliação.

Todas essas ilações, que se fundamentam precipuamente na lógica, não parecem mais racionais, além de mais consentâneas com a ideia que fazemos da justiça Divina, do que supor que Deus cria os espíritos para uma só existência na Terra, e depois escolhe uns poucos para a salvação e condena a maioria a tormentos sem fim no inferno? E isso por faltas de que nem sequer tiveram culpa, porque resultantes do "pecado original", herdado de Adão...

Mas passemos às considerações finais: O homem se encontra aqui na Terra para evoluir. Isto é um truísmo, ou seja, uma verdade tão evidente que dispensa demonstração. Através do trabalho e do estudo, ele desenvolve suas faculdades intelectuais. Através das lutas e sofrimentos, nas relações intersubjetivas, ele aprimora suas qualidades morais.

É claro que numa só existência terrena ninguém pode atingir as culminâncias em sabedoria e virtude; consequentemente a Divina Providência faculta os meios para que o espírito, que já vem de um longo aprendizado, percorra toda a escala das provas de que necessita, para o seu aperfeiçoamento, não importa quantas experiências tenha de suportar, nem por quantos orbes tenha que transitar.

Por que o temor de uma jornada aparentemente interminável? As noções de distância e duração são próprias aqui da Terra, inerentes aos nossos sentidos limitados. Na Eternidade não há espaço nem tempo, só o infinito. E o espírito que prossegue em sua jornada em direção à luz vai gozando de crescente felicidade à medida em que se despoja de suas imperfeições.

A evolução é uma lei da natureza e uma constante no Universo. O destino do homem é evoluir. E é também o dos mundos, que necessariamente refletem o grau de evolução dos espíritos que os habitam.

É só olhar a história para constatar que a Humanidade já evo-

O ESPIRITISMO E AS IGREJAS REFORMADAS | 185

luiu consideravelmente desde os tempos primitivos. Nos últimos séculos, então, o progresso tem sido extraordinário. Basta lembrar que há 200 anos o transporte por terra era feito no lombo de animais e por água em navios a vela; todas as vestimentas e utensílios eram produtos do artesanato, inexistia qualquer ideia das maravilhas da tecnologia moderna. Não eram conhecidas as vacinas, nem a anestesia, as pestes dizimavam populações inteiras, quem necessitasse de extrair um dente tinha de recorrer ao barbeiro e as intervenções cirúrgicas eram feitas a cru, sem meios de evitar a dor. Há 100 anos já havia trens e vapores, e começava a ser utilizada a energia elétrica, mas inexistia o transporte aéreo e nem se cogitava da indústria eletrônica; não havia rádio, nem as comunicações por ondas hertzianas e nem a grande conquista do nosso século, que é a televisão; até refrigeradores e máquinas de escrever, que tanto simplificam a vida, eram ainda desconhecidos. Finalmente, há escassos 50 anos ainda não eram conhecidos os antibióticos, ou os computadores, não havia a tecnologia espacial e nem as maravilhas da ciência atômica e nuclear.

É verdade que muitos grupos humanos permanecem sem acesso à maioria dos recursos tecnológicos atualmente à disposição da humanidade, mas é inegável que, pelo menos nos grandes aglomerados urbanos, seria quase impossível conceber a vida sem o conforto que eles proporcionam.

Então, temos de concluir que a humanidade está passando por uma fase de extraordinário progresso, indicativo de acentuada expansão intelectual. Infelizmente não foi alcançado o mesmo desenvolvimento no campo da moral, e esse é o grande dilema da sociedade moderna. Essa defasagem gera um desequilíbrio que pode levar a resultados imprevistos, explicando, por exemplo, porque as grandes conquistas obtidas no campo da Física Nuclear estejam sendo aplicadas principalmente na manufatura de artefatos capazes de destruir várias vezes toda a Humanidade.

E somos levados a indagar: Até onde nos conduzirá essa inusitada expansão da inteligência humana? E por que o mesmo desenvolvimento não tem sido conseguido no terreno moral? É que os dois aspectos nem sempre correm simultâneos, porque os fatores que geram o progresso científico não são os mesmos determinantes do progresso moral. E por que os homens progrediram tanto em saber, sem progredir em virtude? Para nós a resposta é que eles não assimilaram os ensinamentos do Cristo. Não aprenderam a amar, e essa é a razão do desequilíbrio psicossocial dos tempos modernos.

O progresso tecnológico tornou os seres humanos mais interdependentes, e por isso deveria fazê-los mais solidários. Ao invés, tornaram-se mais competitivos e egoístas. A multiplicação dos meios de comunicação deveria estimular o sentimento de fraternidade entre os povos, e o que fez foi torná-los mais agressivos e intolerantes. E o interessante é que entre os que se dizem cristãos, parecem ainda mais ignorados os preceitos do mestre. Até quando? Até que todos se conscientizem das verdades que ele ensinou e ponham em prática dentro de seus corações a lei do amor.

Mas não se pense que o progresso moral tem sido nulo nestes séculos transcorridos desde que o homem começou a engatinhar na superfície da Terra. Na realidade ocorreram consideráveis avanços em todos os setores. Veja-se, por exemplo, o campo da criminologia: Nas eras primitivas, a vingança era da iniciativa privada e não raro ultrapassava a pessoa do delinquente, atingindo a sua família e até mesmo o seu clã. Depois as próprias contingências da vida em sociedade impuseram a "pena de talião" (olho por olho, dente por dente, veja-se Êxodo 21:23/25), que atualmente nos parece repulsiva, mas que, naqueles tempos primitivos, já refletia um progresso. Em seguida o Estado tomou a si a tarefa de punir, de modo que as sanções se foram amenizando, a ponto de já podermos antever a extinção da pena de morte, evidente resquício dos tempos da barbárie, enquanto que as penas privativas da liberdade tendem

O ESPIRITISMO E AS IGREJAS REFORMADAS | 187

a revestir modernamente menos o caráter de "punição" que o de "medida de segurança", visando ao duplo objetivo de resguardar a comunidade e de ensejar ao criminoso a sua reintegração no corpo social, tanto que os reclusos nas penitenciárias já não são referidos como "condenados", e sim como "reeducandos".

Também constitui evidência de progresso moral a extinção da escravatura, que há pouco mais de um século existia com base na legislação de quase todos os povos civilizados. O mesmo ocorreu com a eliminação de certos costumes que hoje reputamos desumanos, como os castigos corporais, a prisão por dívidas, a tortura aplicada aos acusados ou suspeitos de crimes, com o objetivo de extorquir confissões etc. Note-se que nos referimos à humanidade como um todo, pois sabemos que ainda persistem algumas dessas práticas condenáveis entre agrupamentos humanos mais atrasados.

Poderíamos apontar ainda os direitos hoje reconhecidos às classes trabalhadoras, que ainda há menos de um século não tinham limitação de horários, nem férias, nem aposentadoria, nem quaisquer dos privilégios hoje assegurados pela legislação trabalhista. Finalmente, lembraríamos que há menos de 50 anos não existia um consenso universal sobre os direitos do homem, hoje consagrados desde a memorável Assembleia Geral da ONU em 10 de dezembro de 1948.

Tudo isso reflete um aprimoramento da consciência coletiva e configura um evidente progresso moral. Os desrespeitos e transgressões que persistem em algumas comunidades apenas servem para confirmar a regra como exceções, e para ilustrar que em todos os grupos sociais existem elementos desajustados, e que estes terão que aceitar os imperativos do progresso, ou de emigrar para outros orbes mais adequados ao seu grau de evolução espiritual.

Todas estas considerações nos levam a uma inevitável conclusão: A de que a humanidade terrestre tem progredido, tanto intelectual quanto, embora em menor grau, moralmente, e que as almas aqui existentes hoje não são almas novas, criadas por Deus como seres privilegiados para se locupletarem do progresso construído à custa dos esforços e das penas das gerações passadas. Tal privilégio seria incompatível com os imperativos da justiça Divina. Por isso, não temos dúvida em afirmar que a humanidade atual está usufruindo os benefícios que ela mesma forjou em uma série de existências laboriosas, neste mesmo planeta, ou em outros em idêntico nível de evolução. Concluímos, pois, que o progresso conjunto da humanidade é mais uma evidência da autenticidade da doutrina das existências sucessivas.

E para finalizar, perguntamos: É tão absurda assim a ideia da preexistência da alma? Acaso não a admitiam quase todos os povos da Antiguidade? E não a admitiam também os judeus, como o prova o episódio do "cego de nascença" (João 9:1/3), que os apóstolos perguntaram ao mestre se nascera cego por haver pecado, portanto pecado antes de nascer, evidentemente numa existência anterior? Esse e outros episódios bíblicos serão objeto de nossa atenção no próximo capítulo.

2 – A reencarnação na Bíblia.

Digno de especial menção é o episódio com Nicodemos (João 3). Este era um fariseu tão importante que, provavelmente receoso da repercussão do seu gesto, só ousou procurar Jesus na calada da noite. Sendo um "príncipe", ou "um dos principais" (na versão inglesa King James "ruler", governador, dirigente), não podia evidentemente desconhecer a Cabala e seus ensinamentos secretos. E como Jesus falava segundo o que podiam entender os ouvintes (Mar. 4:33), era natural que lhe dissesse explicitamente: "Aquele que não nascer de novo, não pode ver o Reino de Deus" (João 3:3). Assim a pergunta de Nicodemos: – "Como pode um homem nascer sendo velho?" (v. 4) não pode ser tomada como prova de ignorância; ele talvez quisesse apenas testar até onde iam os conhecimentos de Jesus sobre os "mistérios". A resposta deste: "O que é nascido da carne é carne, e o que é nascido do espírito é espírito" (v. 6) aplica-se como uma luva à tese da reencarnação. O corpo nasce dos pais, o espírito vem de Deus e, tal como o vento, que sopra onde quer sem que se saiba a sua origem, os homens não sabem de onde ele vem... (v. 8).

Quando a igreja primitiva trancou as portas da comunicação com o mundo invisível, os teólogos passaram a forjar explicações para episódio tão claro. Os protestantes se escoraram na "renovação espiritual" dos que se convertem e recebem o Senhor em seus corações. Ou, como os Pentecostais, entendem que a transformação se opera através da atuação direta do Espírito Santo. Daí os apelos patéticos dos pastores, conclamando os ouvintes a darem um passo decisivo em direção ao Cristo. Com as energias mentais de toda a congregação concentradas no veemente propósito de levar os pecadores aos pés do Salvador, é natural que o efeito sugestivo crie um ambiente de fortes vibrações emotivas, que leva não poucos a se sentirem "tocados pela graça", ou "cheios do espírito" e a se acreditarem, com absoluta sinceridade, partícipes na "comunhão dos eleitos".

Formulamos estes conceitos a título meramente ilustrativo, sem o mais leve intuito de menoscabar o sentimento, assaz louvável, dos nossos queridos irmãos. Reconhecemos a piedosa intenção que os move, mas não podemos deixar de ponderar que raramente as pessoas por essa forma sugestionadas, perseveram na "graça", visto como, passado aquele instante emocional, a maioria dos "nascidos de novo", mesmo quando permanecem no seio da igreja, logo se adaptam à rotina de um cristianismo quase que meramente de fachada. E tanto isto é verdade que, de tempos em tempos, surgem movimentos de "renovação espiritual" proporcionando o ensejo de um "novo nascimento" a muitos que já vinham trabalhando dentro de suas próprias igrejas. Aí estão para comprová-lo as campanhas de "reavivamento" empreendidas pelos dirigentes das várias denominações, notadamente nos Estados Unidos, movimentos de "renovação da fé", quais os das "Cruzadas" do notável Evangelista Billy Graham, levando a salvação a tantos que já se classificavam como "crentes", com resultados observáveis nas centenas de cartas remetidas aos dirigentes das "Cruzadas" e que são habitualmente divulgadas através do seu órgão *Decision*.

E tanto é presumível que esse "novo nascimento" tenha valor um tanto precário, que os pastores de algumas denominações censuram discretamente esse modo de angariar prosélitos, abstendo-se de praticá-lo em suas igrejas, embora com eventuais concessões em movimentos de evangelização, ou durante ocasionais campanhas de reavivamento espiritual.

Com estas ponderações, que nos pareceram lógicas e oportunas, retornemos à conversação de Jesus com Nicodemos, para frisar o versículo 10 – ao nosso ver o mais eloquente no episódio – quando Jesus indaga, surpreso: "Tu és mestre em Israel e ignoras estas coisas? "Ora, os judeus viviam sob a Lei, de sorte que não podiam cogitar de uma "reforma interior", e mesmo que cogitassem não caberia invocar a condição de "mestre" para manifestar estranheza ante a ignorância do fato. Seria uma exegese demasiado forçada atribuir tal sentido às palavras de Jesus. Assim, o que Nicodemos, como mestre em Israel não podia evidentemente ignorar eram os "Mistérios" contidos na "Cabala" judaica e só acessíveis aos Iniciados, como os que diziam respeito à imortalidade da *alma* e às existências sucessivas.

Outro episódio eloquente é o de que já falamos, narrado em João 9:2, quando os discípulos perguntaram ao Cristo, reportando-se a

O ESPIRITISMO E AS IGREJAS REFORMADAS | 191

um cego de nascença: "mestre, quem pecou para que este nascesse cego, ele ou seus pais?" É claro que essa pergunta seria descabida se os discípulos não acreditassem que aquele cego podia ter pecado antes de nascer, ou seja, numa existência anterior. E a resposta de Jesus prova que ele não encarou essa ideia como erro, do contrário a teria corrigido.

Outra referência digna de meditação é a de Romanos 9:11 e 13. Se Deus amava Jacó e detestava Esaú antes que houvessem nascido, é claro que só podia ser pelo que tivessem feito em existência precedente, de outra forma Deus não seria justo.

Outras passagens bíblicas aludem, ainda que em alguns casos veladamente, à noção das existências sucessivas:

Êxodo 20:5

...visito a iniquidade dos pais nos filhos NA terceira e quarta geração... (É claro que após duas ou três gerações os transgressores já terão renascido para resgatar suas faltas. É como está no texto da *Vulgata*: **"IN tertiam et quartam generationem"**, ao qual só foi fiel a "Tradução Brasileira", da **American Bible Society.** É também correta a tradução de Zamenhof, genial criador do *Esperanto*: **"En la tria kaj kvara generacioj"**. Todas as demais versões modernas, inclusive a inglesa **King James,** para acomodar o texto à ideia de uma só existência na Terra, utilizam a expressão "Até", o que, além de tremendamente iníquo, agride frontalmente preceitos do próprio Deus (Deut. 24:16) e de seus profetas (Jer. 31:29/30 e Ezeq. 18:20).

Jó 8:8/9

Pergunta às gerações passadas e examina as memórias de nossos pais; pois somos de ontem e o ignoramos. (Pergunta às gerações passadas, pois se sofremos hoje devemos buscar a razão em existências anteriores, porque somos de ontem, isto é, já vivemos antes, embora o tenhamos esquecido.)

Jó 14:14

Morrendo um homem tornará a viver? Todos os dias da presente vida esperarei que chegue a minha mudança. (Jó pressente uma outra existência e essa esperança lhe dá resignação para suportar as provas que o amarguram).

Jó 21:17

Quantas vezes se apagará a luzerna dos ímpios e lhes sobrevirá a destruição? (Os ímpios terão apagada a luzerna da vida tantas vezes quantas necessitem para se arrependerem de seus erros e renascerem para resgatá-los).

Salmo 71:20

Tu, que me tens feito provar tantas angústias e males, me restaurarás a vida e de novo me tirarás do abismo da terra, aumentarás minha grandeza e de novo me consolarás. (Davi louva a Deus porque pressente que as angústias atuais serão compensadas em uma nova existência).

Salmo 78:33/34

Consumiam seus dias na vaidade e os seus anos na angústia. E quando os fazia morrer, então o procuravam e voltavam e buscavam Deus. (Abreviavam a vida e só após a morte é que se arrependiam e o Pai permitia que voltassem à vida para que o buscassem).

Jer. 1:5

Antes que te formasses no ventre materno, eu te conheci; e antes que saísses da madre, eu te consagrei e te constituí profeta. (O espírito não foi criado especialmente para animar o corpo de Jeremias, mas designado para a sua missão antes que o corpo fosse gerado).

O ESPIRITISMO E AS IGREJAS REFORMADAS | 193

Ezeq. 37:9

Vem dos quatro ventos, oh espírito, e assopra sobre estes mortos, para que vivam. (Portanto, espírito **já existente,** e não criado especificamente para animar aqueles corpos).

Ezeq. 37:12 – 14

Sabereis que eu sou o Senhor quando eu abrir vossas sepulturas e vos fizer sair delas; porei em vós o meu espírito e vivereis, e vos estabelecerei em vossa própria terra. (A ideia de uma ressurreição na carne se explica porque a profecia era dirigida a um povo ignorante, que só podia assimilar conceitos materiais).

Malaq. 4:5

Eis que vos enviarei o profeta Elias, antes que venha o grande e terrível Dia do Senhor.

Mateus 11:14

Se puderdes compreender, ele mesmo (João Batista) é o Elias que devia vir.

Mateus 16:13/14

E Jesus perguntou aos seus discípulos: Quem dizem os homens que sou? E responderam: Uns, João Batista; outros, Elias; outros, Jeremias, ou algum dos profetas.

Mateus 17:12/13

Mas eu vos declaro que Elias já veio e não o reconheceram, antes fizeram-lhe tudo o que quiseram. Então compreenderam os discípulos que era de João Batista que lhes falava. (Tudo isso prova: 1º – Que a volta de Elias fora predita pelo profeta Malaquias; 2º – Que os discípulos e o povo julgavam que Jesus era a reencarnação de Elias, de Jeremias, ou de outro profeta; e 3º – Que

Jesus deixou bem claro que João Batista é que fora a reencarnação de Elias).

Mateus 26:52

Todos os que lançarem mão da espada, pela espada morrerão. (Como tantos cometem homicídio e morrem tranquilamente na cama, terá Jesus laborado em erro? De maneira alguma: Toda violência será resgatada pela violência, se não na existência atual, numa próxima. Isto não quer dizer que um homicida terá que desencarnar por homicídio; poderá sofrer morte violenta por acidente, desastre ou convulsão da natureza).

Lucas 11:50/51

Desta geração será requerido o sangue de todos os profetas. (Só admitindo que a geração do tempo de Jesus era a mesma que em existências anteriores havia derramado o sangue dos profetas, será possível entender o sentido dessas palavras, uma vez que "os filhos não pagam pelos pecados dos pais" (Ezeq. 18:20), e nem seria justo que pagassem).

João 3:6

O que é nascido da carne, é carne; o que é nascido do espírito, é espírito; não te admires de eu dizer: "Necessário vos é nascer de novo. (Renasceu Elias, renascem todos os homens para se elevarem em sabedoria e virtude. O renascimento é da água e do espírito, ou seja, da matéria (carne) e da substância espiritual. A primeira resulta dos pais terrenos, a segunda vem de Deus. E o mestre acrescentou: "Como o vento sopra onde quer e ninguém sabe de onde vem nem para onde vai, assim também o espírito que renasce" (João 3:8), cuja origem só Deus conhece.)

João 5:28

...todos os que estão no túmulo ouvirão a Sua voz e sairão, os que fizeram o bem para a ressurreição da vida; e os que fizeram o mal para a ressurreição do juízo. (Todos os que estão mortos serão chamados para reviver; os que praticaram o bem, renascerão para uma vida mais feliz; e os que praticaram o mal, para o juízo, isto é, para resgatarem, através do sofrimento, os males praticados).

1ª Pedro 3:19/20

(Jesus) foi pregar aos espíritos em prisão, os quais noutro tempo foram rebeldes, quando a longanimidade de Deus esperava, nos dias de Noé. (Se Jesus pregou aos espíritos que haviam sido rebeldes nos dias de Noé, isso prova que os mortos recebem novas oportunidades, pois se estivessem condenados irremissivelmente de nada adiantaria que o Cristo lhes tivesse ido pregar).

E para finalizar, perguntamos: O que há de errado com a ideia da reencarnação? O evangelista não identificou Jesus como um espírito que "se fez carne e habitou entre nós"? (João 1:14). Os judeus não supunham que ele era a reencarnação de Elias, ou de algum dos outros profetas? E o próprio Cristo não assegurou que João Batista era a reencarnação de Elias? O curioso é que refutam esta passagem alegando que o Batista **negou** tivesse sido ELIAS (João 1:21). Claro que só podia negar, pois enquanto na carne o espírito não se recorda de existências anteriores. Mas notem que no mesmo versículo ele também negou ser profeta, e no entanto Jesus afirmou que "entre os nascidos de mulher não houve um profeta maior do que João Batista" (Lucas 7:28).

De tudo o que acima ficou dito se conclui que a ideia dos renascimentos era familiar aos hebreus e que as referências que a ela fazem os Evangelhos são até por demais explícitas, se considerarmos tratar-se de ensinamento que, àquela época, integrava os denominados "Mistérios", então quase que restritos a um reduzido círculo de "iniciados"...

3 – A reencarnação na história

Alguns leigos costumam atribuir a Kardec a paternidade da doutrina dos renascimentos, mas é suficiente folhear as páginas da história para constatar que a ideia da pluralidade de existências esteve sempre presente na consciência dos povos, desde a mais remota Antiguidade.

Foi na vetusta Índia onde primeiro se cristalizaram as noções da imortalidade da alma e das existências sucessivas. Os cânticos sagrados dos *Vedas*, que abrigam os fundamentos das concepções filosóficas orientais e cuja origem se perde na noite dos tempos, eram inicialmente transmitidos por tradição oral, tendo sido compilados por um sábio brâmane cerca de 14 séculos antes de Cristo. Já aludiam aos renascimentos, mas, como todos os ensinamentos antigos, encerravam duas doutrinas: a "científica" reservada aos adeptos mais esclarecidos, e a "simbólica", ministrada sob a forma de alegorias à massa que não estava em condições de assimilar as grandes verdades.

> Para os "iniciados", a ascensão era gradual e progressiva, sem regressão às formas inferiores, enquanto que ao povo, pouco evoluído, era ensinado que as almas ruins deviam renascer em corpos de animais (metempsicose) (Gabriel Delanne em *A reencarnação*, 5ª ed., pg. 23).

Nesses livros, ou *hinos védicos*, eram comuns as referências à reencarnação das almas e à pluralidade dos mundos, como se vê nos seguintes trechos:

> Se vos entregardes aos vossos desejos, só fareis condenar-vos a contrair, ao morrerdes, novas ligações com outros corpos e com ou-

tros mundos. (Cit. por Pedro Granja, em *Afinal, quem somos?*, 8ª ed., pg. 36).

Há uma parte imortal no homem, que é aquela, oh Agni, que cumpre aquecer com teus raios, inflamar com teus fogos. De onde nasceu a alma? Umas vêm para nós e daqui partem, e tornam a voltar. (cit. por Léon Denis em *Depois da morte*, 10ª ed., pg. 30).

O *Código de Manu*, o mais antigo corpo de leis de que se tem notícia, menciona a reencarnação. *Manu*, que codificou as leis hindus mais de 3 mil anos antes da nossa Era, não poderia supor que sua obra viesse a inspirar o *Corpus juris civilis*, de Justiniano, e por essa forma servir de fonte para todos os legisladores modernos. Segundo as leis de *Manu*:

> Os espíritos imperfeitos voltam a ocupar um novo corpo, trazendo consigo a influência resultante de suas primeiras obras (Brama-Sondra III e I, §§ 4 e 6, cit. por Mário Cavalcanti de Mello em *Como os teólogos refutam*).

Com o advento do Bramanismo, surgiu o *Bhagavad-Gitã*, que é um cântico à imortalidade e ao renascimento das almas. O mais notável missionário dessa época foi Krishna, que renovou as doutrinas védicas e espalhou na região do Himalaia os mais sublimes ensinamentos, dos quais transcrevemos alguns tópicos:

> Quando o corpo entra em dissolução, se a pureza é o que o domina, a alma voa para as regiões desses seres puros que têm o conhecimento do Altíssimo. Mas se é dominado pelas paixões, a alma vem de novo habitar entre aqueles que estão presos às coisas da Terra. Todo renascimento, feliz ou desgraçado, é consequência das obras praticadas nas vidas anteriores." (*Bhagavad-Gitã*, cit. por P. Granja, em *Afinal, quem somos*, 8ª ed., pg. 39).

Trazes em ti próprio um amigo sublime que desconheces, pois Deus reside no imo de cada ser, porém poucos sabem procurá-Lo. Aquele que faz o sacrifício dos seus desejos e de suas obras ao Ser de que procedem todas as coisas, obtém por tal renúncia a perfeição, porque quem alcança em si mesmo a sua felicidade, sua alegria e também sua luz, é uno com Deus. Ora, fica sabendo, a alma que encontra Deus, está livre do renascimento e da morte, da velhice e da dor, e bebe a água da imortalidade. (Id. cit. por Léon Denis em *Depois da morte*, 10ª ed., pg. 32).

Buda, o grande filósofo místico que viveu na Índia 600 anos antes da Era Cristã, pregava que:

O conhecimento e o amor são os dois fatores essenciais do Universo. Enquanto não adquire o amor, o ser está condenado a prosseguir na série de reencarnações terrestres. (Cit. por Léon Denis em *Depois da morte*, 10ª ed., pg. 37).

O velho Egito recebeu da Índia, segundo alguns orientalistas, a sua civilização e a sua fé. Segundo outros, suas próprias tradições remontam há mais de 30 mil anos. A doutrina oculta dos seus sacerdotes, cuidadosamente velada sob os "mistérios" de Ísis e Osíris, acha-se exposta nos "livros sagrados" de Hermes Trismegisto, dos quais "Pimander", considerado o mais autêntico, registra:

O destino do espírito humano tem duas faces: cativeiro na matéria, ascensão na luz. As almas são filhas do céu e a viagem que fazem é uma prova. Na encarnação perdem a reminiscência de sua origem celeste. As almas inferiores e más ficam presas à Terra por múltiplos renascimentos, porém as almas virtuosas sobem para as esferas superiores, onde recobram sua visão das coisas divinas. (ibd.).

Heródoto escreveu:

> Os egípcios foram dos primeiros a divulgar a teoria da imortalidade da alma. Eles ensinavam que logo que ela deixa um corpo, entra em outro pronto a recebê-la, e que, depois de haver percorrido todas as formas criadas nas águas, na terra e no ar, volta em um novo corpo humano nascido para ela. (*Histories*, t. II, cap. CXXIII).

Segundo Mário C. Mello:

> Para César Cantu (*História universal*, T. I.) o monumento mais importante para o estudo da religião do Egito é o chamado *Livro dos mortos*, descoberto nas sepulturas de Tebas pela Comissão Francesa que por ordem de Napoleão explorou o Egito no início do século XIX.

Este livro foi publicado pela primeira vez em 1805. Suas iluminuras mostram que o texto tratava das cerimônias religiosas em honra dos mortos e da transmigração das almas. (*Como os teólogos refutam*).

> Na *História da Civilização*, de M. Oliveira Lima, capítulo *A religião dos mortos*, lemos: Para o acervo espiritual da humanidade a velha civilização egípcia contribuiu particularmente com a sua intensa preocupação com a vida futura, do destino da alma quando separada do corpo e da sua reencarnação. (ibd.).

Pitágoras, que passou 30 anos no Egito, introduziu na Grécia a doutrina dos renascimentos, também com duas versões: Delfos, Olímpia e Elêusis eram os centros da doutrina iniciática, onde filósofos e artistas iam assimilar os "mistérios". Ali,

> (...) como no Egito e na índia, consistiam os "mistérios" no conhe-

cimento do segredo da morte, na revelação das vidas sucessivas e na comunicação com o mundo oculto. (Léon Denis, em *Depois da morte*).

A obra de Pitágoras foi continuada por Sócrates e Platão, tendo este último ido ao Egito para iniciar-se nos "mistérios". Ao voltar, expunha as suas ideias sob forma velada, pois sua condição de "iniciado" não mais lhe permitia falar livremente. Apesar disso, encontram-se no "Fédon" e no "Banquete", referências à teoria das migrações das almas e das suas reencarnações. Plotino, o primeiro dos discípulos da Escola Neoplatônica de Alexandria, escreveu no Livro IX da 2ª Enéada:

> A providência dos deuses assegura a cada um de nós a sorte que lhe convém e que é harmônica com seus antecedentes, conforme suas vidas sucessivas. (cit. por Gabriel Delanne, em *A reencarnação*, 5ª ed., pg. 25).

Porfírio não crê na metempsicose, nem mesmo como punição das almas perversas. Segundo ele:

> A justiça de Deus não é a justiça dos homens. O homem define a justiça das relações tiradas da sua vida atual e do seu estado presente, Deus a define relativamente às nossas existências sucessivas e à totalidade das nossas vidas. Assim, as penas que nos afligem são muitas vezes o castigo de um pecado do qual a alma se tornou culpada em uma vida anterior. Algumas vezes Deus nos esconde a razão delas, mas nem por isso Ele deixa de ser justo. (cit. por Mário C. Mello, em *Como os teólogos refutam*).

Essas ideias penetraram no mundo romano, pois Cícero a elas alude no *Sonho de Scipião* e Ovídio nas *Metamorfoses*. No VI Livro da *Eneida*, vê-se que Enéas encontra seu pai nos Campos Elísios e este lhe transmite a lei dos renascimentos. (Léon Denis, em *Depois da morte*).

Virgílio escreveu:

> Todas essas almas, depois de haverem por milhares de anos girado em torno dessa existência (no Elísio ou no Tártaro), são chamadas por Deus em grandes enxames para o rio Letes, a fim de que, privadas da lembrança, revejam os lugares superiores e convexos e comecem a querer voltar ao corpo. (cit. por Gabriel Delanne, em *A reencarnação*, 5ª ed., pg. 28).

Vejamos o ensino da doutrina palingenésica entre os hebreus:

> Os iniciados judaicos, em épocas remotas, haviam registrado a doutrina secreta em 2 obras célebres: o Zohar e o Scpher-Jesirah, – que juntas formaram a *Cabala*, uma das obras capitais da ciência esotérica. (Gabriel Delanne, em *Depois da morte*).

A *Cabala* é o ensino secreto dos israelitas, e foi nela que se conservaram ocultos os pontos mais elevados da doutrina, que não podiam ser ensinados publicamente. O ensinamento das reencarnações das almas acha-se claramente expresso no *Zohar*:

> Todas as almas são submetidas às provas das transmigrações. Os homens não conhecem o caminho do Mais Alto, não sabem como são julgados em todos os tempos e ignoram por quantos sofrimentos e transformações misteriosas devem passar (. . .). As almas devem, finalmente, mergulhar na substância de onde saíram. Porém antes devem ter desenvolvido todas as perfeições cujos germes estão plantados nelas; mas se estas condições não são realizadas em uma existência, renascerão até que tenham atingido sua absorção em Deus. (Cit. por Franck, em *La Kabbale*).

De acordo com a *Cabala*, as encarnações ocorrem a longos intervalos. As almas esquecem o seu passado e, longe de constituir uma punição, os renascimentos são uma bênção, que permite aos homens o seu desenvolvimento para atingirem o seu fim. (Mário Cavalcanti de Mello, em *Como os teólogos refutam*).

Os essênios ensinavam a imortalidade da alma, bem como as reencarnações. Uma outra particularidade marcante da doutrina dos essênios era a fé na preexistência das almas (...). Não se pode dizer que os essênios acreditassem na ressurreição dos corpos, mas somente na ressurreição da alma, ou, como disse São Paulo, do "corpo espiritual". Isto é positivamente afirmado por Josepho em "Bell Jud. II, II" (Ernest e Bunsen, em *The hidden wisdom of Christ*, 1864).

Também a comunidade de Qumrân era aberta para pensamentos sobre a preexistência, enquanto se concebia tudo o que foi criado como fundado nos pensamentos eternos de Deus. As gerações dos homens duram da eternidade para a eternidade (...). Em Filon (Gigantes 12:15) Sonhos (l:1385), em Josepho (Guerras Judaicas 2:1545) e entre os rabinos também se pode constatar o pensamento da preexistência da alma imortal, alimentado no fim pela filosofia platônica. (Karl H. Schelkle, em *Teologia do Novo Testamento*).

Em suas obras faz o historiador judaico Josefo profissão de sua fé na reencarnação. Refere ele que era essa a crença dos fariseus. O Padre Didon o confirma nestes termos, em sua *Vida de Jesus*: "Entre o povo judeu e mesmo nas escolas acreditava-se na volta da alma em outros corpos." (Léon Denis, em *Cristianismo e espiritismo*, 6ª ed. FEB, pg. 273).

Th. Pascal, em seu *Evolution humaine* afirma que entre os islamitas se acreditava na reencarnação, mas que esta crença cessou depois que Maomé a proibiu. No entanto, o novo *Corão*, exposição moderna de uma parte da doutrina secreta do Islam, diz:

O homem que morre vai a Deus e renasce, mais tarde, em um corpo novo. O cadáver fica no túmulo, o espírito volta à matriz. (...) Os que se amam, se encontram em futuras encarnações. (Questão XXIII, vs. 17 e 27, cit. por Mário Cavalcanti de Mello, em *Como os teólogos refutam*).

Na Gália a filosofia dos druidas também afirmava as existências progressivas da alma, na escala dos mundos. Assim se expressou Luciano no Canto I da *Farsália*:

Para nós as almas não se sepultam nos sombrios reinos do Érebo, mas sim voam a animar outros corpos em novos mundos. (cit. por Léon Denis, em *Depois da morte*).

Agora perguntamos: Se os "mistérios" transmitidos aos "iniciados" na Índia, no Egito, na Grécia e até entre os judeus com a *Cabala* consistiam na revelação da preexistência e sobrevivência da alma e na comunicabilidade com o mundo invisível; e se Jesus ensinava aos seus discípulos os "mistérios de Deus", prevenindo-os de que "aos de fora não se deve falar senão por parábolas" (leia-se atentamente Marcos 4:11), por que não estaria entre esses ensinamentos o da reencarnação, compreendendo-se que os Evangelhos dela não falem abertamente, por ser matéria então restrita, ainda, aos "iniciados"? Esse conhecimento não justificaria a pergunta dos discípulos em João 9:2, a qual, se fosse descabida, não teria merecido a pronta reprimenda do mestre? Não explicaria também o que parece tão claro em Mateus 17:12 e 13 e João 3:7/10, cujo sentido foi depois deturpado para se acomodar às ideias vigentes? Pensem um pouco nestas passagens os prezados irmãos.

A doutrina secreta se manteve em vigor por algum tempo entre os cristãos primitivos, mas é curioso observar que a reação contra ela partiu precisamente do cristianismo, ao consolidar-se nos primeiros séculos da Era Cristã, talvez por ter sido ele a primeira religião a organizar-se em princípios rígidos, cedo cristalizados em dogmas que se faziam acompanhar de anátemas terríveis contra toda e qualquer ideia que os contrariasse. Trancou-se por essa forma o pensamento humano, e durante dezoito séculos, arvorando-se em intérprete soberana dos ensinamentos do Cristo, a igreja impôs aos povos cristãos um regime de opressão e intolerância. É que os que já se julgavam "donos da verdade" compreenderam que com a reencarnação a morte deixava de ser um motivo de terror, e por isso

> A igreja, já não podendo abrir à vontade as portas do paraíso e do inferno, via diminuir o seu poder e prestígio. Julgou portanto necessário impor silêncio aos partidários da doutrina secreta, renunciar a toda comunicação com os espíritos e condenar os ensinos destes como inspirados pelo demônio. Desde esse dia Satanás foi ganhando cada vez mais importância na religião católica. Tudo o que a esta embaraçava, foi-lhe atribuído. A igreja declarou-se a única profecia viva e permanente, a única intérprete de Deus. Orígenes e os gnósticos foram condenados pelo Concílio de Constantinopla (553 d.C.), a doutrina secreta desapareceu com os profetas e a igreja pôde executar à vontade a sua obra de absolutismo e de imobilização. (Léon Denis, em *Depois da morte*, 10ª ed., pg. 84).
>
> As sociedades secretas que guardaram o ensino esotérico (Alquimistas, Templários, Rosa-cruzes etc.) foram encarniçadamente perseguidas. (ibd.).

Mas voltemos à ideia da reencarnação nos primeiros séculos do cristianismo. Embora nos tempos primitivos não fossem transmitidos com muita precisão os ensinamentos acerca de uma doutrina que a tradição considerava "secreta", mesmo assim os documentos de que dispomos comprovam que os pais da igreja ensinavam a pre-

O ESPIRITISMO E AS IGREJAS REFORMADAS | 205

existência da alma. Rufino escreveu a Santo Inácio que "esta crença era comum entre os primeiros pais". Arnobius, em "Adversus Gentes", evidencia uma certa simpatia por essa doutrina e acrescenta que Clemente de Alexandria "escreveu histórias maravilhosas sobre a metempsicose". São Jerônimo afirmou (Hyeron, Epistola ad Demeter) que "a doutrina das transmigrações era ensinada secretamente a um pequeno número, desde os tempos antigos, como uma verdade tradicional que não devia ser divulgada." Esse mesmo pai se mostra crente na preexistência, em sua 94ª Carta a Ávitus.

Lactâncio, que São Jerônimo chamava "o Cícero cristão", combatendo as doutrinas pagãs, sustentava que a alma não podia ser imortal, e nem sobreviver ao seu corpo, se não fosse preexistente. (Inst. Div. III, 18). Nemésios, bispo de Emesa (Síria) sustentava energicamente a preexistência e dizia que todos os gregos que tinham fé na imortalidade acreditavam na preexistência." (Th. Pascal, em *L'Evolution Humaine*).

Santo Agostinho escreveu:

> Não teria eu vivido em outro corpo, ou em outra parte qualquer, antes de entrar no ventre da minha mãe? (*Confissões*, I, cap. VI).

São Gregório de Nisse afirmou:

> É estritamente necessário à alma ser curada e purificada e se ela não o for durante a vida terrestre, deverá ser em suas vidas futuras. (*Grand discours cathechetique*, t. III e VIII).

Clemente de Alexandria, um dos maiores vultos da igreja primitiva, foi acusado por Photius de heresia por ensinar em suas *Hypotiposes* a eternidade da matéria, o Filho como simples criatura do Pai, a existência de uma série de mundos com uma humanidade própria e a metempsicose, aplicando-se aos homens antes e depois desta vida. (Pierre C. Covadaveau, cit. por Mário C. Mello, em *Como os teólogos refutam*).

Orígenes, discípulo de Clemente, foi o mais completo dos pais da igreja no tocante ao ensino palingenésico. Ele chegou a tecer judiciosas ponderações sobre certos trechos da Escritura (como os de Malaq. 1:2/3 e Jerem. 1:5) que não teriam sentido sem admitir a preexistência da alma:

> Se o nosso destino atual não era determinado pelas obras de nossas existências passadas, o que dizer de um Deus justo permitindo que o primogênito servisse ao mais jovem e fosse odiado, antes de haver cometido atos que merecessem a servidão e o ódio? Só as nossas vidas anteriores podem explicar a luta de Jacó e Esaú antes do seu nascimento, a eleição de Jeremias quando ainda estava no seio da sua mãe... e tantos outros fatos que atirarão o descrédito sobre a justiça Divina, se não forem justificados pelos atos bons ou maus cometidos ou praticados em existências passadas (Contra Celso, I, III, cit. por Mário C. Mello, em *Como os teólogos refutam*).

Para dar aos leitores uma ideia de como os filósofos e pensadores modernos se externaram acerca da doutrina dos renascimentos, transcrevemos outros tópicos da obra *Como os teólogos refutam* do eminente escritor espírita Mário Cavalcanti de Mello:

De Soame Jenyn:

> A opinião dos grandes sábios, desde a antiguidade mais recuada, foi que a Humanidade existiu em um estado anterior ao atual. Os ginosofistas do Egito, os brâmanes da Índia, os magos da Pérsia e os maiores filósofos da Grécia e de Roma pensavam desta forma, como também os Primeiros Pais e os primeiros escrivães da igreja. (*Discurso sobre a preexistência*).

Do grande filósofo Voltaire:

> É tão surpreendente nascer duas vezes como uma; tudo é ressurreição na natureza. (*La princesse de babylone*)

Goethe, em poesia dedicada à sua amiga Frau Voii Stein:

> Dize-me, o que nos reserva o destino? Por que nos ligou ele tão estreitamente um ao outro? Ah, tu deves ter sido em tempo longínquo minha irmã ou minha esposa... e de todo esse passado, só resta uma reminiscência de antiga verdade sempre presente em mim. (Ed. Hempel).

H. de Balzac está referto da ideia das existências sucessivas:

> Temos de viver novas existências, até chegar ao caminho onde a luz brilha. A morte é a estação desta viagem. (*Seraphitis-Seraphita*).

Pierre Lerroux:

> Há uma voz interior partida sem dúvida do próprio Deus, que nos diz que Ele não pode fazer o mal, nem criar para fazer sofrer. Ora, era isto que aconteceria certamente se Deus abandonasse Suas criaturas depois de uma vida imperfeita e verdadeiramente infeliz. Mas se, ao contrário, concebemos o mundo como uma série de vidas sucessivas para cada criatura, compreenderemos muito bem que Deus permite o sofrimento e o mal como fases necessárias por onde as criaturas deverão passar, para chegarem a um estado de felicidade. (*De L'Humanité*).

Afonso Esquiros:

> Há uma vida anterior cujos elementos preparam a vida que se

cumpre neste momento para cada um de nós? Os antigos pensavam assim. As disposições inatas, tão diferentes entre as crianças, fizeram crer em traços deixados pelas existências anteriores, no germe imperecível do homem. (*Confession d'un Cure de Viliage*).

M. D'Orient, católico ortodoxo:

Tudo se encadeia e se enquadra nesta doutrina, aliás tão fundada na razão, na presciência de Deus e em sua concordância com a vontade livre do homem. Este enigma, até aqui indecifrável, não tem mais dificuldade, se quiser compreender que, conhecendo antes do nascimento, pelas obras antecedentes, o que há no coração do homem, Deus o chama à vida e dela tira o que melhor convém em todas as circunstâncias, para o cumprimento do seu destino.

Jean Raynaud:

Que magníficas claridades o conhecimento de nossas existências anteriores não espalharia sobre a ordem atual da Terra! Mas não somente é nossa memória impotente, com relação aos tempos que precederam nosso nascimento, como não abarca mesmo, sem exceção, os tempos que se seguem. Ela nos falha em uma multidão de passagens importantes em nossa vida, não conserva absolutamente nada deste primeiro período que passamos no seio materno, não conserva senão um traço quase insensível da educação de nossos primeiros anos; e ignoraríamos que tínhamos sido crianças, se não se encontrassem junto a nós testemunhas que nos viram nesta época, e que nos fazem saber o que éramos então. (*Terre et Ciel*)

Lessing, em resposta a um pastor luterano:

Todo homem deve seguir, cedo ou tarde, o caminho que leva à per-

O ESPIRITISMO E AS IGREJAS REFORMADAS | 209

feição. Isto pode ser possível em uma só e única existência? (...) Por que não teria eu já passado por todas as fases do progresso humano, fases determinadas por punições e recompensas temporárias? Por que não voltaria eu ainda, e tantas vezes quantas fosse enviado, para, adquirir um conhecimento maior e para cumprir novas obras? E por que teria eu esquecido que já vivi? E não sou eu feliz por este esquecimento? A lembrança da minha vida passada me impediria de fazer um bom uso da vida presente, e se eu hoje sou obrigado a esquecer o passado, significaria isto que eu o esqueci para sempre? (*Evolução da raça humana*).

Fichte, discípulo de Kant:

Na natureza cada morte é um nascimento. Não há nela o princípio da morte, pois ela é a vida e tudo nela é vida. A natureza me faz morrer, porque me faz reviver ... Estes dois sistemas, o puramente espiritual e o sensual – o último consistindo em uma série de existências separadas – estão em meu espírito desde o momento em que minha razão se desenvolveu. (*La destinée de l'homme*).

Herder:

Não conheceis certos homens, raros e grandes, que não se podiam ter tornado tais em uma só existência humana? Que devem ter existido várias vezes já, antes de haverem atingido esta pureza de sentimento, esta impulsão instintiva a tudo o que é belo, verdadeiro e bom? Aquele que não pode amadurecer em uma determinada forma de humanidade, recomeça a experiência até que, cedo ou tarde, se torne perfeito (*Dialogues sur ia metempsicose*).

Shelley:

Malgrado toda a habilidade dos que querem esconder a verdade,

não é menos certo que todo conhecimento não é mais que uma reminiscência. Esta doutrina é bem mais velha que o século de Platão.
(*Vie de Shelley*, Dowden).

Schopenhauer:

De acordo com a metempsicose, as qualidades inatas que encontramos em um homem e que faltam em outro, não são oferta gracio-
sa de qualquer divindade, mas o fruto das ações pessoais de cada
homem, em uma vida precedente. (*Parerga et Paralipomena*, vol. II, c.
XV, "Essai sur les Réligions").

O Rev. William Alger, ministro unitário:

A perda da lembrança de nossas existências anteriores não prova
que elas não fossem uma realidade. Um dos fatos que mais chocam
na doutrina das encarnações repetidas da alma, é a sua constante
aparição em todas as partes do mundo e sua persistência permanen-
te entre certas grandes nações... (*Histoire critique de ia doctrine d'une
vie future*).

O Prof. F. H. Hedge:

E se a preexistência é verdadeira, é providencial que não nos lembremos de nossas vidas anteriores. De todas as teorias sobre a origem da alma, esta me parece a mais plausível e esparge mais luz
sobre a questão da vida futura (*Les voies de l'esprit*).

Sir Walter Scott tinha reminiscências bem vivas de suas vidas
passadas e elas lhe impuseram a fé na sobrevivência. George Sand,
em *Consuelo*, compreendeu toda a grandeza e lógica da reencarnação. Richet escreveu um romance (*Au seuil du mystère*) adotando

como tema a reencarnação, Gerard De Nerval, Victor Hugo, Theóphile Gautier e Ponson Du Terrail, eram ardorosos partidários da reencarnação.

Vejamos outros autores: J. Maxwell, Procurador Geral da Corte de Paris, fisiologista e psicólogo de grande erudição, disse, em trabalho prefaciado por Charles Richet:

> Se fizermos a síntese das doutrinas antigas, dos ensinamentos dos mais célebres filósofos, encontraremos o espiritualismo moderno com todas as suas conclusões: A sobrevivência da alma, a crença nas reencarnações, no corpo fluídico do espírito, a crença na comunicação dos espíritos com os encarnados, a sanção do bem e do mal, moral perfeita, digna da Divindade, que deu a intuição aos missionários por ela enviados para instruir a humanidade. (Les phénomènes psychiques).

Gustave Geley:

> A filosofia palingenésica dá-nos a chave de inúmeros enigmas de ordem psicológica. Eis os enigmas mais notáveis: As principais faculdades e capacidades inatas; o talento e o gênio; as desigualdades psíquicas consideráveis de seres vizinhos pelas condições de nascimento e de vida, especialmente entre parentes e compatriotas criados em condições idênticas, as diferenças paradoxais enormes entre a hereditariedade física e a psíquica etc. Que explicações tentou dar a psicologia clássica a esses enigmas?" (*Introdução ao estudo da mediunidade e reencarnação*).

Temos mais, no século XIX, Godin, Engêne Nus, Charles Fauvety, Alfred De Vigny, Cel. Albert De Rochas, Sauvage Ely, o poeta trágico Lomon, os historiadores Bonnemére e Michelet, o acadêmico Victorien Sardou, Louis Jacolliot, Auguste Vacquerie, o Conde de Gasparin, a Rainha Victória da Inglaterra, Luis, Rei da Baviera, os dois últimos imperadores da França e da Rússia, o sultão Murad, o grande Juiz Edmonds, da Suprema Corte dos Estados Unidos, e os dois presidentes Lincoln e Thiers, todos partidários convictos da palingenesia.

Huxley, darwinista, certo da verdade reencarnacionista, a defendia desassombradamente e a propagava com todas as suas forças. Sir Oliver Lodge, um dos mais altos ornamentos das ciências físicas modernas, em seu livro *Raymond*, diz, textualmente: "Há muitos graus, muitos estados de ser, e cada criatura vai para o lugar adequado." Walker menciona 42 poetas que cantavam os renascimentos.

Encontram-se entre os asiáticos mais de 600 milhões de reencarnacionistas: Chineses, tibetanos, tártaros, indianos, siameses, mongólicos, birmanianos, cambodgenses, coreanos, japoneses. Quase todos os povos, mesmo os mais selvagens, receberam pela tradição o ensino palingenésico.

(Fim das transcrições de Mário C. Mello)

Julgamos haver assim demonstrado que a noção de sucessivos renascimentos é uma constante na mente dos povos, em todos os tempos através da história. E parece que **já** estamos ouvindo a objeção: "O fato de esses princípios serem aceitos por teólogos, filósofos e cientistas ilustres, e por parte considerável da população mundial, não constitui prova de que sejam verdadeiros!"

Certo, certíssimo, dizemos nós. Mas aí também perguntamos: "E por que devemos aceitar como artigos de fé certos dogmas impostos por Concílios que de cristãos só tinham mesmo o nome, como o da "Divindade de Cristo" (Consubstância com o Pai) (Concílio de Niceia, em 325 d.C.), o da "Santíssima Trindade" (Constantinopla, 553) e o da "Presença Real de Cristo na Eucaristia" (Trento, 1551), este último aceito por algumas denominações evangélicas? Por que devemos adotar esses dogmas que, à força de por tantos séculos serem impostos pela violência (à época da Idade Média bastava levantar uma dúvida para ser condenado, como herege), terminaram por cristalizar-se como verdades definitivas nas mentes dos fiéis?

E note-se que deixamos de mencionar outros dogmas absurdos, como o da "Imaculada Conceição" (*Bula 'ineffabilis Deus'*, de Pio IX, 1854), o da "Assunção da Virgem Maria" em corpo e alma, e o da "Infalibilidade Papal" (ambos promulgados no Concílio Vaticano, em 1890), porque todos estes, ulteriores à Reforma – e talvez por isso mesmo – não foram aceitos pelos protestantes.

Todos esses dogmas provocaram embates terríveis no seio da igreja, e quem nos garante ter sido precisamente o Divino Espírito Santo quem inspirou em cada caso a melhor solução? Vejamos o que dizem os teólogos:

> O "Ensino dos Doze Apóstolos" demonstra que logo surgiram homens ambiciosos e fraudulentos, pretensamente dirigidos por Deus, que ocasionaram danos às igrejas. (Ayer, em *A source book for ancient church*).
>
> No que se refere à ressurreição, ideias hebraicas e gregas entraram em choque. O conceito hebraico era de uma nova vida na carne, enquanto o grego aludia à ideia da imortalidade da alma. A posição de Paulo não é clara. O texto de Romanos 8:11, lembra o pensamento hebraico, enquanto 1ª Coríntios 15:35/54, o pensamento grego. (W. Walker, em *História da Igreja Cristã*).

A penetração de ideias provindas de fontes outras que não as cristãs, sem dúvida trazidas por conversos de antecedentes pagãos, modificaram as crenças e as práticas cristãs, especialmente no que tange aos sacramentos, aos jejuns e ao surgimento das fórmulas litúrgicas. Desaparecia a antiga convicção da direção imediata do espírito, sem contudo extinguir-se por completo. (ibd.).

Na maioria das igrejas do século II a primitiva esperança na próxima volta do Cristo desaparecia. A consciência da inspiração constante do espírito, característica da igreja apostólica, praticamente extinguira-se. (ibd.).

4 – A reencarnação e a Ciência

Até aqui analisamos a reencarnação em face da lógica, em face da Bíblia e em face da história, supondo ter alinhavado, talvez até com certa prolixidade, as razões que fundamentam a crença na doutrina das existências sucessivas. Mas sabemos como as mentes das pessoas se acomodam às ideias tradicionalmente estabelecidas, e como reagem instintivamente a quaisquer novas concepções que venham de encontro a tais ideias.

Pois bem: Para a parte da comunidade cristã cuja mentalidade permanece esclerosada nos dogmas, ou adstrita à interpretação literal do texto bíblico, vamos apresentar agora os argumentos que reputamos decisivos para uma tomada de posição, pois consistem nas provas científicas a que estão chegando investigadores idôneos nos seus estudos sobre o que a Ciência convencionou chamar de "memória extracerebral" ("mec"). É este um tipo de memória cuja existência real tem sido constatada e cuja localização evidentemente não está no cérebro, pois é claro que este só pode registrar os fatos da sua vida física, ao passo que a "mec" se reporta a lembranças de possíveis encarnações pretéritas.

O fenômeno tanto pode ocorrer de maneira espontânea (reminiscências de eventos não pertencentes à vida atual, principalmente em crianças), como pode ser provocado por sugestão hipnótica, esta modalidade conhecida nos meios científicos como "regressão da memória", ou, mais propriamente, regressão da idade, segundo a expressão inglesa *age regression*.

Muitos médicos empregam a hipnoterapia para induzir seus pacientes a regredirem na idade até a infância (para a localização de traumas e neuroses) e às vezes até o período fetal. Em inúmeros casos em que a sugestão foi estendida além desse período, os operadores se depararam com uma personalidade completamente diversa, referindo acontecimentos e pessoas inteiramente estranhos à sua vida atual. É bem conhecido o caso Bridey Murphy, nos Estados Unidos, que deu lugar a um livro muito vendido naquele país (*The search for Bridey Murphy*) e cremos que até a um filme rodado pela "Paramount".

Até há pouco negavam validade científica a esse tipo de fenômeno; contudo já estão aparecendo provas concludentes da sua realidade, como resultado de intensivas pesquisas realizadas simultaneamente nos Estados Unidos, na Índia e na União Soviética.

O pioneiro no terreno da "regressão da memória" foi o engenheiro Cel. Albert De Rochas, Professor na Escola Politécnica de Paris no primeiro quartel deste século. Ele chegou a publicar um livro, em 1924 (*Les vies sucessives*), contendo um razoável acervo de experiências, comprovadas através de rigoroso controle. Sua técnica de "regressão da memória por sugestão hipnótica" vem sendo estudada por inúmeros pesquisadores contemporâneos, como o Prof. Vladimir Raikov, da Universidade de Moscou, embora este, decerto sob a influência da filosofia política vigente na União Soviética, tenha desviado suas pesquisas para o que chama de "reencarnação artificial" (indução na mente do paciente de que é a reencarnação de figura ilustre do passado, visando a ampliação dos seus talentos). Essa técnica tem levado a resultados precários e, como é de ver, nada tem de comum com a "reencarnação" no seu sentido tradicional.

Vários outros cientistas estão atualmente empenhados na pesquisa da "memória extracerebral", dois dos quais se destacam por serem mais conhecidos e acatados mundialmente por sua idoneidade profissional e moral. São eles o Dr. Hamendras Nat Banerjee, catedrático na Universidade de Jaipur, Índia, e o Dr. Ian Stevenson, professor na Universidade de Virgínia, Estados Unidos.

Mas em vez de seguirem a técnica da sugestão hipnótica (na qual, segundo Herculano Pires, "não seria inteiramente descartável a hipótese de fabulações inconscientes do hipnotizado"), esses dois pesquisadores preferiram dedicar-se aos casos de lembranças espontâneas de existências anteriores reveladas por crianças, o que, embora incomum, não é tão raro quanto se pode supor. "Em seguida", diz Herculano, "promovem a verificação objetiva das lembranças nos locais e meios, social e familiar, em que teria vivido a personalidade anterior, que agora aparece como reencarnada. Essa verificação, quando de resultados positivos, configura-se tanto mais significativa quanto menos as atuais pessoas em cujo meio vive o reencarnado, tiveram informações sobre os fatos lembrados." (Herculano Pires, em *Parapsicologia hoje e amanhã*, 6ª edição, pg. 95).

O Dr. Banerjee vem efetuando desde 1954 pesquisas rigorosas e sistemáticas no campo da "memória extracerebral". Ele conta no seu arquivo com mais de 1.000 casos catalogados, tendo publicado diversos livros sobre o assunto, e afirma ter reunido provas de que cerca de 500 crianças demonstraram conservar recordações de uma vida anterior, aduzindo que "os seus relatos foram objetivamente comprovados pelas pesquisas realizadas."

O Dr. Stevenson publicou em 1966 um alentado volume intitulado *Vinte casos sugestivos de reencarnação* (traduzido no Brasil pela "Edicel" em 1970), casos esses selecionados entre mais de 600 por ele investigados. Na parte final do seu livro (onde aparecem dois casos por ele pessoalmente pesquisados no Brasil), ele analisa com isenção as objeções geralmente levantadas à hipótese da reencarnação, como, por exemplo, a da "memória genética" (ressurgimento de experiências de ancestrais do paciente), a qual refuta lembrando que, na quase totalidade dos casos pesquisados, não constatou qualquer parentesco entre a personalidade atual e a anterior. Ele não teme afirmar que "alguns casos são mais que sugestivos, chegando à evidência." (op. cit.).

As reminiscências de existências anteriores têm sobre a regressão por sugestão hipnótica a vantagem da espontaneidade, mas não há dúvida de que são métodos complementares, que comprovam cientificamente a "memória extracerebral" e, portanto, a preexistência da alma e, consequentemente, a realidade das existências sucessivas.

Além das recordações que algumas crianças apresentam de existências pregressas, há outro tipo de fato, não muito comum, mas que chama a atenção pelo aspecto insólito, que é o das crianças superdotadas, comumente referidas como "crianças-prodígios".

Dos inúmeros casos descritos por Léon Denis (*O problema do ser, do destino e da dor*, 11ª ed., FEB, págs. 236/243), citaremos apenas alguns que nos pareceram mais sugestivos:

> Michelangelo (1475/1564) com 8 anos foi despedido por seu mestre Ghirlandajo, dizendo este que "nada mais tinha para lhe ensinar."
>
> Pascal (1623/1662) aos 12 anos descobrira as primeiras 32 proposições de Euclides e publicara um tratado sobre a Geometria Plana.
>
> Baratier, Jean Philippe (1721/1740) aos 7 anos falava o alemão, o francês, o hebraico e o latim. Com 14 anos foi recebido como professor na Universidade de Halle.

Henri de Heinecken, de Lubeck (1721/1725) falou quase ao nascer e aos 2 anos conhecia 3 idiomas. Com dois anos e meio prestou exames de geografia e história. Faleceu aos 5 anos.

Mozart (1756/1791) com apenas 4 anos executava uma sonata ao piano e aos 8 compôs sua primeira ópera.

Thomas Young (1775/1829), físico inglês, autor da teoria das ondulações da luz, aos 8 anos conhecia bem seis línguas.

William Hamilton estudava hebraico aos 3 anos e aos 13 conhecia doze línguas. Aos 8 anos, disse dele um astrônomo irlandês: "Eu não afirmo que ele será, mas que já é o primeiro matemático do seu tempo."

Pepito Ariola (1887/1954), pequenito espanhol com 3 anos de idade tocou para os reis da Espanha seis composições da sua lavra.

Willy Ferreros (1906/1954), com quatro anos e meio dirigiu a orquestra do "Follies Bergère" de Paris.

Dennis Mahan, de Montana, destacou-se como um dos mais célebres pregadores dos Estados Unidos, pois desde os 6 anos impressionava pela sua eloquência e por seu profundo conhecimento da Escritura.

Com o pressuposto de uma única vida teríamos de admitir um Criador caprichoso, distribuindo suas benesses de maneira arbitrária, o que não se coaduna com a ideia de um Deus justo. As explicações "científicas" não convencem: a da "hereditariedade" não resiste à mais ligeira análise, se considerarmos os ascendentes e descendentes dos "gênios", geralmente bem medíocres. A da "combinação arbitrária de células cerebrais reunidas por mero acaso" é ainda mais ilógica, para não mencionar a impiedade implícita. E a que atribui o fenômeno a "processos mentais automáticos fora da alçada da consciência" (cit. por Sérgio Valle, em *Silva Melo e seus mistérios*) acerta na "mosca", sem explicar nada. De fato, na genialidade precoce é patente o chamado "automatismo psicológico", mas este pressupõe aprendizado anterior. Um pianista não se torna "virtuose" por artes mágicas; tem que batucar no piano anos a fio, repetindo até que cada variação, cada minúcia, fiquem indelevelmente gravadas em sua mente. Segundo Claparède, "sem o exercício, sem a imitação, todas as nossas funções psíquicas permaneceriam em estado embrionário."

Então a única explicação lógica só pode ser mesmo a reencarnação. Trata-se evidentemente de espíritos que acumularam avultado cabedal de conhecimentos sobre determinados setores de atividade, e em existência ulterior manifestam, ainda no verdor dos anos, o talento que trazem do passado.

Aliás, não são apenas as "crianças-prodígio" as que roboram esta conclusão; é certo que elas prendem a atenção pelo inusitado, porém a simples observação dos pendores de qualquer criança é suficiente para permitir avaliar em que setor mais se expandiram as suas faculdades intelectuais.

O fim específico deste capítulo foi mostrar como a doutrina dos renascimentos vem sendo integralmente confirmada pelas conquistas científicas destes últimos tempos. Acreditamos tê-lo feito e por isso pretendemos agora afastar-nos um pouco do assunto para deixar evidente que não é só no campo da reencarnação que a Ciência vem comprovando as verdades do espiritismo. Senão, vejamos:

A própria realidade do que o apóstolo Paulo, em maravilhosa inspiração, vislumbrou como "corpo espiritual" (1ª Cor. 15:44), já pode ser considerada como cientificamente estabelecida. Mas, de que modo?

Sabemos que o conhecimento nos chega por intermédio dos sentidos e que o avanço científico já nos permite dispor de instrumentos capazes de ampliar o raio de ação dos sentidos. Atualmente já ninguém duvida de que existem micróbios, uma vez que eles podem ser vistos através do microscópio.

Abramos aqui um ligeiro parêntese para examinar o ensinamento ministrado a Kardec sobre a estrutura do "corpo espiritual" mencionado por São Paulo:

Perg.: – O espírito, propriamente dito, vive a descoberto ou, como pretendem alguns, envolvido por alguma substância?

Resp.: – O espírito é envolvido por uma substância que é vaporosa para ti, mas ainda bastante grosseira para nós; suficientemente vaporosa, entretanto, para se elevar no espaço e transportar-se para onde quiser.

Nota (de Kardec): Como a semente de um fruto é envolvida pelo perisperma, o espírito, propriamente dito, é revestido por um envoltório que, por comparação, se pode chamar perispírito.

Perg.: – De onde tira o espírito o seu envoltório semimaterial?

Resp.: – Do fluido universal de cada globo. É por isso que ele não é o mesmo em todos os mundos; passando de um a outro mundo, o espírito muda de envoltório, como mudais de roupa. (*O Livro dos Espíritos*, 38ª ed. Lake, pg. 93).

Fica, então, evidente que o que Paulo chamou de "corpo espiritual", é o que denominamos atualmente "corpo etéreo", ou "perispírito". E se o rotulam às vezes de "imaterial", é porque escapa à percepção dos nossos sentidos. Na realidade, conforme se depreende dos ensinamentos acima, a sua consistência é "semimaterial", ou seja, uma espécie de matéria extremamente sutil, extraída do éter que circunda o globo.

Pois bem: Assim como o microscópio desvendou o universo do infinitamente pequeno, também já existe um instrumento elaborado pela tecnologia moderna que permite captar o campo vibratório do "perispírito", comprovando a realidade objetiva deste. Queremos referir-nos à Câmara Kirlian, desenvolvida por um casal de pesquisadores soviéticos (Semyon e Valentina Kirlian), uma câmara fotográfica que opera sobre um campo de energia de alta frequência e permite fotografar a "aura" de quaisquer seres ou coisas, mostrando que todos os corpos têm uma estrutura interna de natureza energética, a funcionar como uma espécie de molde para as estruturas materiais. Esse corpo energético é transparente e luminoso, e o seu brilho revela uma forma de energia ainda desconhecida, que varia de intensidade e de coloração conforme seja de saúde ou de enfermidade o estado íntimo dos seres. Aliás, consta já existir até um processo mais simples – a eletrografia – que teria sido demonstrado pelo pesquisador inglês John J. Williamson em 1979, conforme artigo de Antônio César Perri de Carvalho no *Anuário Espírita* de 1980.

Em 1968 uma comissão de eminentes cientistas soviéticos examinou em profundidade o fenômeno Kirlian, concluindo pela realidade indiscutível do corpo energético, a que deu o nome de "corpo bioplasmático", ou "corpo bioplásmico", definido como "uma espécie de constelação de tipo elementar, semelhante ao plasma, constituído de elétrons ionizados e parece que excitados, de prótons e provavelmente de outras partículas atômicas" (J. Herculano Pires, em *Parapsicologia hoje e amanhã*, 6ª ed., pg. 110).

É digno de nota o fato de que os pesquisadores soviéticos documentaram até os instantes finais de moribundos, quem sabe para provar a tese materialista da inexistência da alma. Pois, para espanto geral, constataram a dispersão gradual dos pontos luminosos e sua aglomeração em seguida a pouca distância do cadáver, confirmando as descrições de videntes que têm assistido a processos de desencarnação, bem como a explicação de Kardec de que "no instante da morte o desprendimento do espírito não se completa subitamente, mas gradualmente, com lentidão variável segundo os indivíduos." (*O Livro dos Espíritos*, 38ª ed. Lake, pg. 118).

As autoras norte-americanas Sheila Ostrander e Lynn Schroeder, em seu livro *Descobertas psíquicas atrás da cortina de ferro* (trad. Ed. Cultrix, SP) asseguram que as consequências da descoberta do "corpo energético" atingirão quase todas, senão todas, as áreas do conhecimento humano. Herculano Pires a vê como "uma verdadeira revolução copérnica, fazendo lembrar as visões bíblicas e particularmente as referências do apóstolo Paulo ao "corpo espiritual."

Como já fugimos um pouco do tema "reencarnação" para mostrar as provas da existência do "perispírito", vamos encerrar o capítulo com outras palpitantes evidências de fatos conexos, como a preexistência e a sobrevivência, ambas pressupostos da doutrina das existências sucessivas, porque se a alma reencarna é que já existia antes do nascimento e continuará existindo após a morte.

Sabemos que o avanço da Medicina tem dado lugar a ocorrências que seriam inadmissíveis há alguns anos passados, como os transplantes de órgãos, a implantação de membros etc. Entre esses casos, destacam-se os da "ressurreição", através de massagens cardíacas, eletrochoques etc., de pacientes dados como clinicamente mortos.

Muitos desses pacientes relatam palpitantes experiências vividas durante os rápidos instantes que permaneceram no "outro lado" e alguns clínicos têm recolhido e dado à publicidade essas experiências. Um deles é a Dra. Elizabeth Kubler-Ross, que em seu interessante livro *On death and dying* (MacMillan, N. Y., 1969) descreve vários casos muito sugestivos, de fatos ocorridos com clientes seus.

Outro é o Dr. Raymond A. Moody Júnior, psiquiatra norte-americano, que se confessa filho de pais presbiterianos e membro da Igreja Metodista. Ele catalogou criteriosamente inúmeros casos de "morte clínica" em que os pacientes retornaram à vida graças aos recursos da medicina moderna, e fizeram relatos impressionantes dos breves períodos em que se acreditaram "fora do corpo", relatos esses que o autor sintetiza em seu livro *Life after life* (Benton Books, N. Y., 1975), o qual foi *best seller* nos Estados Unidos e já teve várias edições no Brasil, sob o título *Vida após a vida*. Na realidade, o livro tem sido tão divulgado que nos dispensamos de tecer maiores considerações sobre ele, limitando-nos a transcrever alguns trechos que nos pareceram mais elucidativos. O Dr. Moody começa por afirmar que "a semelhança entre os vários relatos é tão grande que se podem facilmente separar cerca de quinze elementos que reaparecem repetidamente na massa de narrativas" e que com base

O ESPIRITISMO E AS IGREJAS REFORMADAS | 223

nesses pontos semelhantes construiu uma experiência teoricamente "ideal", incorporando "todos os elementos comuns na ordem em que é típico que ocorram":

> Um homem está morrendo e, quando chega ao ponto de maior aflição física, ouve seu médico declará-lo morto. Começa a ouvir um ruído desagradável, um zumbido alto ou toque de campainhas, e ao mesmo tempo se sente movendo muito rapidamente através de um túnel longo e escuro. Depois disso, repentinamente se encontra fora de seu corpo físico, mas ainda na vizinhança imediata do ambiente físico, e vê seu próprio corpo à distância, como se fosse um espectador. Assiste às tentativas de ressurreição desse ponto de vista inusitado, em um estado de perturbação emocional. Depois de algum tempo, acalma-se e vai se acostumando à sua estranha condição. Observa que ainda tem um "corpo", mas um corpo de natureza muito diferente e com capacidades muito diferentes daquelas do corpo físico que deixou para trás. Logo outras coisas começam a acontecer. Outros vêm ao seu encontro e o ajudam. Vê de relance os espíritos de parentes e amigos que já morreram e aparece diante dele um caloroso espírito de uma espécie que nunca encontrou antes – um espírito de luz. Este ser pede-lhe, sem usar palavras, que reexamine sua vida, e o ajuda mostrando uma recapitulação panorâmica e instantânea dos principais acontecimentos de sua vida. Em algum ponto encontra-se chegando perto de uma espécie de barreira ou fronteira, representando aparentemente o limite entre a vida terrena e a vida seguinte. No entanto, descobre que precisa voltar para a Terra, que o momento da sua morte ainda não chegou. A essa altura oferece resistência, pois está agora tomado pelas suas experiências no após vida e não quer voltar. Está agora inundado de sentimentos de alegria, amor e paz. A despeito dessa atitude, porém, de algum modo se reúne ao seu corpo físico e vive. (*Vida depois da vida*, 4ª ed. Nórdica, pg. 27).

Há um notável acordo quanto às "lições", ou o que sejam, que foram trazidas de volta desses encontros estreitos com a morte. Quase todos insistem sobre a importância de tentar cultivar o amor pelos outros, amor de uma espécie única e profunda. Muitos outros acentuam a importância de buscar o saber. Acham que foram avisados, durante suas experiências, de que a aquisição do saber continua mesmo no além-vida. Uma mulher, por exemplo, tem aproveitado todas as oportunidades educacionais que tem tido desde sua experiência de "morte". Um outro homem dá o conselho: "Não importa a idade com que você esteja, nunca pare de aprender. Pois esse é um processo, foi como entendi, que continua pela eternidade." (ibd.).

Nota – Confirma-se, numa experiência prática, o ensino da espiritualidade: "Amai-vos, eis o primeiro ensinamento: instruí-vos, eis o segundo." (*O Evangelho segundo o Espiritismo*, ed. Lake).

De acordo com essas novas perspectivas, o desenvolvimento da alma, especialmente nas faculdades espirituais de amor e conhecimento, não para com a morte. Em vez disso, continua do outro lado, talvez eternamente, mas decerto por um lapso de tempo e com uma profundidade que apenas pode ser vislumbrada, enquanto ainda estamos em corpo físico, como "através de um vidro fosco." (Dr. Moody, ibd.).

O *Livro Tibetano dos Mortos*, escrito provavelmente oito séculos antes de Cristo, contém uma longa descrição dos vários estágios pelos quais passa a alma depois da morte física. A correspondência entre os vários estágios da morte que o livro retrata e aqueles que me foram relatados pelos que chegaram perto da morte, só pode ser designada como fantástica! (ibd.).

Outro relato deveras impressionante é o do médico psiquiatra Dr. George G. Ritchie, que em 1943 foi dado como morto em consequência de pneumonia e inesperadamente retornou à vida nove minutos depois, para descrever a emocionante experiência pela qual passara naquele breve lapso de tempo. Ele narra como encontrou um ser de luz que, irradiando amor, lhe dirigiu uma singela pergunta: "O que fez você da sua vida?" e como aquela experiência transformou por completo a sua maneira de viver. O seu livro *Return from tomorrow* (*Retorno do amanhã*), aliás já traduzido para o português por Gilberto C. Guarino, finaliza com estas expressivas palavras:

> Eu creio que o destino da própria Terra depende do progresso que fizermos, e que o tempo agora está bem curto. Quanto ao que encontraremos no Além, creio que depende de quão bem nos engajarmos, aqui e agora, na tarefa de amar.

Mas como o objetivo deste capítulo foi demonstrar a realidade da reencarnação, voltamos ao assunto para – em conclusão de tudo quanto acima expusemos – transcrever alguns trechos de artigos que evidenciam como ilustres personalidades da nossa época admitem, abertamente, a tese das existências sucessivas:

Do jornalista Aureliano Alves Netto:

> Henry Ford, o gigante da indústria automobilística, assim se expressou em entrevista ao jornalista Frazier Hunt: "Os homens vêm a este mundo para adquirir experiência. Isto é o que mais importa. Deus fez as pulgas para dar ocupação aos cachorros e as dificuldades e penas para dar trabalho ao homem. Mas tudo se resume em obter experiência nesta vida", acrescentando: "Bem, experiências para a próxima vida. Todo homem se encontra aqui para adquirir experiência e assim prosseguir para diante." Como o jornalista indagasse se se referia à reencarnação, replicou: "Certamente que sim. Cada vida que vivemos aumenta o total de nossas experiências. Tudo o que se encontra na

Terra foi nela posto para o nosso bem, para conseguirmos experiências que hão de ser armazenadas com uma finalidade futura. Não há
uma partícula do homem, um pensamento, uma experiência, uma
gota, que não subsista. A vida é eterna, não existe a morte."

(Artigo no *Correio Fraterno do ABC*, out. 79).

Do confrade Antônio César Perri de Carvalho:

A editora Psychic Press, de Londres, lançou em 1970 a obra *Rein-
carnation – based on facts*, de Karl E. Muller, e que já foi editada em
português. O autor escreveu tal livro depois de se dedicar por mais
de 10 anos aos estudos sobre a reencarnação, visando a esclarecer se a
crença era uma verdade, ou meramente uma superstição de milhões
de pessoas. Outro psiquiatra, o Dr. Arthur Ghirdham, em sua obra
A foot in both worlds, mostra-se convencido da reencarnação, moti-
vado por suas próprias recordações como um típico "cathar" (povo
que viveu no século XIII) e ainda nas informações obtidas de alguns
dos seus pacientes que também têm recordações de vidas passadas.
Inclusive este psiquiatra tem reconhecido, em seus pacientes, enfer-
midades de origem espiritual.

No ano de 1977 a obra *Mais de uma vida?*, de Jeffrey Iverson, al-
cançou sucesso na Inglaterra. O autor relata experiências sobre reencarnação, e, em forma de documentário, ganhou grande divulgação
pela famosa BBC de Londres. Na época esta obra foi uma das mais
vendidas no Reino Unido.

A Dra. Helen Wambach, após estudar 750 casos de consultório
atendidos em duas regiões norte-americanas, e com o objetivo de
conhecer melhor a mente humana, chegou a conclusões em outro
extremo. Baseada em observações clínicas, admite que o espírito é imortal, e preexiste ao corpo. Segundo a pesquisadora norte-
-americana, 81% dos pacientes relataram que se haviam decidido
espontaneamente pelo nascimento. Verificou ainda que, entre as re-

cordações de vidas anteriores, 90% dos pacientes consideraram que "morrer é uma experiência mais agradável do que nascer."

Outro fato curioso é que o *Psychic News*, editado em local tradicionalmente avesso à hipótese da reencarnação, tem trazido várias notas sobre o tema. Particularmente a edição de 5-1-80 está muito chamativa, pois trouxe várias notas. Este periódico londrino estampou na primeira página que autoridades "top" internacionais estão convencidas da reencarnação. Basearam-se em entrevista do *National Enquirer*, jornal de grande circulação nos Estados Unidos. Trazem entrevistas com profissionais que têm pesquisado casos que evidenciam a reencarnação: Erlandur Haraldson, professor de Psicologia da Universidade da Islândia; James Pareiko, professor de Filosofia da Universidade Estadual de Chicago; Joel Whitton, professor de Psicologia da Universidade de Toronto; H. N. Banerjee, do Instituto Indiano de Parapsicologia. Na última página deste periódico, duas notícias chamam a atenção: A psicóloga Edith Fiore declarou: "A morte é uma experiência inacreditável"; e relatou as suas experiências como hipnoterapista, obtendo o que ela considera "evidência científica da reencarnação". Em transe profundo, provocado pela hipnose, seus pacientes lembram o "fabuloso interlúdio entre morte e nascimento". Conta mais ainda: "Após a morte, há um imediato alívio da dor e uma enorme sensação de liberdade. Frequentemente a alma se encontra com o espírito guardião e com parentes e amigos mortos. Segue-se um período de intensiva instrução e outro de planejamento para a nova vida terrestre. (Artigo *A atualidade da reencarnação"*, no *Reformador* de abril de 1981).

E como arremate final, estas judiciosas considerações do eminente escritor Hermínio C. Miranda:

A reencarnação é hoje um fato que a pessoa razoavelmente bem informada não pode recusar sumariamente sem exame. Primeiro falaram dela remotos místicos egípcios e hindus. Muitos escritores, poetas, filósofos e artistas a admitiram. Há pouco mais de um século, os espíritas tomaram a palavra para falar dela e demonstrar a sua necessidade filosófico-religiosa para explicar certos enigmas da vida. De anos mais recentes para cá, médicos e cientistas como o Dr. Ian Stevenson, ou o Dr. Banerjee, começaram a catalogar casos de lembranças espontâneas em crianças, enquanto psiquiatras e psicólogos, como o Dr. Denis Kelsey, ou a Dra. Edith Fiore, passaram a tratar de distúrbios emocionais pesquisando os traumas em existências pregressas.

De tal forma cresceu o acervo de casos documentados que, embora ignorar a reencarnação seja direito de quem assim o desejar, negá-la aprioristicamente passou a ser, no mínimo, para usar uma palavra mais benigna, sintoma evidente de desinformação.

Seja como for, porém, para os que integram a multidão dos negadores, por conveniência, acomodação, ou convicção bem-intencionada, a realidade da reencarnação cria insuportáveis impactos, desarruma todo um universo íntimo, onde cada coisa tem um lugarzinho certo, onde tudo está automatizado, onde, enfim, a criatura está desobrigada do incômodo de pensar (tudo já foi pensado por ela) e livre de preocupações, temores e responsabilidades, desde que cumpra determinados rituais, ou simplesmente ignore até a existência de Deus. É muito mais fácil negar certas realidades do que assumi-las (no sentido moderno da palavra) e arcar com as consequências dos nossos atos. Reencarnação implica ação e reação, falta e correção, abuso e reparação, tanto quanto a remuneração do bem com a paz, do amor com a felicidade." (Artigo *Bridey Murphy – uma reavaliação* no *Reformador* de janeiro de 1980).

5 – Objeções à reencarnação

Baseados nos *Estudos filosóficos* do Dr. Bezerra de Menezes (2ª ed. Edicel, págs.. 116/118), damos em seguida as respostas a algumas das objeções que costumam levantar à doutrina das existências sucessivas:

1 – Que adianta reencarnar para sofrer, se não podemos lembrar a origem do sofrimento?

R. – O esquecimento é necessário nos mundos expiatórios, pois não é raro indivíduos que foram inimigos mortais numa existência, se reunirem noutra como membros da mesma família, para se reconciliarem pelos laços do amor. Como pode alguém continuar odiando um inimigo se, ao voltar ao plano espiritual, constata que aquele veio a ser depois um filho muito amado? Muitos sofrem hoje o que fizeram sofrer ontem. Acaso não seria maior o tormento se a lembrança fosse mantida e vissem ao seu lado, como pessoas queridas, aqueles de quem muito sofreram, ou a quem muito fizeram sofrer em existência passada? Além disso, o espírito recebe em cada nova encarnação as mesmas provas em que falhou no passado, e se conservasse a consciência do fato, isso cercearia o seu livre-arbítrio. Mas a existência verdadeira é a espiritual e nesta o indivíduo conhece todas as causas e todas as consequências, sabendo com segurança as razões das provas por que passou. O esquecimento, todavia, já não é necessário em orbes mais evoluídos.

2 – Objeção de São Jerônimo a Pomaco: "Vossa doutrina permitirá que no fim dos tempos estejam reunidos Gabriel e Satanás, Paulo e Caifás, as virgens com as prostitutas..."

R. – Sem dúvida alguma, por mais pecadores que tenham sido, o Pai não fechará a ninguém a porta do arrependimento, de sorte que todos chegarão um dia ao estado de angelitude, após palmilharem uma longa senda de expiações e de provas. Portanto, os mais pecadores estarão juntos com os mais santos, com toda a certeza, desde que estejam todos no mesmo nível de aperfeiçoamento, é claro.

3 – Se todos devemos chegar à perfeição, não há necessidade de nos privarmos dos prazeres da vida.

R. – Sem dúvida não há. Deus concede o livre-arbítrio para que o homem escolha, livremente, o comportamento a adotar. Mas se preferir os prazeres da vida, com isso retarda o seu progresso e sofre as consequências, pois todos responderemos pelo mal que fizermos e pelo bem que deixarmos de fazer. A consciência aponta a cada homem os seus deveres, e aquele que passa a vida em deleites esquecido dos seus irmãos que sofrem, assume perante a justiça Divina uma enorme responsabilidade. Consoante já dissemos algures, "a semeadura é livre, mas a colheita é obrigatória".

4 – A ideia de um progresso indefinido não atende às aspirações da alma humana.

R. – Esta objeção deve partir dos que sonham com a bem-aventurança no céu após uma breve existência na Terra. Qual será melhor? Um progresso incessante até chegar ao ponto máximo em sabedoria e virtude, para então alcançar o estado de bem-aventurança, ou um progresso rápido e alcançar o céu (ou o inferno...) com todas as deficiências mentais e morais de uma só existência?

5 – Por que a volta à carne, para expiar as faltas cometidas, quando elas poderiam ser expiadas no Espaço?

R. – A reencarnação não é só um meio de expiação, mas também de prova. A justiça requer que o espírito repare as suas faltas em circunstâncias idênticas àquelas em que as cometeu, enfrentando as mesmas dificuldades, sofrendo as mesmas vicissitudes. Muitas falhas resultam de contingências materiais, e no plano espiritual o ser não passaria pelas mesmas contingências.

JORNADA

Fui átomo, vibrando entre as forças do espaço,
devorando amplidões, em longa e ansiosa espera...
Partícula, pousei... encarcerado, eu era
infusório do ser, em montões de sargaço...

Por séculos fui planta, em movimento escasso,
sofri no inverno rude e amei na primavera
depois fui animal e, no instinto da fera,
achei a inteligência e avancei passo a passo...

Guardei por muito tempo a expressão dos gorilas,
pondo mais fé nos magos e mais luz nas pupilas,
a lutar e a sofrer, para então compreendê-las...

Agora, homem que sou, pelo foro divino,
vivo de corpo em corpo a forjar o destino
que me leve a transpor o clarão das estrelas!...

(De Adelino Fontoura Chaves, em
Antologia dos imortais **(FCX)**

IX

BREVE HISTÓRIA DO ESPIRITISMO

MUITA GENTE TORCE O nariz quando ouve falar de espiritismo. Outros se sentem atemorizados, imaginando a "operação do espírito do mal". Por isso vamos iniciar este capítulo com ligeiras explicações sobre o que é o espiritismo e como se caracteriza a doutrina nos tempos atuais.

Denominam-se "espiritualistas" aqueles que creem que o homem se compõe de um corpo e de um espírito. O corpo não passa de um invólucro material, o espírito é a parte invisível e a mais importante, por sobreviver ao corpo e ser imortal. Nisto acreditam todos os espiritualistas, portanto este é um conceito geral. Por isso, para estabelecer uma distinção, Kardec adotou o termo "espírita" (ou "espiritista") para designar aqueles que, sendo espiritualistas, aceitam também os postulados da doutrina espírita, por ele codificada.

O nome é adequado à ideia e nada tem de insólito. Se todos somos espíritos encarnados, se o nosso sentir e pensar está no espírito e não no corpo, se na trajetória de nossas existências permanecemos por tempo bem mais considerável no plano espiritual do que no físico (e isso vale para todas as religiões espiritualistas), se foi codificado um conjunto de princípios que regem as relações entre espíritos na carne e outros fora da carne, ou seja, na dimensão invisível aos nossos olhos materiais, então nenhuma denominação se configuraria mais adequada para esse corpo de doutrina do que a de espiritismo.

Vamos dar em seguida uma breve sinopse da história do espiritismo moderno. Dizemos "moderno", porque os fatos espíritas existiram em todos os tempos, como se pode comprovar não só pela Bíblia, como pela literatura religiosa e profana de todos os povos. No entanto, foi somente em meados do último século que eles se intensificaram, com o deliberado propósito de convencer os homens da realidade da sobrevivência e da verdade dos renascimentos, afastando-os do materialismo a que estavam sendo levados pela orientação deturpada das religiões tradicionalistas.

Pergunta-se: "Por que só recentemente ocorreram em maior escala essas manifestações do plano espiritual?" É que as trevas que se abateram sobre a humanidade durante a longa noite da Idade Média, impediram toda e qualquer manifestação do pensamento. A igreja se considerava a única depositária e fiel intérprete da verdade e, em nome dessa "verdade", perseguiu implacavelmente todos os que ousavam raciocinar com independência. Na realidade, nem era preciso pensar, bastava uma denúncia anônima, de familiares ou até mesmo de crianças, para atirar multidões às masmorras do "Santo Ofício", ou aos tribunais da "Santa Inquisição". Tudo, obviamente, "para a maior glória de Deus" e em nome daquele que veio ao mundo para ensinar aos homens uma lição de amor e de misericórdia... Eis o que registra um teólogo sobre esse triste período da história:

> A crença do povo era de temor, como nas religiões pagãs que o cristianismo destronara. Pensava-se que o mundo era cheio de maus

O ESPIRITISMO E AS IGREJAS REFORMADAS | 235

espíritos, de demônios, cuja obra era destruir as almas. Para anular a obra dos demônios, apelava-se para a intercessão dos Santos, e para as virtudes mágicas das santas relíquias. (...) À primeira vista parece incrível que o cristianismo chegasse a tal ponto, apresentasse tal caricatura das suas belas doutrinas, e ficasse tão longe daquela simplicidade, espiritualidade, alegria e confiança da religião de Jesus. (R. H. Nichols, em *História da Igreja Cristã*. Casa Edit. Presbiteriana, 1978).

O cristianismo de quase todo o povo na Idade Média era essencialmente a religião do temor. A igreja mantinha seus filhos em submissão, conservando bem vivo em todas as pessoas o medo do seu poder sobre a vida, aqui e no além-túmulo. (...) Isso obrigava a totalidade das massas a tomar parte nas observâncias religiosas e obedecer aos preceitos morais da religião, não por amor e confiança em Deus, porém pelo terror inspirado pela ideia ou lembrança das consequências de outra atitude". (ibd.). (As últimas palavras são um eufemismo, para mascarar o "pavor do inferno", que ainda hoje persiste, inclusive nas igrejas reformadas).

E não se pense que os valorosos reformadores do século XVI estiveram isentos desse radicalismo. Pretenderam restaurar o cristianismo do Cristo e o que fizeram foi eliminar alguns dogmas. Substituíram a infalibilidade do papa (sancionada em 1870, mas já então aceita) pela infalibilidade da Bíblia, porém conservaram a mesma intolerância dos seus predecessores. Prova-o o apoio de Lutero ao esmagamento da revolta dos camponeses alemães, em 1525, e a participação de Calvino no assassinato de Miguel Servet, em 1553. Vejamos como se expressam a respeito dois historiadores protestantes:

De início Lutero procurou ver as injustiças de ambos os lados. Mas quando a revolta mal dirigida caiu em excessos maiores e pareceu fazer-se anarquista, voltou-se contra os camponeses com um violento panfleto "Contra a Corja de Camponeses Assassinos e Ladrões", exigindo que os príncipes os esmagassem pela força. A insurreição camponesa foi marcada por espantosa carnificina. (W. Walker em *História da Igreja Cristã*).

A parte de Calvino na execução de Servet, médico espanhol, por motivo de heresia, tem contribuído para que muitas pessoas deixem de fazer justiça à grande obra desse reformador. Por negar a doutrina da Trindade, Servet foi condenado à fogueira, sendo Calvino um dos juízes que o condenaram. Como quase todas as pessoas do seu tempo, Calvino herdou da Idade Média a crença de que a heresia devia ser punida com a morte. Trairíamos a nossa consciência cristã se deixássemos de condenar com todas as forças o ato de Calvino neste caso. Todavia, devemos nos lembrar de que naquele tempo sua atitude foi geralmente aprovada em Genebra e pelos protestantes de quase toda parte. (R. H. Nichols, op. cit.).

A lição de intolerância foi bem aproveitada pelos seguidores, pois o mesmo Nichols, falando dos anabaptistas, assinala:

A Igreja Romana, naturalmente, perseguiu-os de modo brutal. E até os luteranos e zuinglianos os perseguiram por sua rejeição do batismo infantil e oposição às igrejas oficiais. Na Dieta de Spira, em 1529, enquanto os luteranos e zuinglianos protestavam contra a perseguição que se lhes movia, concordavam em que se perseguissem os anabaptistas, alguns dos quais sofreram morte às mãos de vários protestantes. (ibd.).

Mas das trevas da Idade Média não surgiu somente a Reforma. Num trabalho lento e progressivo, a Renascença libertou o espírito humano dos grilhões que o aprisionavam. O homem procurou avançar em conhecimento, começou a investigar os mistérios da existência.

Tudo isso explica porque somente em época relativamente recente os fatos que a Ciência rotula hoje de "paranormais" encontraram ambiente propício à sua manifestação e divulgação. Na Idade Média os sensitivos eram acusados de feitiçaria e frequentemente levados à morte pelas cortes inquisitoriais. A emancipação do espírito não se fez de imediato, e nem se pode afirmar que tenha terminado ainda. Os ranços da intolerância religiosa ainda se fazem sentir por toda parte. Mas o Pai Celestial vela pelos destinos dos homens e de vez em quando – sempre que lhe parece oportuno – permite o despontar de novas verdades, ou melhor, de novos aspectos da verdade.

Mas, pergunta-se: "Se as comunicações do mundo espiritual ocorreram em todos os tempos e entre todos os povos, por que precisamente os verificados em meados do século passado tiveram repercussão tão ampla, a ponto de ensejarem o aparecimento de uma nova concepção do cristianismo?

Por vários motivos: 1º – Era preciso que a humanidade estivesse emancipada da opressão religiosa, ou seja, com liberdade para investigar livremente e adotar cada um o ponto de vista que melhor lhe aprouvesse; 2º – Era necessário que o desenvolvimento intelectual atingisse um nível em que se pudesse analisar os fatos sob critérios estritamente racionais; e 3º – Impunha-se que os órgãos de divulgação se expandissem a ponto de tornar possível a ampla repercussão de quaisquer acontecimentos.

Tudo isso se tornou viável no século passado. O arejamento das ideias produzido pela Renascença libertou o pensamento das amarras medievais, fazendo surgir novos conceitos filosóficos, ensejando o repúdio aos dogmas e até orientando dialeticamente o espírito humano para rumos materialistas, pelas vias do positivismo de Comte. Está aí bem clara a oportunidade para uma salutar revisão nas bases do cristianismo.

A Ciência também se emancipou com as teorias evolucionistas de Laplace e Darwin, e procurou rumos próprios, colocando-se em posição antagônica à da teologia ortodoxa. Eis aí ainda mais indubitável a premência de um reajuste conceptual que ensejasse a conciliação das ideias em choque.

Finalmente, a expansão do livro e da imprensa, dos meios de comunicação, a eclosão da era industrial, o desenvolvimento da educação, todos estes fatores concorreram para vulgarizar a cultura, disseminando conhecimentos que eram anteriormente privilégio de uma elite. Eis a terceira justificativa da adequação da mensagem espiritual a um mundo que já amadurecia intelectualmente para receber ensinamentos mais completos.

Conquanto as manifestações conhecidas como "casas mal-assombradas" sejam mencionadas em todas as épocas e em todas as partes do mundo, as ocorridas no vilarejo de Hydesville (N. York) em 1848 apresentaram a peculiaridade de se alastrarem rapidamente, repercutindo em toda a América do Norte e também na Europa.

Residia ali o casal metodista Fox, com suas filhas Catharina (Kate) e Margareth, de 9 e 12 anos, respectivamente. Com a ocorrência de estranhos ruídos que se faziam ouvir por toda a casa, no dia 31 de março daquele ano a pequena Kate decidiu desafiar o "fantasma" a repetir as batidas que ela produzia, o que foi feito. Logo dezenas de curiosos vizinhos encheram a pequena casa, estabelecendo-se um código através do qual foi possível encetar um diálogo com a inteligência invisível. Esta se identificou como um ex-vendedor ambulante (Charles B. Rosma) que teria sido assassinado por antigo locatário da casa.

As pesquisas então realizadas para comprovar a autenticidade da comunicação tiveram êxito apenas parcial (encontraram-se alguns ossos e cabelos humanos), mas 56 anos depois foi encontrado na casa um esqueleto humano quase completo, ao ruir uma parede falsa que fora construída na adega. O *Boston Journal* noticiou o fato em 23 de novembro de 1904.

Os fenômenos verificados com a família Fox foram comprovados por dezenas de testemunhas da mais absoluta idoneidade, en-

O ESPIRITISMO E AS IGREJAS REFORMADAS | 239

tre as quais o ministro metodista Rev. A. H. Jervis, em cuja casa, em Rochester, bem como em várias outras, também se fizeram sentir as manifestações. Mas logo o fanatismo religioso se levantou contra os "heréticos", a ponto de o "quaker" Mr. Wilits ter sido obrigado a declarar em assembleia pública: "Para linchar as moças, essa corja de bandidos terá que passar sobre o meu cadáver."

Várias comissões de moradores foram organizadas com o objetivo de desmascarar a "farsa", e todas elas terminaram por confirmar a autenticidade daqueles fenômenos.

Tudo o que ali ocorreu está minuciosamente narrado no livro *História do espiritismo*, do escritor Sir Arthur Conan Doyle, o consagrado criador do famoso detetive Sherlock Holmes.

A despeito da encarniçada perseguição levantada por toda parte, os fenômenos em poucos anos se propagaram por toda a América do Norte e logo em seguida se espalharam também pela Europa.

O sistema rudimentar que se generalizou como efetivo meio de comunicação era o das chamadas "mesas girantes", através das quais as "inteligências invisíveis" respondiam às perguntas e também às vezes se divertiam elevando as mesas, ou rodopiando-as no ar. Tornou-se moda, principalmente entre as classes abastadas, a "consulta" a essas mesas, claro que em geral sem preocupações de ordem elevada, mas apenas como diversão, ou para indagações frívolas. É evidente que as inteligências comunicantes só podiam ser do mesmo nível mental daqueles que as interrogavam, mas sem dúvida cumpriam desígnios da espiritualidade superior, no sentido de despertar a atenção dos homens para a realidade da sobrevivência.

Como àquela época estavam muito em voga os magnetizadores, os que se detinham a examinar os fenômenos atribuíam sua origem à ação de fluidos magnéticos, ou elétricos, ou outros de natureza ignorada.

Entre os que assim pensavam, estava o Prof. Denizard Rivail, que desde jovem se interessara pelos estudos do magnetismo animal. A ele estava reservada a importante missão de extrair de fenômenos aparentemente inócuos as preciosas ilações que deveriam contribuir para o progresso da humanidade.

Alguns dos dados que se seguem foram extraídos da excelente obra em 3 volumes *Allan Kardec*, editada pela FEB em 1981 e de autoria de Zêus Wantuil e Francisco Thiesen.

Hipolyte Léon Denizard Rivail, mundialmente conhecido pelo pseudônimo de Allan Kardec, nasceu em Lyon, França, em 3-10--1804. Passou vários anos como aluno do eminente educador Pestalozzi, no "Lar-Escola" de Yverdon, Suíça, onde absorveu não só os conhecimentos de pedagogia que deveriam revolucionar os métodos educacionais no mundo inteiro, como o sentimento de extrema tolerância do mestre em relação aos pontos de vista alheios.

Radicou-se em Paris em 1822 e ali se dedicou ao magistério e logo no ano seguinte, com apenas 19 anos de idade, publicou sua primeira obra didática: *Curso prático e teórico de aritmética segundo o método Pestalozzi com modificações.* Em 1828 publicou um *Plano para melhoramento da educação pública*, sendo curioso mencionar que nesse trabalho, escrito aos 23 anos, ele enaltecia as ciências dizendo que: "O estudioso destas rirá da credulidade supersticiosa dos ignorantes, não mais crerá em almas do outro mundo e em fantasmas, nem tomará 'fogos fátuos' por espíritos"...

Conhecendo bem o alemão, traduziu para essa língua várias obras de autores franceses, destacando-se o *Telêmaco*, de Fenelon. Em 1831 publicou uma *Gramática francesa* e em 1847 apresentou um *Projeto de reforma do ensino*, com várias sugestões interessantes.

A falta de recursos obrigou-o a empregar-se como contabilista em casas comerciais, mas à noite se dedicava à tradução de obras inglesas e alemãs, bem como ao preparo de cursos que ministrava no "faubourg" de Saint-Germain. Em sua casa dava aulas gratuitas de física, química, astronomia etc., além de cursos públicos de matemática e astronomia. (A. K.).

O ESPIRITISMO E AS IGREJAS REFORMADAS | 241

Em 1854, no auge das "mesas girantes" como diversão das elites, um amigo lhe trouxe a notícia de que elas "também falavam", isto é, davam respostas inteligentes às perguntas que lhes faziam, ao que retrucou: "Só acreditarei quando vir e se me provarem que uma mesa tem cérebro para pensar, nervos para sentir e que possa tornar-se sonâmbula" (A. K.).

Em maio de 1855 presenciou pela primeira vez o fenômeno das "mesas girantes", "em condições tais", escreve, "que não deixavam margem a qualquer dúvida". Descreve outras sessões a que assistiu e declara: "Entrevi naquelas aparentes futilidades, no passatempo que faziam daqueles fenômenos, qualquer coisa de sério, como que a revelação de uma lei inteiramente nova, que tomei a mim investigar a fundo". (*Obras Póstumas*, 10ª ed. FEB, pg. 239).

Começou então a fazer perguntas sérias, de cunho científico ou filosófico, às quais as entidades davam respostas de grande elevação, "precisas, profundas e lógicas". Cedo ele constatou que os ensinos recebidos ganhavam as dimensões de um "corpo de doutrina" que merecia ser publicado para edificação dos homens. E em 30 de abril de 1856 teve a confirmação de que o objetivo era esse e foi avisado de que tanto poderia vencer como fracassar, porém que neste último caso outro o substituiria, "porquanto os desígnios de Deus não assentam na cabeça de um homem." Pôs-se então nas mãos do Pai, em fervorosa prece: "Senhor, reconheço a minha fraqueza diante de tão grande tarefa. A minha boa vontade não desfalecerá; as forças, porém, talvez me traiam. Supre a minha deficiência, dá-me as forças físicas e morais que me forem necessárias." (A. K.).

Começou então a erigir, com a assistência de uma plêiade de espíritos superiores, o monumental edifício da doutrina espírita, cuja obra fundamental, O *Livro dos Espíritos*, foi publicado em abril de 1857, depois de sofrer completa revisão determinada pelos próprios espíritos. Usou o pseudônimo Allan Kardec por ter sido este, segundo o seu guia espiritual, o nome que tivera em encarnação anterior, entre os druidas.

A primeira edição, com 501 perguntas e respostas, logo se esgotou. A segunda, saída em março de 1860, "inteiramente refundida e consideravelmente aumentada", ficou sendo a edição definitiva, com 1019 questões, tendo sido esgotada em 4 meses.

Eis aí o principal trabalho do codificador, em relação ao qual ele fez questão de frisar que é "uma compilação dos ensinos ditados pelos espíritos superiores e publicado por ordem deles"; que ele "nada contém que não seja a expressão do pensamento deles, que não lhes tenha sofrido o controle." Na realidade, ele não foi um simples compilador, pois suas judiciosas notas e observações exaradas ao longo da obra, bem como a sua notável "Introdução", bastam para atestar a sua grande cultura. Posteriormente foram dadas a público as suas obras complementares: *O Livro dos Médiuns* (1861), *O Evangelho segundo o Espiritismo* (1864), *O Céu e o Inferno* (1865) e *A Gênese* (1868), formando o que se convencionou chamar o "Pentateuco" kardequiano.

Em 1869 a "Sociedade Dialética de Londres", integrada por 34 sábios, entre os quais o célebre naturalista Sir Alfred Russel Wallace, reuniu-se para estudar os fenômenos e suas conclusões foram tão convincentes que lograram despertar a atenção de inúmeros outros cientistas, entre os quais o renomado físico inglês Sir William Crookes, que se destacou como o mais qualificado investigador para examinar o desconcertante problema dos fenômenos paranormais.

Quem foi e o que fez William Crookes? Nasceu em 1832 e ainda moço tornou-se figura das mais preeminentes no mundo científico. Eleito membro da Sociedade Real em 1863, dela recebeu em 1875 a "Royal Gold Medal" por suas várias pesquisas nos campos da química e da física, a "Davy Medal" em 1888 e a "Sir Joseph Copley Medal" em 1904. Foi nomeado Cavaleiro pela Rainha Vitória, em 1897, e recebeu a "Ordem do Mérito" em 1910. Foi por várias vezes Presidente da "Royal Society", da "Chemical Society", da "Institu-

O ESPIRITISMO E AS IGREJAS REFORMADAS | 243

tion of Electrical Engineer", da "British Association" e da "Society for Psychical Research". Sua descoberta do novo elemento químico a que deu o nome de "Thalium", suas invenções do "Radiômetro", do "Espintariscópio" e do "Tubo de Crookes" representam apenas uma pequena parte de sua grande pesquisa. Em 1859 fundou a "Chernical News", que editou, e em 1864 tornou-se redator do "Quarteley Journal of Science". Em 1880 a Academia de Ciências da França lhe concedeu uma medalha de ouro e um prêmio de 3 mil francos por seu importante trabalho. (Dados extraídos do livro *História do espiritismo*, de Sir Arthur Conan Doyle, edit. Pensamento).

Quando Crookes, então com 37 anos, decidiu pesquisar os fenômenos psíquicos, todos os cientistas se mostraram satisfeitos, porque a investigação ia ser conduzida por um homem tão altamente qualificado. Muitos elogiaram publicamente a sua atitude, e o próprio Crookes assim se expressou: "Dou muito valor à pesquisa da verdade e à descoberta de qualquer fato novo na natureza, para me insurgir contra a investigação apenas por parecer que ela se choca com as opiniões predominantes."

Crookes iniciou suas pesquisas com a maior severidade, certo de que ia desmascarar o que julgava serem truques. Mas quando começou a admitir a realidade dos fenômenos, e a declarar que os tinha observado, pesado, medido, registrado etc., provocou uma irritação geral entre os que tinham previamente aceitado as suas conclusões, contanto que elas não contrariassem suas opiniões estabelecidas.

Durante quatro anos o sábio realizou centenas de experiências, sob o mais rigoroso controle científico, abrangendo fenômenos de percussão, movimento de objetos pesados sem qualquer contato, elevação de mesas, cadeiras, levitação de corpos humanos, aparições luminosas, aparição de mãos luminosas, ou visíveis em plena luz, escrita direta, transportes de objetos, aparições de fantasmas etc., culminando com a completa materialização do espírito de Katie King, que por mais de 3 anos se submeteu a toda sorte de experiências, por inúmeras vezes sendo vista ao lado da médium Florence Cook. O sábio destacou as diferenças entre a entidade materializada e a médium, observando que KATIE era mais alta do que Miss Cook alguns centímetros e que, em certa ocasião, o seu pulso acusava 75 pulsações, contra 90 da médium.

Todas as experiências de Sir William Crookes foram minuciosamente registradas no *Quarteley Journal of Science* e constam do livro *Fatos espíritas*, editado no Brasil pela FEB, e bem se pode avaliar a celeuma que causaram nos meios científicos e também entre o vulgo. Todas as acusações possíveis foram assacadas contra ele, que, ante a violência dos opositores e o retraimento dos que deveriam apoiá-lo, chegou a considerar ameaçada a sua posição no meio científico e por isso passou vários anos retraído, sem permitir a reedição dos seus trabalhos. Mas em tempo algum modificou suas convicções, tanto que em 1898, no "relatório presidencial" que dirigiu à Associação Britânica, assim se expressou:

> Trinta anos se passaram desde que publiquei as atas das experiências tendentes a demonstrar que fora do nosso conhecimento científico existe uma força utilizada por inteligências diferentes da inteligência comum dos mortais. Nada tenho que retratar dessas experiências e mantenho minhas declarações já publicadas, podendo mesmo a elas acrescentar muita coisa. (*Fatos espíritas*).

Na história do espiritismo muitos foram aqueles que, dotados de faculdades mediúnicas, estabeleceram as provas da sobrevivência e do intercâmbio entre os dois planos de vida. Ainda antes de Kardec, funcionou como uma espécie de "precursor" o vidente sueco Emmanuel Swedenborg (1719/1771), cujos dons paranormais eclodiram em 1744, quando tinha 25 anos de idade. Desde então dizia viver em constante comunicação com o mundo espiritual, que descrevia com minúcias tidas como inusitadas para a

O ESPIRITISMO E AS IGREJAS REFORMADAS | 245

sua época, e que no entanto foram depois amplamente confirmadas através de experiências espíritas. Conan Doyle o considera "o primeiro e mais destacado médium dos tempos modernos." Swedenborg deixou obras importantes, como: *Céu e Inferno, A nova Jerusalém* e *Arcana celestia*.

Outro médium extraordinário, este contemporâneo de Kardec, foi Andrew Jackson Davis (1826/1910). Ele nasceu num distrito rural de New York, e mal saído da infância, foi dotado de notável clarividência. A despeito de sua pouca instrução, escreveu, aos 19 anos, um dos mais profundos tratados de filosofia jamais produzidos: "Filosofia Harmônica", o qual teve dezenas de edições somente nos Estados Unidos. Sua visão paranormal lhe permitia ver através do corpo humano e até os depósitos minerais no seio da terra. Em "desdobramento" experimentado em 1844, foi transportado a 40 milhas da sua casa e ao retornar disse ter estado em contato com Galeno e Swedenborg, sendo esse o primeiro contato por ele admitido com os chamados "mortos".

Falando das faculdades desse médium, assim se expressou o Dr. George Bush, professor de hebraico na Universidade de New York:

> Declaro solenemente que ouvi Davis citar corretamente a língua hebraica em suas palestras e demonstrar um conhecimento de Geologia muito admirável numa pessoa da sua idade, ainda quando tivesse devotado anos a esse estudo.
>
> Discutiu com grande habilidade as mais profundas questões de arqueologia histórica e bíblica, de mitologia, da origem e das afinidades das línguas etc. etc. (Conan Doyle em *História do espiritismo*).

No seu livro *Princípios da natureza* publicado em 1847, quando contava apenas 21 anos, Davis predisse o aparecimento do espiritismo. Na obra *Penetrália* profetizou os automóveis e os veículos aéreos, bem como as máquinas datilográficas. E no 1º volume da obra *A grande har-*

monia, descreve em minúcias como, sentado aos pés da cama de uma senhora que agonizava, assistiu ao desprendimento da sua alma:

> O processo começou por uma extrema concentração no cérebro, que se foi tornando cada vez mais luminoso, enquanto as extremidades escureciam. Então o novo corpo começa a emergir, a começar pela cabeça; em breve se acha completamente livre, de pé ao lado do seu cadáver, e com uma faixa luminosa vital, correspondente ao cordão umbilical. Ao romper-se o cordão, pequena parte é absorvida pelo corpo, assim o preservando de imediata decomposição. Quanto ao corpo etéreo, leva algum tempo para adaptar-se ao novo ambiente; eu o vi passar para a sala contígua através da porta e da casa, erguer-se no espaço, onde encontrou dois espíritos amigos e, depois de um terno reconhecimento, na mais graciosa das maneiras, começou a subir obliquamente pelo envoltório etéreo do nosso globo. Marchavam juntos tão naturalmente, tão fraternalmente, que me custava imaginar que se librassem no ar. Pareciam subir pela encosta de uma montanha gloriosa e familiar. Continuei a olhá-los, até que desapareceram aos meus olhos. (Cit. por Conan Doyle, em *História do espiritismo*).

Outro médium extraordinário, também contemporâneo de Kardec, foi Daniel Dunglas Home (1833/1886). Nasceu perto de Edimburgo, Escócia, e logo aos 13 anos de idade começou a revelar seus dotes psíquicos. Dos "dons do espírito" de que falava Paulo, ele exercia praticamente todos. Durou 30 anos o seu estranho apostolado, durante os quais jamais aceitou um centavo em remuneração dos seus serviços. No ano de 1857 ofereceram-lhe duas mil libras por uma única sessão, mas ele, pobre e inválido, recusou terminantemente: "Fui mandado em missão; essa missão é demonstrar a imortalidade; nunca recebi nenhum dinheiro por isso e nunca o receberei."

Conforme atestam dezenas de testemunhas da maior respeitabilidade, foi visto por mais de cem vezes flutuando no ar. Sobre os

O ESPIRITISMO E AS IGREJAS REFORMADAS | 247

fenômenos que produzia, assim se expressou o autor da *História do espiritismo*:

> É fácil chamá-los de pueris, mas realizaram o objetivo a que foram destinados, sacudindo em seus fundamentos a descrença dos cientistas sem fé que se punham em contato com eles. Eles não devem ser encarados como um fim em si, mas como um meio elementar pelo qual a mente deveria ser conduzida a novos canais do pensamento. E esses canais levaram ao reconhecimento da sobrevivência do espírito.

O famoso Dr. Elliotson, um dos chefes do materialismo britânico, testemunhou os poderes de Home e teve a coragem de afirmar que tinha vivido toda a sua vida em trevas, mas que agora tinha a firme esperança que alimentaria enquanto vivesse.

Vejamos como o próprio Home se expressou em uma conferência que pronunciou em Londres em 15 de fevereiro de 1866:

> Sinceramente, penso que essa força aumentará cada vez mais para aproximar-nos de Deus. Perguntareis se ela nos torna mais puros. Minha única resposta é que somos apenas mortais sujeitos ao erro. Mas ela ensina que os de coração puro verão a Deus. Ela ensina que Deus é amor, e que não há morte. Aos velhos ela vem como uma consolação, quando se aproximam as tempestades da vida e quando vem o descanso. Aos moços ela fala do dever que temos uns para com os outros, e diz que colheremos o que tivermos semeado.
>
> A todos ensina resignação. Vem desfazer as nuvens do erro e trazer a manhã radiosa de um dia interminável. (ibd.).

De então para cá, além de uma plêiade de sensitivos notáveis, muitos escritores e cientistas famosos têm estudado o espiritismo e proclamado suas verdades. Poderíamos citar o grande sábio russo Alexander Aksakof (1832/1903), o naturalista inglês Alfred Russel

Wallace (1823/1913), o insigne astrônomo francês Camile Flammarion (1842/1925), o eminente filósofo italiano Ernesto Bozzano (1861/1943), professor na Universidade de Turim, o notável físico inglês Sir Joseph Oliver Lodge (1851/1940), além de inúmeros outros que estudaram os fenômenos psíquicos sob rigoroso controle científico e publicaram tratados e relatórios com os resultados de suas pesquisas. Dispensamo-nos, contudo, dessa tarefa, porque a bibliografia a respeito é muito vasta e se acha praticamente ao alcance de qualquer leitor que deseje examiná-la. Quase todas as obras desses autores estão traduzidas para a língua portuguesa.

Mas não queremos concluir este capítulo sem realçar o testemunho de eminentes pesquisadores ligados à Igreja Evangélica e que, a despeito de altamente colocados no meio social e religioso em que viviam, não temeram proclamar, em conferências e em livros, os resultados de suas experiências no campo da fenomenologia paranormal.

O Rev. William Stainton Moses (1839/1892) exercia a função de Cura na Ilha de Mann e também a de professor na "University College-School". Começou a investigar os fenômenos psíquicos ao comprovar a evidência de sua própria mediunidade. Além de inspirado pregador, tornou-se um poderoso médium de efeitos físicos, tendo publicado os livros *Spirit identity* (1879), *Higher aspects of spiritualism* (1880), *Psychography* (1882) e *Spirit teachings* (1883), aliás todos, ou quase todos, já traduzidos para o português. O célebre psicólogo Myers assim se expressou ao tomar conhecimento da sua morte: "Considero a sua vida como uma das mais notáveis de nossa geração, e de poucos homens ouvi, em primeira mão, fatos mais notáveis do que os que dele ouvi." (cit. por Conan Doyle em *História do espiritismo*).

O Rev. George Vale Owen (1844/1921), pároco de Oxford por 20 anos, dedicou-se ao estudo dos fenômenos psíquicos e recebeu grandes ensinamentos por via psicográfica, tendo reunido essas

O ESPIRITISMO E AS IGREJAS REFORMADAS | 249

mensagens numa alentada obra em 4 volumes intitulada *Life beyond the veil* (*A vida além do véu*, na tradução portuguesa).

Impressionado com a leitura de *Raymond*, de Oliver Lodge, o Rev. Walter Wynn, pastor de uma igreja batista em Chesam, perto de Londres, e que igualmente havia perdido um filho na guerra, depois de várias tentativas, conseguiu estabelecer contato com o mesmo e obteve provas inequívocas da sobrevivência, tendo relatado suas experiências no livro *Rupert lives* (trad. bras. de 1976 sob o título *Meu filho vive no além*). São do capítulo final daquele livro os trechos que a seguir transcrevemos:

> O leitor tem o direito de me formular a seguinte pergunta: "Que efeito causaram essas pesquisas em sua crença, como pastor protestante?" Respondo francamente o seguinte: Não redigi uma única ata constante deste livro em que não tivesse obtido provas da sobrevivência do meu filho. (...) Estou certo de que muitas outras provas poderiam ser fornecidas em apoio de minhas afirmações. No que me diz respeito, as pesquisas realizadas tiveram por efeito fortalecer a minha crença em Cristo e nos ensinamentos do Novo Testamento. (...) Sou um pregador evangélico. As mesmas grandes verdades que alimentaram as almas de Oliver Cromwell e de Charles H. Spurgeon, me alimentaram também. Eu prego as mesmas verdades. As pesquisas psíquicas não as abalaram, absolutamente.

E para concluir seja-nos lícito mencionar o Rev. Haraldur Nielson (1868/1928), o qual, sendo professor de teologia na Universidade da Islândia, se interessou pelos fenômenos psíquicos e se dedicou ao seu estudo por alguns anos, narrando os resultados de suas experiências no interessante livro *O espiritismo e a igreja* (ed. bras. Edicel), do qual destacamos os seguintes sugestivos trechos:

> Os primeiros pesquisadores psíquicos, na sua maior parte foram

céticos, senão mesmo adversários do espiritismo, porém aqueles que verdadeiramente aprofundaram a questão, – não em algumas semanas, ou em alguns meses mas numa série de anos – ficaram **todos** convencidos da realidade dos fenômenos, e **muitos,** dentre eles, da possibilidade de entrar-se em relação com os seres inteligentes de um mundo que nos é invisível e, em particular, com os nossos mortos queridos. (Grifos do próprio autor).

A verdade é que estudamos nas Faculdades Teológicas da maior parte das Universidades, com os óculos da dogmática (...). Não temos, porém, o direito de esquecer que, evidentemente o ensino ortodoxo da igreja é, em vários pontos, um tanto diferente do ensino ministrado pelo Cristo.

Mostraram-me em Londres uma lista de nomes de mais de 50 eclesiásticos que se interessam pelas pesquisas psíquicas, ou são espíritas convictos. Permiti-me citar somente alguns nomes: O pastor Arthur Chambers, hoje falecido, escreveu, sobre as relações do espiritismo com a igreja e o cristianismo, numerosos livros, dos quais só um teve 120 edições. Thomas Colley, pastor em Stockton, trabalhou por mais de 30 anos na difusão do espiritismo, tendo obtido os mais notáveis fenômenos com outro pastor, que lhe servia de médium.

O pastor Charles L. Tweedale escreveu uma das melhores obras que existem sobre as ciências psíquicas, (*Man's survival after death*), e não há, absolutamente, espírita mais convicto do que ele.

O pastor inglês George Vale Owen, de Oxford, é um homem maravilhoso, um verdadeiro servo de Deus. Depois de sua prece noturna, ainda com suas vestes sacerdotais, ele ia para a sacristia e ali começava a escrever as mensagens que recebia, mensagens essas que muitos consideravam a mais perfeita descrição do Além recebida até hoje.

Um dos pregadores que melhor têm defendido o espiritismo na Inglaterra, é o Doutor em Teologia Percy Dearmer, que durante a guerra muito trabalhou em prol da União Cristã de Moços. Estou convencido de que as pesquisas psíquicas darão à Humanidade provas da continuação da vida de além-túmulo, e que isto exercerá poderosa influência sobre a vida religiosa dos homens.

Muita gente não pode compreender que eu possa ser, ao mesmo tempo, um ardente pesquisador psiquista e um teólogo encarregado de cursos em um seminário de futuros pastores. (...) Tenho o sentimento pessoal de que, como eclesiástico e professor no Seminário, mais valor tenho desde que, há anos, me entreguei às pesquisas psíquicas. Muito aprendi durante os 9 anos em que estive ao serviço da Sociedade Bíblica Britânica, porém muito mais aprendi nas minhas experiências espíritas de numerosos anos.

Para concluir, gostaríamos de – àqueles de nossos irmãos que se surpreendem com o fato de ministros evangélicos se expressarem desta maneira – advertir que o codificador apresentou o espiritismo como uma ciência de observação e uma doutrina filosófica. Como ciência prática, ele estuda as relações entre o plano físico e o espiritual. Como filosofia, estuda as consequências morais que dimanam dessas relações, (Kardec em *O que é o espiritismo*). Assim, é evidente que os adeptos de qualquer religião podem estudar o espiritismo como ciência e como filosofia, sem abdicarem dos postulados que adotam em matéria de fé.

Mas não há dúvida de que os princípios doutrinários envolvem consequências morais, que os situam, implicitamente, no âmbito da religião, e isso mesmo o codificador deixou bem claro no primeiro capítulo de *O Evangelho segundo o Espiritismo*. Religião no sentido lógico de "religação com o Pai", pois quem quer que se aperceba da grandeza dos ensinamentos, logo compreenderá que não se encontra na Terra por acaso, mas com um propósito definido, uma missão a cumprir, uma tarefa a realizar que, grande ou pequena segundo a capacidade de cada um, tem sempre capital importância aos olhos do Senhor. E a plena conscientização de sua responsabilidade diante da vida, faz de cada espírita um obreiro de Deus a serviço do próximo, praticante de uma religião sem dogmas, sacramentos ou rituais, a religião do amor pregada por Jesus e confirmada por Tiago. (1:27).

Bilhete fraterno

"Qualquer que vos der a beber um copo d'água em meu nome, em verdade vos digo que não perderá o seu galardão".

(Jesus- Marcos 9:41)

Meu amigo, ninguém te pede a santidade de um dia para outro.

Ninguém reclama de tua alma espetáculos de grandeza.

Todos sabemos que a jornada humana é inçada de sombras e aflições criadas por nós mesmos.

Lembra-te, porém, de que o Céu nos pede solidariedade, compreensão, amor.

Planta uma árvore benfeitora à beira do caminho.

Escreve algumas frases amigas que consolem o irmão infortunado.

Traça pequenina explicação para a ignorância.

Oferece a roupa que se fez inútil agora ao teu corpo, ao companheiro necessitado que segue à retaguarda.

Divide sem alarde as sobras do teu pão com o faminto.

Sorri para os infelizes.

Dá uma prece ao agonizante.

Acende a luz de um bom pensamento para aquele que te precedeu na longa viagem da morte.

Estende o braço à criancinha enferma.

Leva um remédio ou uma flor ao doente.

Improvisa um pouco de entusiasmo para os que trabalham contigo.

Emite uma palavra amorosa e consoladora onde a candeia do bem estiver apagada.

Conduze uma xícara de leite ao recém-nascido que o mundo acolheu sem um berço enfeitado.

Concede alguns minutos de palestra reconfortante ao colega abatido.

O rio é um conjunto de gotas preciosas.

A fraternidade é um sol composto de raios divinos, emitidos por nossa capacidade de amar e servir. Quantos raios liberaste hoje do astro vivo que é o teu próprio ser imortal?

Recorda que o Divino mestre teceu lições inesquecíveis em torno do vintém de uma viúva pobre, de uma semente de mostarda, de uma dracma perdida...

Faze o bem que puderes.

Ninguém espera que apagues sozinho o incêndio da maldade.

Dá o teu copo de água fria!

**(Emmanuel–F.C.X. em *Nosso livro* –
Lake)**

PALAVRAS DE CARIDADE

O apoio... A simpatia... Uma oração apenas,
Carregada de fé na Bondade Divina...
A bênção do sorriso... A página que ensina
A vencer o amargor das lágrimas terrenas...

O minuto de paz... O auxílio que armazenas,
Na supressão do mal, ao trabalho em surdina...
O bilhete fraterno... Uma flor pequenina...
O socorro... A brandura... As palavras serenas...

A esmola... A roupa usada... O copo de água fria...
O pão... O entendimento... Um raio de alegria...
Um fio de esperança... A atitude sincera...

Da migalha mais pobre à dádiva mais rica,
Tudo aquilo que dás a vida multiplica
Nos tesouros de amor da glória que te espera!...

(**Auta de Souza,** em
Poetas redivivos (**F.C.X.**)

X

METAPSÍQUICA E PARAPSICOLOGIA

A PARTIR DESTE SÉCULO, alguns cientistas iniciaram a investigação dos fenômenos paranormais, com a preocupação de enquadrá-los em parâmetros rigorosamente científicos. A ação desses homens teve o mérito de trazer para o campo das investigações sérias o estudo dos fatos psíquicos que, embora objeto das especulações de uma elite, em geral eram relegados ao terreno das superstições, ou considerados crendices indignas de pessoas cultas.

Um desses estudiosos foi o eminente fisiologista francês Charles Richet (1850/1935), professor da Sorbonne, prêmio Nobel de Medicina em 1913, o qual, com o objetivo de investigar os fenômenos atualmente denominados "paranormais", criou uma ciência a que denominou **metapsíquica**. Em sua alentada obra *Tratado de metapsíquica*, ele estuda e classifica os fatos psíquicos, sem, contudo, chegar a conclusões definidas. Preferimos, por isso, efetuar ligeira análise do seu último livro *A grande esperança* (1932), no qual, mesmo sem aceitar plenamente os postulados espíritas (o que fez ulteriormente em carta ao escritor Ernesto Bozzano), emite considerações sobremodo interessantes.

Ele define a metapsíquica como "a ciência que tem por objeto fenômenos fisiológicos ou psicológicos de natureza até agora misteriosa, devido a forças que parecem inteligentes, ou a faculdades desconhecidas do espírito." (*A grande esperança*, ed. Lake 1976).

Logo em seguida avança um axioma: "Para o conhecimento da realidade, há meios que não são os meios sensoriais normais." Denomina a isso "sexto sentido", mas se confessa perplexo, porque é um sentido para o qual inexiste órgão sensorial. Fala em "vibração da realidade", porque os fenômenos conhecidos são todos de natureza vibratória. Então conclui que "a realidade nos chega por meios desconhecidos, mas por vibrações capazes de provocar em certas pessoas um vago conhecimento dessa realidade."

Declara que o conhecimento paranormal é um fato, mas julga inaceitáveis todas as hipóteses sobre a origem desse fato. Diz que a explicação espírita é bem simples, "quase se poderia dizer que ela se impõe por sua simplicidade", mas para logo apresenta algumas "objeções formidáveis": a primeira é que seria forçoso admitir "que a memória sobrevive à destruição do cérebro", quando "ensinamos que a memória é função do cérebro"; (!) mas logo acrescenta que "a objeção não é definitiva, pois o paralelismo absoluto, constante, irresistível, entre o pensar e a função do cérebro, não é de uma evidência indiscutível."

Outra objeção é a de como se manifestaria um indivíduo desencarnado aos 90 anos: como criança, adulto ou ancião? Bem se vê que o ilustre pesquisador não procurou conhecer de antemão os fundamentos da ciência espírita...

Depois, para não ser injusto, ele introduz alguns dados "que fariam propender em favor da doutrina espírita":

> Eis, por exemplo, a xenoglossia, da qual possuímos belos casos, raríssimos, particularmente o caso antigo, mas o melhor, talvez, o do Juiz Edmonds, que foi presidente do Senado americano. Sua fi-

O ESPIRITISMO E AS IGREJAS REFORMADAS | 259

lha escrevia em diversas línguas, que desconhecia. Há, também, o que Bozzano chama de "literatura de além-túmulo": um mecânico aprendiz recebe do espírito Dickens, por escrita automática, ordem de terminar a sua obra interrompida *The mistery of Edwin Drood*; esse mecânico, então, escreve um romance do qual é quase impossível negar a autoria de Dickens, tão idênticos são seu estilo e origem. Outros fatos de xenoglossia são muito sérios. Que o médium fale muitas línguas, e línguas que, sendo vivas, ele não conhece, é verdadeiramente maravilhoso. **Decididamente a explicação espírita é a mais aceitável!** (ibd.). (Grifo nosso).

Depois de tudo isso, o autor se confessa indeciso entre duas hipóteses: a espírita ou "uma prodigiosa lucidez do médium", optando pela última "por poder explicar todos os casos, enquanto que a hipótese espírita, a melhor em um pequeno número de casos, é inadmissível em muitos outros" (sem esclarecer que outros e porque seria inadmissível).

Apresenta ainda objeções indignas de um sábio do seu renome: "A Senhora Vickman vê o fantasma de um Oficial que acaba de morrer. Será, então, mais simples admitir a teoria espírita de um corpo astral, e contudo, se rigorosamente se pode admitir que a memória dos defuntos persiste, será realmente admissível que o corpo de um indivíduo, após alguns dias, muitas semanas ou meses, depois que a putrefação o desorganizou completamente, possa reaparecer ainda?" O que não passa de uma pífia concessão ao materialismo então vigente, fazendo surgir a indagação: Como pode um cientista pesquisar os problemas do espírito sem ao menos tomar conhecimento do que ensinou Paulo em 1ª cor. 15:40?

Embora o velho sábio, após mais de trinta anos de pesquisas, não tenha assumido uma posição inequívoca de apoio às verdades do espiritismo, talvez inibido pelo respeito humano, pelo receio de se expor às "zombarias de seus colegas e ao sarcasmo dos ignorantes", como ele próprio afirmou, não há dúvida de que o vasto acervo de experiências documentadas contido em suas obras constitui prova granítica da veracidade insofismável da fenomenologia espírita. Eis alguns outros trechos de *A grande esperança* que merecem ser transcritos:

> Certos fatos singulares pareciam provar que, fora de toda ideoplastia, há talvez seres (como anjos) que aparecem, em certas condições. Bozzano reuniu casos emocionantes de aparições de defuntos no leito de morte. Apresentou 61 casos, cada qual mais curioso que o outro. E contudo os moribundos não eram médiuns. Sem dúvida, devemos supor que, no momento da morte, os moribundos têm um poder, senão de evocação, pelo menos de visão.
>
> Entre essas aparições de fantasmas há algumas notáveis que são, quando quem as vê é uma criança. Posso citar dois casos admiráveis, que parecem copiados, de tal forma idênticos. Um é o de uma criança americana, o outro o de uma menina francesa. Rey, com a idade de 2 anos e 7 meses, vê seu irmãozinho que acabara de morrer e que o chamava. "Mamãe", diz ele, "o irmãozinho sorriu para Rey, ele quer levá-lo". Dois dias depois ele disse: "O irmãozinho sorriu para Rey, ele quer levá-lo". O pequenino Rey morreu dois meses depois."
>
> O caso da menina francesa também é maravilhoso. Tinha ela 3 anos e 3 meses. Um mês após a morte de uma tia que a adorava, ela ia à janela, olhava fixamente e dizia: "Mamãe, olhe lá a tia Lili que me chama"; e isso se repetiu muitas vezes. Três meses depois a pequena adoeceu e, durante a enfermidade, dizia: "Não chore, mamãe, a tia Lili está me chamando. Como é bonito! Há anjos com ela." A pobre criança morreu quatro meses depois da sua tia.
>
> Devo apelar a todo meu racionalismo, pois me parece impossível negar que, no momento da morte, anunciando essa morte, haja seres sobrenaturais, fantasmas, tendo alguma realidade objetiva, que estejam presentes, embora só sejam divisados por uma criança. Mas não é absurdo supor que as crianças, numa espécie de transe (agônico,

espirítico, se quiserem) possam divisar seres que os outros assistentes não veem. Qualquer que seja a audácia desta afirmação, da existência de anjos e desencarnados, é impossível, em certos casos, não admiti-la, como, por exemplo, quando crianças (o pequeno Rey e a pequena francesa) veem (algumas semanas antes de morrer) lindas senhoras que as chamam; quando fantasmas erram em casas assombradas, principalmente quando Georges Pelham, com milhares de recordações de sua vida passada, volta na Sra. Piper etc. etc. Então a explicação espírita é a mais **racional,** ouso dizer.

...há muitos fenômenos **absurdos,** porém incontestáveis e, conquanto a ciência oficial ainda não os receba em seu seio zeloso, não há dúvida que daqui a alguns anos dará lugar ao inabitual, criptestesias, telepatias, telecinesias, assombrações, fantasmas materializados, xenoglossias, premonições. Tudo isto está bem autenticado e deve-se reconhecer que o inabitual existe.

Transcrevemos todos estes trechos para deixar evidente que, muito ao revés do que pensam alguns irmãos evangélicos, o cientista Richet de modo algum chegou a conclusões contrárias ao espiritismo, antes demonstrou empenho em confessar que "para alguns fenômenos não há explicação melhor que a espírita". E as "objeções formidáveis" que levantou são de tamanha fragilidade que nem sequer merecem ser comentadas. Dizer, por exemplo, que não é possível a manifestação de um "morto" porque a memória não pode sobreviver à decomposição do cérebro, é tese materialista que, estamos certos, nenhum protestante endossaria. Ele também achou absurdo que um espírito se manifestasse com as vestes que usava quando em vida: "Como se pode explicar haja materialização não somente da figura do defunto, mas também dos seus vestuários?". Em outro local apresenta como outra "objeção formidável" a de que "até hoje os espíritos jamais introduziram ideias novas na ciência, nenhum progresso científico lhes é devido."

É claro que o sábio não podia extrapolar de suas limitações no campo da pesquisa experimental. No entanto, é incrível pretendesse fundar uma nova ciência destinada à explicação racional dos fenômenos psíquicos, sem procurar conhecer o que o espiritismo, num autêntico desbravamento, já oferecia nesse campo há mais de 50 anos! Tivesse-o feito e não levantaria tão pueris objeções, ou pelo menos palmilharia o terreno de maneira mais cautelosa. Pois então saberia que cabe ao homem progredir em conhecimento pelos seus próprios esforços, conquanto jamais lhe falte o auxílio da espiritualidade, através da inspiração e da facilitação dos meios.

> Esse Deus de bondade e de misericórdia, que nada concede antes da hora marcada, deixa primeiramente que Seus filhos trabalhem em procura da sabedoria e, depois que eles se têm esforçado em descobrir a verdade, aí então Ele lhes envia um raio de Sua divina luz. (Mensagem de Estevão Montgolfier, cit. por Sylvio Brito Soares em *Grandes vultos da humanidade e o espiritismo*, 2ª ed. FEB, pg. 33).

Para nós a maior prova desse auxílio foi precisamente o surgimento da codificação do ensino dos espíritos, em 1857, pois ela é que despertou a curiosidade dos homens de ciência para a investigação dos fenômenos paranormais. Sem ela, provavelmente não haveria hoje a metapsíquica, e nem tais fenômenos estariam sendo agora estudados sob critérios estritamente científicos através da parapsicologia.

Richet faleceu em 1935 sem ter visto sua ciência chegar a soluções objetivas, imaginamos que por inadequação de métodos. Ela esbarrou em tremenda oposição, tanto dos cientistas, que em sua maioria se recusaram a investigar os fenômenos, quanto do clero de todas as igrejas, cujos próceres alegaram, como o fazem ainda hoje, que "o campo da ciência é um e o da religião é outro". Todos receosos de verem abaladas as suas convicções... Mas o grande cien-

O ESPIRITISMO E AS IGREJAS REFORMADAS | 263

tista cumpriu sua missão, trazendo os fatos psíquicos para o âmbito da ciência e procurando explicações racionais para fenômenos até então relegados ao terreno da superstição ou da magia.

E como mais uma prova de que a espiritualidade maior não deixa de velar pelo progresso dos homens, vemos que na década de 30 surge outra plêiade de cientistas dispostos a investigar a fundo os fatos paranormais, ou sejam, os fenômenos que não podem ser explicados satisfatoriamente pelas leis naturais conhecidas.

Em 1926 o famoso psicólogo inglês prof. William Mcdougall, em memorável conferência na Universidade de Clark (E.U.), declarou que a ciência não devia recear investigar os fatos paranormais, mas enfrentá-los em suas universidades. Por sua iniciativa, foi criado em 1930 o "Laboratório de Parapsicologia" da Duke University, sendo nomeado seu Diretor o Dr. Joseph Banks Rhine, biólogo da mesma universidade.

Sem desprezar as valiosas conquistas da metapsíquica, decidiu-se modificar a metodologia. Richet adotara o método "qualitativo" (observação e catalogação de casos específicos, em geral espontâneos), enquanto Rhine e sua equipe adotaram o método "quantitativo" (investigação em massa, para a seleção de sensitivos), usando a estatística e o "cálculo das probabilidades".

Criou-se então a parapsicologia, como uma espécie de ramo da psicologia, com o objetivo de investigar os fenômenos psíquicos, denominados paranormais justamente por fugirem ao âmbito do que se considera "normalidade".

Para a investigação quantitativa o prof. Rhine introduziu os testes padronizados de cartas "zener" (baralho de 25 cartas com 5 símbolos: estrela, cruz, círculo, quadrado e ondas, 5 cartas de cada símbolo), consistindo a pesquisa na adivinhação das cartas retiradas uma a uma. A probabilidade matemática atribuível a mero acaso é de acertar 5 cartas nas 25 tentativas (5/25 = 0,2) ou 400 cartas em 2.000 tentativas (400/2000 = 0,2) e assim por diante.

264 | JAYME ANDRADE

Foram realizadas dezenas de milhares de experiências, as quais – descontados alguns desvios matematicamente comprováveis – evidenciaram que muitos dos indivíduos submetidos ao teste eram **sensitivos,** pois obtinham sistematicamente "acertos" superiores aos que seriam de esperar da mera probabilidade.

O acervo dessas experiências trouxe a prova iniludível de que os seres em geral possuem o que se convencionou chamar de "percepção extrassensorial", em inglês *extrasensory perception*, precisamente o título da monografia com que o prof. Rhine deu por inaugurada a era da parapsicologia, em 1934.

Criou-se uma nomenclatura própria para classificar os resultados, denominando funções psi ao processo mental que produz os efeitos paranormais (equivalente à "mediunidade" do espiritismo), e fenômenos psi a esses efeitos, os quais, para facilitar a investigação, foram divididos em dois grupos:

> *Psi-gama*– Fenômenos **subjetivos,** como **clarividência** (faculdade de ver sem os órgãos da visão), **telepatia** (transmissão do pensamento de uma mente a outra), **precognição** (e **retrocognição)** (percepção de eventos futuros ou passados sem prévia informação).
>
> *Psi-kapa* – Fenômenos **objetivos,** ou **psicocinesia** (ação direta da mente sobre objetos físicos), que abrange a **telecinesia** de Richet e mais fenômenos objetivos por este catalogados (como "raps", movimento e transporte de objetos, levitação etc.)

Aos fenômenos psi-gama o prof. Rhine deu a designação genérica de extrasensory perception (abreviadamente "esp"), e aos psi-kapa denominou "p-k".

Nas investigações mereceram prioridade a clarividência e a telepatia. A primeira passou por vários anos de rigorosas e exaustivas pesquisas, ficando provado, acima de qualquer dúvida, que o ser possui a faculdade de perceber por outras vias, que não a dos sentidos físicos, e que pode adquirir conhecimentos sobre a matéria por vias não materiais. Em 1940 o prof. Rhine declarou a clarividência "cientificamente provada".

A telepatia continua sob rigorosas pesquisas. A sua realidade também está demonstrada, mas no curso das experiências surgiram desdobramentos que, desde o ponto de vista científico, exigem investigações mais acuradas. Por exemplo, ficou provado que as mentes se comunicam num plano superior ao do condicionamento físico de espaço e tempo. Assim é que de Zagreb o Dr. Marchesi se comunicou, telepaticamente com a Universidade de Duke, a 4 mil milhas de distância. E o explorador polar Hubert Wilkins se comunicou do Polo Norte com o pesquisador telepata Harold M. Sherman, em New York. A descrição desta última experiência consta do livro *Thoughts through space* (*Pensamentos através do espaço*), com tradução argentina de 1944. Também na União Soviética efetuam-se importantes pesquisas telepáticas, com a participação de cientistas notórios.

Outro desdobramento nas experiências telepáticas foi o surgimento de fenômenos de "pre" e "post-cognição" (adivinhação de acontecimentos futuros ou passados sem informação prévia), comprovando que as funções psi, além de não sofrerem limitação no espaço, também não conhecem limitação no tempo, o que nos permite imaginar quão próximos podemos estar da ratificação pela ciência dos dons de adivinhação e profecia.

Quanto aos fenômenos psi-kapa (ação da mente, por meios extrafísicos, sobre objetos físicos), as pesquisas começaram na *Duke University* em 1934 (com a utilização de dados, em vez de cartas *zener*) e os resultados vieram à luz em 1943, com a decisiva conclusão do prof. Rhine: "A mente possui uma força capaz de agir sobre a matéria; produz sobre o meio físico efeitos inexplicáveis por qualquer fator, ou energia, conhecidos pela física."

As pesquisas se intensificaram em diversos países, já se tendo chegado à evidência de que a ação da mente pode, entre outras coisas, acelerar o processo de germinação e desenvolvimento das plantas. Pergunta-se: "Como pode a força mental agir sobre o meio físico?" Para o prof. Rhine, por meios extrafísicos, ainda não conhecidos. Para o cientista soviético Vassiliev, por meios físicos ainda não identificados. É interessante aduzir que vários dos fenômenos comprovados pela metapsíquica ainda não foram objeto de pesquisa pela parapsicologia.

E aqui chegamos a um ponto que interessa sobremodo ao espiritismo como ciência: Nas experiências parapsicológicas classificadas como psi-gama e psi-kapa, depararam-se os pesquisadores com ocasionais fenômenos identificáveis como "avisos de morte" (recente), ou "manifestações de entidades extracorpóreas" (mortes não recentes). Na *Duke University* as pesquisas dessa categoria ficaram a cargo da equipe do prof. Pratt, e logo se constatou a impossibilidade de catalogá-los no campo de psi-gama ou psi-kapa, pois tanto abrangiam fenômenos **subjetivos,** como **objetivos.** Foi necessário, por isso, criar para eles uma designação específica, a de "fenômenos psi-teta" ("Teta" é a 8ª letra do alfabeto grego, adotada talvez pela analogia com a palavra grega "Thanatos", que significa "morte"). Fez-se então a dupla designação de:

> *Teta psi-gama* – Para os fenômenos "puramente **subjetivos"** (percebidos individualmente pelo sujeito); e
>
> *Teta-psi-kapa* – Para os fenômenos **objetivos,** ou "de efeitos físicos" (como a queda de um quadro, a quebra de um vaso etc.); também os fenômenos de escrita direta e voz direta, inclusive a registrada em gravadores de som, e outros que resultam da "ação da mente sobre a matéria.

Os fenômenos conhecidos como "avisos de morte" sempre existiram, mas somente com as pesquisas parapsicológicas modernas

O ESPIRITISMO E AS IGREJAS REFORMADAS | 267

ficou cientificamente provada a sua realidade. A Dra. Louise Rhine, esposa e colaboradora do prof. Rhine, em seu livro *Canais ocultos da mente*, refere alguns desses casos, aduzindo que "em muitos deles torna-se impossível qualquer outra explicação além de uma presença extrafísica".

Os casos de manifestações mediúnicas de mortos, cuja investigação se vem processando com compreensível morosidade, já apresentam apreciável acervo de dados, e inúmeros livros têm sido publicados sobre o assunto, tanto nos Estados Unidos como na Europa. Na Carolina do Norte a *Psychical Research Foundation* tem se dedicado especificamente a essa área de investigações, notadamente aos casos de "poltergeist" (ruídos, queda de objetos, arrastamento de móveis e outros) e de "haunting" (aparição de fantasmas).

Os fenômenos de escrita direta foram investigados no século passado pelo prof. Frederico Zöllner, da Universidade de Leipzig, o qual relatou suas experiências na obra *"Física transcendental"*, constando algumas delas do livro *"Provas científicas da sobrevivência"*, da editora Edicel (1978).

O prof. Rhine considera a dificuldade de pesquisa nesse tipo de fenômenos psi como simples questão de metodologia, entendendo que, com a adoção de processos mais aperfeiçoados, os resultados serão de molde a convencer os mais empedernidos incrédulos.

Antes de concluir, ocorre-nos aduzir que em 1975 foi expressa a definição de uma nova ciência, oriunda da União Soviética, a que deram o nome de "psicotrônica", e cujo objetivo seria "estudar as interações entre organismos vivos e sua ambientação interna e externa, bem como o processo energético envolvido". Portanto suas finalidades, sob certos aspectos, confundem-se com as da parapsicologia. E como esta última já vem expandindo o seu campo de ação à pesquisa de fenômenos que, de certa forma, escapam ao âmbito da psicologia, é natural que se cogite de novas denominações mais abrangentes, como é o caso da psicobiofísica, proposta pelo nosso eminente patrício, Dr. Hernani Guimarães Andrade. São deste as seguintes palavras, que transcrevemos do seu livro "parapsicologia experimental":

> Graças aos esforços do Dr. J. B. Rhine e seus colaboradores a parapsicologia, agora, ocupa um lugar mais sólido na Ciência e vem sendo objeto da preocupação de eminentes sábios. Ela descortina horizontes tão amplos ao futuro do conhecimento científico, que é lícito admitir venha o homem a descobrir um mundo mais importante e vasto do que pode esperar-se com a exploração do espaço cósmico. (...). Tudo indica que iniciamos, com a parapsicologia, a fabulosa era do espírito.

Para os que desejarem conhecer melhor o que a ciência tem conseguido através do estudo dos fenômenos paranormais, indicamos o *Tratado de metapsíquica*, do prof. Charles Richet (Ed. Lake), bem como os livros *O novo mundo da mente*, *O alcance da mente* e *Novas fronteiras da mente*, do Dr. Joseph Banks Rhine, *Canais ocultos da mente*, da Dra. Louise Rhine, e também os dois que serviram de base a esta ligeira resenha: *Parapsicologia experimental* do Dr. Hernani Guimarães Andrade (Ed. Boa Nova) e *Parapsicologia hoje e amanhã*, de J. Herculano Pires (Ed. Edicel). São deste último os seguintes tópicos, que nos permitimos transcrever para encerrar o presente capítulo:

> A metapsíquica e a parapsicologia representam esforços científicos para a explicação dos fenômenos espíritas. Louváveis esforços, que farão os homens de ciência compreenderem a verdade do espiritismo, dando-lhes uma visão mais ampla e mais bela da vida universal.
>
> É importante assinalar que até agora as pesquisas parapsicológicas não provaram nada contra o espiritismo. Pelo contrário, elas só têm confirmado, passo a passo, a doutrina espírita em seu aspecto científico.

O ETERNO ENIGMA

Se vida é ter a gente a alma retida
no cárcere do corpo, de tal sorte
que a ele fique, assim, sempre rendida,
então a vida não é vida, é morte.

Se morte é o eximir-se a alma, do forte
grilhão da carne, alando-se em seguida
para o alto céu, num rápido transporte,
então a morte não é morte, é vida.

Se vida é da alma a escravidão que a humilha,
treva que envolve a estrada que palmilha,
se morte é a mutação da sua sorte,

e a volta sua, livre, à luz perdida...
– Por que esse apego que se tem à vida?
– Por que esse medo que se tem da morte?

(Índio do Prado, em
Mundo Espírita, **1954)**

Conclusões

CHEGANDO A ESTAS CONSIDERAÇÕES finais, damos por concluída a nossa tarefa, na qual o único objetivo que nos inspirou foi situar a posição da doutrina espírita em face dos princípios esposados pelas igrejas cristãs reformadas.

Não alimentamos o intuito de proselitismo, mesmo porque, ao contrário dos nossos irmãos evangélicos – que se empenham em conquistar as almas movidos pelo nobre propósito de salvá-las da condenação eterna – para nós todos os caminhos levam ao Pai, pois temos a firme convicção de que, ao ingressar no plano espiritual, ninguém será interpelado a respeito da religião que seguiu, ou do sistema filosófico que adotou, mas apenas sobre **o que** fez, **o quanto** amou e **como** serviu. Por isso não tivemos nem temos a intenção de abalar as crenças de quem quer que seja, de sorte que aqueles cuja religião ou ideologia satisfaça cabalmente os seus anseios íntimos, podem permanecer calmamente na situação em que se encontram, certos de que ninguém terá de prestar contas por questões de fé, como bem o ilustra o Evangelho em Mat. 25:31/46.

O espiritismo veio para dissipar as trevas do materialismo, por isso se dirige essencialmente àqueles que não têm fé, bem como aos que anseiam por uma solução racional para as grandes indagações da existência. A esses ele proporciona consolo e tranquilidade, por ser o único sistema filosófico capaz de afugentar todas as dúvidas, de responder a todas as inquirições e de resolver satisfatoriamente todos os problemas.

O que temos a lamentar é que poucos dos nossos amigos evangélicos ousarão perlustrar as páginas deste modesto trabalho. Muitos espíritas provavelmente nos lerão, porque estes costumam examinar tudo com senso crítico, seguindo a recomendação de Paulo (1ª Tess. 5:21), e até se interessam em conhecer argumentos contrários, para melhor poderem refutá-los. Mas os protestantes em geral se esquivam à análise de opiniões alheias, na persuasão de que já estão de posse da verdade, o que os torna refratários ao exame de qualquer ideia contrária. Como já vimos, os que pretendem possuir a verdade, invariavelmente resvalam para a intolerância.

No entanto, encoraja-nos a esperança de que algumas mentalidades mais arejadas, superando velhos preconceitos, ousem fitar as novas claridades capazes de abalar as estruturas carcomidas da ortodoxia pretensamente cristã.

Dar-nos-emos por satisfeitos se conseguirmos atrair a atenção de alguns leitores para a importância e seriedade da doutrina espírita, bem como para a fenomenologia que lhe serve de fundamento. O espiritismo é um campo muito vasto de conhecimentos e aqui mal nos detivemos a examinar alguns dos seus aspectos.

Àqueles que desejarem adquirir um conhecimento mais aprofundado, recomendamos as obras relacionadas na última página, como as que reputamos indispensáveis para um bom conhecimento da doutrina. Mas essa relação vale apenas como exemplo; toda a bibliografia espírita é da maior importância e é bom lembrar que, somente no Brasil, entre originais e traduções, já foram editados muitos milhares de obras em todos os gêneros literários, sobressaindo o estupendo trabalho do notável médium mineiro Francisco

Cândido Xavier, o qual, em mais de meio século de ininterrupta atividade como porta-voz de elevadas entidades espirituais, já psicografou mais de 200[5] obras em poesia e prosa, esta abrangendo religião, ciência, filosofia, história, romance e preceitos éticos, sobretudo ensinos evangélicos.

Como mensagem final para os nossos irmãos, lembramos que o "ter Cristo no coração" implica a grave responsabilidade de fazer da vida o exemplo vivo dos ensinamentos que ele ministrou. O juiz Eliezer Rosa, bem conhecido no Brasil pelas sentenças humanas que prolatou, indagado sobre como deveria proceder um casal para assegurar a felicidade no matrimônio, respondeu: "Basta amar; amor é **doação**, é não dizer jamais 'fulano é meu', mas sim: 'Eu sou de fulano'. Pois foi isso o que Jesus ensinou, não para valer só entre cônjuges, mas entre todos os homens: amar sem limites, perdoar esquecendo, suportar injustiças (1ª Cor. 6:7), enfim, cultivar o espírito de solidariedade. Porque a humanidade toda tem que ser solidária, embora poucos homens já se tenham apercebido desta verdade. Como dizia o filósofo Krisnamurti: 'Cala-te, não amaldiçoes, os seus erros são de todos nós, porquanto a humanidade constitui um todo'".

Foi esta a lição que nos deixou Jesus, e que o Consolador se esforça por reavivar nos corações dos homens. Aos que ainda não podem aceitar os princípios espíritas, diremos com KARDEC:

> Chegar-lhes-á a vez, quando estiverem dominados pela opinião geral e ouvirem a mesma coisa incessantemente repetida ao seu derredor. Aí julgarão que aceitam voluntariamente, por impulso próprio, a ideia, e não por pressão de outrem. Depois, há ideias que são como as sementes: não podem germinar fora da estação apropriada, nem em terreno que não tenha sido de antemão preparado. (*O Evangelho segundo o Espiritismo*, 71ª ed. FEB, pg. 366).

---

4 N.E A primeira edição dessa obra saiu em 1983.

Esperamos que os bondosos leitores nos perdoem a prolixidade, e o fato de termos sido, em determinados pontos, um tanto repetitivos, isto porque alguns conceitos e citações nos pareceram encaixáveis sob mais de um assunto; além do que a repetição ainda nos parece ser o melhor sistema de memorizar conhecimentos novos.

Quanto à frequente citação de textos bíblicos, decorreu da certeza de que os nossos irmãos, em geral, repelem tudo o que não estiver fundamentado na Bíblia; daí a precaução que tivemos em, sempre que possível, calçar nossas razões na Escritura Sagrada.

Que Jesus nos abençoe.

SEGUNDO MILÊNIO

Apaga-se o milênio... a sombra debatera...
Vejo a noite avançar, do anseio em que me agito.
Guerra e sonho de paz estadeiam conflito,
de polo a polo a dor reclama em longa espera.

Explode a transição no ápice irrestrito,
a cultura perquire, a crença se oblitera...
a forma antiga, em luta, aguarda a Nova Era,
roga-se tempo novo ao tempo amargo e aflito.

A civilização atônita, insegura,
lembra um tesouro ao mar que a treva desfigura,
vagando aos turbilhões de maré desvairada...

Entretanto, no mundo, à nau que estala e treme,
a luz prossegue e brilha, o Cristo está no leme
preparando na Terra a Nova Madrugada!...

(Soneto de Ciro Costa, psicografado por Chico Xavier ao encerrar-se o programa *Pinga-Fogo* da TV-Tupi, – São Paulo, na noite de 28-7-71).

PRECE

Senhor:
Faze de mim um instrumento da tua PAZ;
onde haja ódio, consente que eu leve AMOR;
onde haja ofensa, que eu leve PERDÃO;
onde haja discórdia, que eu leve UNIÃO;
onde haja dúvida, que eu leve a FÉ;
onde haja erro, que eu leve a VERDADE;
onde haja desespero, que eu leve ESPERANÇA;
onde haja tristeza, que eu leve ALEGRIA;
onde haja trevas, que eu leve a LUZ

Oh mestre:
Faze com que eu não procure tanto
ser consolado, quanto consolar,
ser compreendido, quanto compreender,
ser amado, quanto amar!

Porque:
Somente dando, é que se recebe;
perdoando, é que se é perdoado;
e morrendo, é que se renasce
para a Vida Eterna.

PRECE DE SÃO FRANCISCO

Senhor, faze de mim um instrumento
da tua paz! Que eu leve amor, verdade
aonde houver ódio, ofensa ou falsidade,
e leve lenitivo ao sofrimento.

Que esperança e alegria, sem cessar,
eu espalhe onde quer que o mal perdure!
Divino mestre: Faze que eu procure
não tanto ser amado, quanto amar,

ser compreendido, quanto compreender,
nem procure ser antes consolado,
que transmitir consolação fraterna!

Pois só dando, é que vamos receber,
perdoando, é que somos perdoados
e morrendo, é que herdamos Vida Eterna!

LIVROS RECOMENDADOS

(Para um melhor conhecimento da doutrina espírita)

Allan Kardec
O Livro dos Espíritos
O Livro dos Médiuns
O Evangelho segundo o Espiritismo
A Gênese
O Céu e o Inferno
O que é o Espiritismo

Carlos Imbassahy
O Espiritismo à luz dos fatos
À margem do Espiritismo
Religião
O que é a morte
Enigmas da parapsicologia

Léon Denis
Cristianismo e espiritismo
Depois da morte
No invisível
O porquê da vida
O problema do ser, do destino e da dor

J. Herculano Pires
Revisão do cristianismo
Curso dinâmico de espiritismo
Parapsicologia hoje e amanhã

Gabriel Delanne
A evolução anímica
O fenômeno espírita
A alma é imortal
A reencarnação
O espiritismo perante a ciência

Hermínio C. Miranda
Reencarnação e imortalidade
Sobrevivência e comunicabilidade
dos espíritos
As marcas do Cristo

Francisco Cândido Xavier
Obras psicografadas:
Parnaso de além-túmulo (poesias)
Nosso lar
Os mensageiros
Missionários da luz
Obreiros da vida eterna
No mundo maior
Ação e reação
Evolução em dois mundos
Paulo e Estêvão
O consolador
A caminho da luz

Ernesto Bozzano
Animismo e espiritismo
Metapsíquica humana
Os enigmas da psicometria

Paulo Gibier
O espiritismo
Análise das coisas

A. Conan Doyle
História do espiritismo

Livros recomendados da Editora EME

Allan Kardec – O druida reencarnado, Eduardo Carvalho Monteiro
Código penal dos espíritos (O), José Lázaro Boberg
Criança quer saber, Fátima Moura
Depressão – Doença da alma, Francisco Cajazeiras
Desistir da vida não é solução, Isabel Scoqui
Diário de um doutrinador, Luiz Gonzaga Pinheiro
Doenças, cura e saúde à luz do espiritismo, Geziel Andrade
Drogas: causas, consequências e recuperação, Valci Silva
Elementos de teologia espírita, Francisco Cajazeiras
Evolução da ideia sobre Deus, Francisco Cajazeiras
Fotógrafo dos espíritos (O), Nedyr Mendes da Rocha
Fundamentos da doutrina espírita, José B. Cavalcanti

Getúlio Vargas em dois mundos, Wanda A. Canutti/Eça de Queirós
Homem que conversou com os espíritos (O), Geziel Andrade
Homem que mudou a história (O), Geziel Andrade
Kardec, irmãs Fox e outros, Jorge Rizzini
Leis de Deus – Eternas e imutáveis, José Lázaro Boberg
Mensagens de saúde espiritual, Wilson Garcia e outros
Mentores de André Luiz, Isabel Scoqui
Nascer de novo – Para ser feliz, José Lázaro Boberg
Peça e Receba – O Universo conspira a seu favor, José Lázaro Boberg
Perdão gera saúde, Armando Falconi
Perispírito e suas modelações (O), Luiz Gonzaga Pinheiro
Perispírito: O que os espíritos disseram a respeito, Geziel Andrade
Que é o Espiritismo (O), Projeto Vek
Regresso – O retorno à vida espiritual segundo o espiritismo, Ariovaldo Cavarzan e Geziel Andrade
Segredo das bem-aventuranças (O), José Lázaro Boberg
Seja feliz – Diga não à depressão, Elaine Aldrovandi
Sono e os sonhos (O), Severino Barbosa
Trajetória do espiritismo (A), Geziel Andrade
Um novo olhar sobre o Evangelho, Beatriz P. Carvalho
Valor terapêutico do perdão (O), Francisco Cajazeiras
Victor Hugo e seus fantasmas, Eduardo Carvalho Monteiro
Vidas, memórias e amizades, Wilson Garcia
Você e os espíritos, Wilson Garcia